竹ヶ原幸朗　研究集成　第1巻

教育のなかのアイヌ民族

近代日本アイヌ教育史

社会評論社

教育のなかのアイヌ民族　近代日本アイヌ教育史＊目次

はしがき

❶……竹ヶ原幸朗さん（一九四八〜二〇〇八）は、一九四八年北海道札幌市に生まれた。東京都立大学研究生だった一九七〇年代半ば頃からアイヌ教育（史）に関する研究に取り組み、以後、長年にわたりこの分野における唯一の研究者、かつ第一人者として、近現代アイヌ教育史の通史像の構築、教科書記述や青少年のアイヌ観などの実践的な研究課題などを通して、研究の基盤と視野を切り拓き続けるとともに、『北海道用尋常小学読本』の研究や北海道教育会機関誌の復刻事業など、近代北海道教育史研究にも大きな基礎的蓄積を築いた。

❷……本著作集成は、竹ヶ原幸朗さん（一九四八〜二〇〇八）の著作から、研究史上重要な位置を占めるもの、竹ヶ原さんの仕事の特徴や姿勢をよく表すものを選び、集成したものである。

❸……本著作集成は全二巻からなる。収録した各論文の底本（初出）は巻末の「初出一覧」によられたい。

❹……竹ヶ原さんの仕事の全体像を示すために、第二巻に著作目録を掲載し、竹ヶ原さんの仕事の意義について編者の一人である小川がまとめた文章を第一巻に掲載した。

❺……研究上その他で様々なゆかりをもつ六名の方々から文章を寄せていただき、各巻に別冊として添付した。

【編集体制について】

❶……本著作集成の編集に当たり、次の四名で編集委員会を組織した。

小川正人（北海道立アイヌ民族文化研究センター研究職員）

桑原真人（札幌大学経済学部教授）

逸見勝亮（北海道大学理事・副学長）

山田伸一（北海道開拓記念館学芸員）

編集委員会は、社会評論社（編集担当板垣誠一郎氏）及び竹ヶ原さんのご遺族と連絡をとりながら、収録論文の選定と各巻の構成、本文の校正等の作業方針の検討、「付録」の内容その他の編集方針の検討などを行った。

❷……底本の校訂には、編集委員のほか、次の四名の協力を得た。この四名は、それぞれに、竹ヶ原さん及び竹ヶ原さんの仕事と接点を有してきた、近代北海道教育史、日本統治下の台湾先住民教育史、近代沖縄教育史、近代アイヌ教育史を専攻する者である。

井上高聡（北海道大学大学文書館助教）

北村嘉恵（北海道大学大学院教育学研究院准教授）

近藤健一郎（北海道大学大学院教育学研究院准教授）

廣瀬健一郎（鹿児島純心女子大学准教授）

凡例

❶……原則として、明らかな誤記・誤植の訂正及び左記の措置を除き、底本とした論文のまま収録した。

❷……次の範囲で表現・記述の統一を図った。

(1)算用数字の表記は原則として漢数字に改め、「下線」「圏点」はそれぞれ「傍線」「傍点」に改めた。

(2)章・節等の段落の表記は、本書全体で統一した。

(3)脚注は、論文ごとに、それぞれの末尾に一括して掲載した。

(4)年代の表記は、それぞれの論文ごとに統一した。

❸……各論文の記述の中で、年月を経たことにより補足・注記が必要になった箇所については、次のようにした。

(1)市町村合併等による自治体名の変更、その他組織の名称変更等について、各論文での初出時に、現行の地名・組織名を付記した。

(2)人物の生没年について、補うべき情報がある場合は付記した。

(3)著作の中で引用・言及している文献や出典のうち、各論文の執筆・刊行当時は未公刊だったもの(学会発表等)がその後公刊された場合には、公刊された文献名等を付記した。

(4)その他、一九九七年に廃止された「北海道旧土人保護法」について、それ以前に公刊された底本において「現在もなお存続している」と記されている場合など、必要最小限度で情報を補う必要があると判断した部分について、補うべき情報を付記した。

(5)以上の付記には「編者注」と記し、〔　〕で括って示した。底本にある竹ヶ原さんによる注記には「竹ヶ原注」と記して区別した。

❹……写真は底本に掲載のものをそのまま転載したが、一部は新たに撮影し直した。

❺……現代では一般に馴染みがないと判断した人名・地名などには、引用文も含めて、新たに振り仮名を付けた。

I 近代アイヌ教育の歴史像

いまどきの子どもたちへ①

今月二十七日から読書週間が始まります――。こう書くと、君たちはきっと本を読めと、うるさく言うにちがいないと思うでしょう。そうではありません。これから書くことは、ボクの生き方を決めた一冊の本との出合いのことです。

数ある本の中には、単なる息抜きだけで終わってしまう本もありますが、その人の生き方を変えるほど大きな影響力を持つ本があります。よく耳にする話です。ボクにもそういう本との出合いがありました。それがあったからこそ、この欄に登場する機会を与えられたのだと思っています。

今から十八年前。ちょうど大学を卒業して東京の学習塾に勤めながら、自分の生き方を考えていた頃です。その時、書店で偶然目にとまったのが、東京都立大学の当時助教授であった小沢有作《おざわゆうさく》さんが書いた『民族教育論』という本でした。手に取って中を開きますと、うまく表現できませんが、そこに何かひらめくものがあったのです。

それは近代の日本が植民地にした朝鮮の人々を日本人化していった教育の歴史を批判的に書いた章でした。大学時代からずっと探し求めていた、ボク自身がこれから取り組むべき課題をついに見出した思いがしました。

半年後、この本を持って大学に小沢さんを訪ね、指導を受けたいという趣旨のことを申し出ました。即座に了解してくれました。そして本の扉にこう書いてくれました。「民族解放・反帝（国主義）の志を生活のなかに」。いまもボクの心に深く刻まれています。その後、ボクが札幌に戻ってからも、いつも研究上の助言をしてもらっています。

『民族教育論』というたった一冊の本との出合いがボクの生き方を決定づけました。そして、この本を通して、著者の小沢さんを知り、学問の厳しさなど多くのことを学びました。近いうちに立派な著作をまとめて、小沢さんにこの恩返しをしたいとひそかに考えています。

（一九九一年十月二十三日）

近代日本のアイヌ教育

同化教育の思想と実践

ひとは《歴史なき民》を易々と口にする。（中略）かれらの歴史があるけれどもまだ知られていないのだということを意味しているだけであって、それが存在しないことを意味しているのではない。何万年も何十万年もの間、やはりそこには、愛し、憎み、苦しみ、工夫し、闘った人間がいたのである。実際、幼児のような民というものは存在しない。すべて大人なのであり、いわば幼年期や青年期の日記をつけなかった大人なのである。

レヴィ＝ストロース（荒川幾男訳）『人種と歴史』[1]

はじめに　――アイヌ教育研究の現状

〈日本人〉の起源をめぐるコロポックル・アイヌ論争は、明治期日本の人類学界の主要な問題であった。日本のアイヌ研究は、この〈日本人〉起源論争と関って明治中期、その人類学的・民族学的研究からスタートした。それは、後のアイヌ研究の主流となった。

アイヌを研究対象として把握するようになった明治中期以降、現在に至るまで多数の研究者を輩出し、その著作はおびただしい数量にのぼっている。今日、アイヌ研究は、日本の歴史、文化の構造を解明するうえで不可欠な領域として、それ自体が確固としたひとつの学問領域を形成し、いわゆる「アイヌ学」というとらえかたさえされているのである。しかし、一面では、フランスの人類学者・ルクレール（Gérard Leclerc, 一九四三〜）がその著『人類学と植民地主義』[2]のなかで西欧の人類学・民族学研究の植民地主義的性格を指摘したが、日本のアイヌ研究もそれと同様の性格をおびていたことに注意を払わなければならない。

日本の場合にはその根底に同化主義の思想が存在していた。周知のように、近代日本の天皇制国家のアイヌ政策の基本的特質は、アイヌの〈日本人〉化を強制するとともに、一方では、アイヌであるが故に〈日本人〉社会から排除するという二重の差別構造を内在化した同化（主義）政策と規定できよう。それは、現代においても支配的なアイヌ政策である。

ところで、平野健一郎氏は、H・コーンのナショナリズムの類型化――西欧型ナショナリズムと非西欧型ナショナリズム――をもとにそれぞれの特徴を明らかにしている。それによると、前者は、ローマ帝国という大きくルースな単位から、より小さく緊密な単位の分立をめざす「異化」の方向をとったのに対して、後者は、その逆の「同化」の方向をとったことを指摘[3]している。非西欧型ナショナリズムに属する近代日本のアイヌ同化政策は、こうしたナショナリズムの運動法則と合致するものといえよう。

このようなアイヌ同化政策は、公教育制度の確立と相俟《あいま》って、近代日本のアイヌ教育政策を方向づけた教育学者・岩谷英太郎《いわやえいたろう》がアイヌの「同化を促す第一の良方便」(4)と位置づけた「教育」を主軸に進めた点に特徴がある。そうしたアイヌ教育の重要性については、一八八〇年代後半から指摘され、それが、教育学研究のひとつの領域を形成したのは明治二十五年（一八九二）、北海道教育会の「旧土人《きゅうどじん》教育取調委員」制度が発足してからのことである。

　アイヌ教育研究の歴史は、アイヌ同化政策の確立過程と不可分なものとして展開した。アイヌ同化《どうか》教育制度とその方法の確立が現実的課題として注目された一八九〇年代には、アイヌ教育研究はいわゆる「旧土人教育問題」として日本教育界の関心事のひとつであったが、その目的は、教育をとおしてアイヌの同化をいかに推進するかという天皇制国家の政策目的と合致していた。そうした性格を有していた研究もアイヌ同化教育制度とその方法の確立とともに衰微し、昭和初年以降は、研究対象として注目されることはほとんどなく、いわば「見えない問題」として落ちこんでしまっていたといってよいであろう。

　近年、アイヌが〈民族〉としての誇りをつかみ、解放の主体として起《た》ちあがる歴史状況のなかで、アイヌ教育研究は新しい局面をむかえた。それは、北海道歴史教育者協議会に所属する教師たちを軸に「民衆史掘りおこし運動」の一環(5)として「旧土人」小学校の〈日本人〉教師（春採《はるとり》尋常小学校長・三浦政治）の実践の掘りおこしなど民間教育研究運動とアイヌ解放運動とが結合し、アイヌの立場から研究を進めている点である。

　同時にオーソドックスな日本教育史研究者のなかにもアイヌ教育研究への関心が高まっている

ことも最近の傾向であろう。例えば、久木幸男氏（横浜国立大学）は、天皇制教育研究の一環としてアイヌ教育に着目し、その論稿「山県良温《やまがたりょうおん》のアイヌ教育活動」(6)は、いままで見落とされていた仏教者のアイヌ教育実践の系譜を明らかにしたものである。

また、昭和五十五年（一九八〇）の日本教育学会大会（北海道大学）では、「アイヌ教育（史）研究の現状と課題」というテーマでコロキウム（共同討議）が開催された。このような日本の教育学研究者の大多数を組織する学会でアイヌ教育をテーマとした討議は、はじめてのことである。コロキウムでの佐藤秀夫氏（国立教育研究所）の報告「日本教育史研究とアイヌ教育――試論・日本教育史研究にとってのアイヌ教育の意義と研究課題」は、アイヌ教育研究の現状とその課題に対する問題提起として重要な意味を有している。そのなかで佐藤氏は、日本の教育研究におけるアイヌ教育の欠落について言及し、その理由として第一に、国内少数民族の存在を否定する「単一民族国家」観の定着、第二に、教育史研究において「教育」、「学校」という歴史的概念が固定的にとらえられてきたことを指摘した(7)。前者については、日本の〈近代化〉の過程で国民教育の普及によって、国民意識のなかに定着し、その結果、日本の近現代において国民意識のなかからアイヌを日本の少数民族として位置づけ、日本の国家を日本民族と他の少数民族とから構成される多民族国家であるという認識＝「多民族国家」観を欠落させていったのである。

佐藤氏は、次いでアイヌ教育研究の意義に触れ、それは、第一に、「教育」観、「学校」観のとらえ直し、第二に、北海道の一地方教育のテーマではなく、また、過去の問題でもなく、今日の日本の教育をリアルに解明するうえで注目する必要があることを指摘した。しかしながら、そうした動きにしても必ずしも現状では、日本の教育研究において伝統化されてきたアイヌ教育欠落の教育認識の方法を変えるまでには至っていない。

本稿は、筆者の旧稿・報告[8]をもとに近代日本のアイヌ教育の展開過程の概括を試みたものであるが、内容的には、筆者の問題関心にしたがってアイヌ同化教育の思想と実践——岩谷英太郎と吉田巖《よしだいわお》——にウェイトが置かれている。

1　アイヌ同化教育への関心の成立

近代天皇制国家のアイヌ政策

近代天皇制国家のアイヌ政策の基本的特質は、既述のように二重の差別構造を内在化した同化政策にもとめることができる。このアイヌ同化政策は、アイヌ民族の主体性とその固有の生活・文化を否定した。それをアイヌの立場から象徴的に述べた作品が知里幸恵《ちりゆきえ》編訳『アイヌ神謡集』[9]〈序〉である。一部を紹介しよう。

その昔この広い北海道は、私たちの先祖の自由の天地でありました。天真爛漫な稚児の様に、美しい大自然に抱擁されてのんびりと楽しく生活していた彼等は、真に自然の寵児、なんという幸福な人たちであったでしょう。（中略）平和の境、それも今は昔、夢は破れて幾十年、この地は急速な変転をなし、山野は村に、村は町にと次第次第に開けてゆく。

太古ながらの自然の姿も何時の間にか影薄れて、野辺に山辺に嬉々として暮していた多くの民の行方も亦いずこ。僅かに残る私たち同族は、進みゆく世のさまにただ驚きの眼をみはるばかり。しかもその眼からは一挙一動宗教的感念《ママ》に支配されていた昔の人の美しい魂の輝きは失われて、不安に充ち不平に燃え、鈍りくらんで行手も見わかず、よその御慈悲にすがらねばならぬ、あさましい姿、おお亡びゆくもの……それは今の私たちの名、なんという悲しい名前を私たちは持っているのでしょう。


知里幸恵〈明治三十六年・一九〇三～大正十一年・一九二二〉は、後年、金田一京助《きんだいちきょうすけ》が「アイヌの最後の最大の叙事詩人」と称賛した祖母モナシノウクからアイヌの神謡を受けついだ。同書の出版は、金田一のすすめによるもので、アイヌ自身による神謡の本格的記録の最初として重要な意味を有する。この〈序〉には、〈日本人〉の同級生に囲まれ、毎日、手首の毛を剃って通学した(10)幸恵の被差別の原体験がその行間にひそんでいるのである。アイヌ人言語学者で、北海道大学教授であった知里真志保《ましほ》は、幸恵の弟にあたる。

明治政府は、明治二年（一八六九）、「皇国ノ北門」と認識していた〈蝦夷地《えぞち》〉の支配を目的として開拓使《かいたくし》〈初代長官・鍋島直正《なべしまなおまさ》〉を設置した。また、同年には、〈蝦夷地〉を〈北海道〉と改称した。それは、アイヌの土地に対する近代天皇制国家の領土宣言で、アイヌの主権を完全に否定するという歴史的意味(11)を有するが、このような〈北海道〉の天皇制国家の領土化とともに、アイヌ同化へむけての諸政策を講じた。その第一歩として、明治四年（一八七二）、「旧土人賜物禁目」によって農耕の奨励、アイヌの旧慣（住居自焼、入墨《いれずみ》、耳環《みみわ》）の禁止、日本語・日本文字の使用奨励を布達した。[12] さらに、この布達を浸透させる目的で「旧土人教化諭達」のなかに「自今万一違犯ノ者有之候ハ不得已厳重ノ処分[13]」を規定した。この点、近代のアイヌ同化政策は、一定の強制力を背景にすすめられたことに特徴があるといえよう。

その後、アイヌ戸籍の作成（明治八～九年・一八七五～六）、姓名の〈日本人〉化（明治九年・一八七六）をすすめる一方、呼称を「旧土人」とし（明治十一年・一八七八）、〈日本人〉とは区別したのである。この「旧土人」という差別的呼称は、現在においても「北海道旧土人保護法」（傍点・筆者）という法令名として存続している。〔編者注：一九九七年、「アイヌ文化の振興並びにアイヌの伝統等に関する知識の普及及び啓発に関する法律」（アイヌ文化振興法）の制定に伴い、「北海道旧土人保護法」は廃止された。〕

こうした政策は、アイヌを近代天皇制国家の制度的枠組のなかにくみいれることを企図していたが、それと並行してアイヌの生活基盤を浸食する諸政策が北海道における近代的土地所有権の確立過程をとおしてすすめられた。この過程は、一般的にアイヌ棄民《きみん》化とそれにともなうアイヌ〈保護〉問題に対する社会的関心の成立と把握することができるが、それを〈教育〉の視点からとらえなおすと、アイヌ自身のなかに「旧土人」小学校を主軸とする同化教育を受容する精神的基盤の形成過程として見ることができよう。場所請負制《ばしょうけおいせい》の廃止（明治二年・一八六九）は、その政策の前提として重要である。場所請負制は、一面、アイヌの〈日本人〉による封建的支配からの解放とみることができるが、オムシャの廃止（明治五年・一八七二）、毒矢の使用禁止（明治九年）と相俟ってアイヌの生活基盤の縮小と生活物資の確保の方法を制限することにつながっていった。

狩猟民族であったアイヌにとって〈土地〉は、農耕民族とは利用形態こそ異なるが、生活手段を確保するうえで重要な場である。ところが、北海道における近代的土地所有権確立の過程で制定された「北海道地所《じしょ》売貸規則」（明治五年）、「地所規則」（明治五年）、「北海道地券《ちけん》発行条例」（明治十年・一八七七）などの法令は、アイヌの漁猟区域に対する配慮を欠いていた。このため、土地私有制が未発達であったアイヌは、その漁猟区域を「官有地《かんゆうち》」に編入された[14]。こうしてアイヌの生活基盤は、縮小されるとともに、生活方法の転換（農耕民化）を余儀なくされていった。

アイヌの生活状態は、行政当局の勧農を主体とする諸給付——土地・農具・種子の無償給与、札幌農学校卒業生による農業技術指導[15]——が実施されたが、実効はなく、「一度棄捨《きしゃ》したる鹿骨を煮て其汁を啜っ[16]」たり、「父子兄弟の間にも食物を争[17]」ったりするまでに至った。こうした事態は、明治十九年（一八八六）、北海道庁設置後の北海道「開拓」政策の転換——人民移住→資本移住——によって、いっそう深刻化した。生産性が低く、半ば生活基盤を剝奪されたアイヌは、しだいに棄民化状態に陥った。

こうして、一八九〇年代になると、アイヌの棄民化＝貧窮問題は、「アイヌ問題」として社会問題化し、アイヌ「保護」政策の必要性が官・民双方から主張されはじめた。「アイヌ問題」に対する社会的関心を背景に、第五回帝国議会（明治二十六年）には、改進《かいしん》党の加藤政之助によってはじめて「北海道土人保護法案」が提出された。このアイヌ「保護」法案は、九カ条から成り、その内容は、アイヌ農耕民化（第一条〜第五条）、初等教育の普及（第六条、第七条）、保健衛生対策（第八条、第九条）から構成されていた[18]。

しかしながら、それは、「保護」対象となるべきアイヌの定義（範囲）が不明確であることなどを理由に否決されたが[19]、アイヌ教育（初等教育の普及）は、その「保護」政策の柱として認識されていたのである。

開拓使・三県当局のアイヌ教育とキリスト教的アイヌ教育

開拓使・三県当局によるアイヌ同化教育の試みは、筆学所《ひつがくしょ》計画（明治元年・一八六八）、開拓使仮学校へのアイヌ児童の強制入学（明治五年・一八七二）、対雁《ついしかり》教育所の設置（明治十年・一八七七）、宮内省からのアイヌ教育基金の下付（明治十六年）などを指摘できる。しかし、そうした試みも同化教育として実を結ぶまでには至らなかった。その間のアイヌ児童の就学率は、一〇パーセントにも満たなかった。「学制」以後、就学したアイヌ児童のほとんどは、〈日本人〉児童とともに官公立の小学校に入学＝共学していたとみてよいであろう。

こうした状況のなかで、例えば、函館県《はこだてけん》では、〈日本人〉児童を対象とした「貧民子女学資給与規則[20]」（明治十四年・一八八一）をアイヌ児童に準用し、教育費を補助することによって就学督《しゅうがくとく》励《れい》を試みた。また、札幌県では、就学督励の方法、学校の設立と維持の方法を規定した「旧土人学事規則[21]」（三章八条）、と学科、修学年限、賞誉などについて規定した「旧土人学校規則[22]」（七章十五条）の制定を検討した。前者は、「北海道旧土人保護法」第七条（「北海道旧土人ノ貧困ナル者ノ子弟ニシテ就学スル者ニハ授業料ヲ給スルコトヲ得」）、そして後者は、「旧土人児童教育規程」というように後年のアイヌ同化教育制度の原型に位置づくものとして注目してよいであろう。

開拓使・三県当局のアイヌ同化教育の試みに対して、ジョン＝バチェラーらによるキリスト教的アイヌ教育のそれは、同化に対して異化の教育として行政当局の注目をひいた。一般に、植民地教育は「伝道教育」から発生したといわれている。(23) アイヌ教育の場合もその例外ではないように思われる。ジョン＝バチェラー（John Batchelor，一八五四〜一九四四年）を中心とするイギリス聖《せい》公会《こうかい》所属の宣教師たちによるキリスト教的アイヌ教育＝異化の系譜は、「未開民族の青少年を吸引することによって、その民族をキリスト教化(24)」することを目的とする伝道学校(25)に位置づけることができる。それは、ジョン＝バチェラー（愛憐学校・明治二十一年・一八八八）、ルーシー＝ペイ

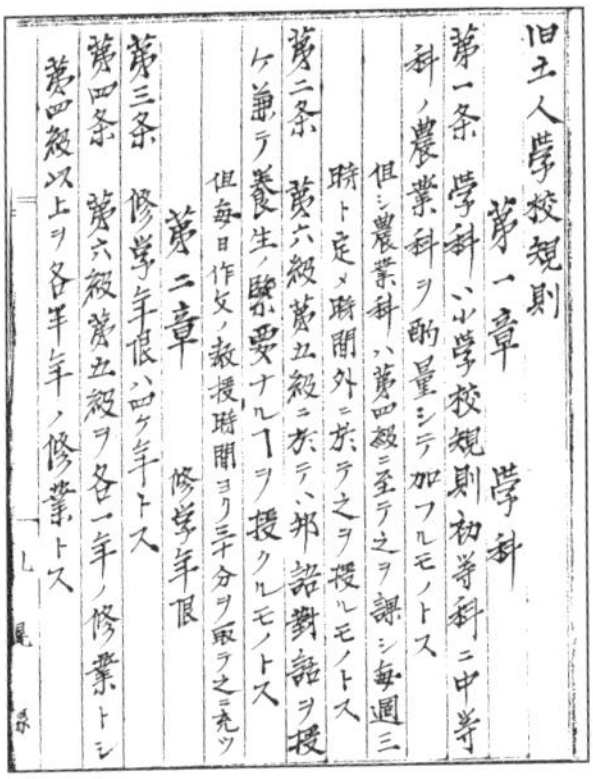
旧土人学校規則
第一章　学科
第一条　学科ハ小学校規則初等科ニ中等科ノ農業科ヲ酌量シテ加フルモノトス
但シ農業科ハ第四級ニ至テ之ヲ課シ毎週三時ト定メ時間外ニ於テ之ヲ授ルモノトス
第二条　第六級第五級ニ於テハ邦語対話ヲ授ケ兼テ養生ノ緊要ナル事ヲ授クルモノトス
但毎日作文ノ教授時間ヨリ三十分ヲ取テ之ニ充ツ
第二章　修学年限
第三条　修学年限ハ四ケ年トス
第四条　第六級第五級ヲ各一年ノ修業トシ第四級以上ヲ各半年ノ修業トス

「旧土人学校規則」の一部（出典：『旧土人ニ関スル書類』1886年）

ジョン・バチェラー（出典：ジョン・バチェラー著／仁多見巌訳編『ジョン・バチェラーの手紙』山本書店、1965年）

ン（春採アイヌ学校・明治二十四年・一八九一）らによって設立された。なかでも、ジョン＝バチェラーは、キリスト教的アイヌ教育実践の先駆者として、また、アイヌ研究の分野でも『蝦夷今昔物語』（明治十七年・一八八四）、『蝦和英三対辞書』（明治二十二年・一八八九）、『アイヌ人及其説話』（明治三十三〜三十四年・一九〇〇〜〇一）などを著し、日本のアイヌ研究の先駆者として知られている。

バチェラーは、明治十年、函館に上陸し、〈日本人〉と接触するなかで、アイヌは「人間の子孫で無いから犬程《ほど》熊程毛がはへてゐる」[26]というような当時の〈日本人〉の差別・偏見にみちたアイヌ観をアイヌとの交流をとおして払拭《ふっしょく》し、「他者」としてアイヌを見るという認識を確立した。その後、バチェラーは、幌別《ほろべつ》（現・登別《のぼりべつ》市）に愛憐学校を設立し、校長にはアイヌではじめて入信した金成《かんなり》太郎《たろう》が就任した。同校には、アイヌ児童十五名、〈日本人〉児童一名が入学し、祈祷《きとう》、聖書を学んだ。バチェラーは、教授用語としてアイヌ語を使用したが、これは、母語教育——民族教育の基本原理——の観点から注目してよいであろう。キリスト教的アイヌ教育は、後年、違《い》星北斗《ぼしほくと》（アイヌの歌人）が「五十年伝道されし此のコタン見るべきものの無きを悲しむ」[27]と批判したように問題点をかかえていたが「将来に於ける旧土人学校設立の先導」[28]となったように一定の役割をはたした。行政当局は、「あいぬノ学校未ダ起ラズ徒ラニ外人ヲシテ之ニ着手セシム（中略）之レヲ傍観シテ知ラズト為スハ国家ノ恥辱」[29]というようにアイヌ同化教育制度の確立に苦慮していたが、これをひとつの契機にその確立を緊要な課題として位置づけた。その後、キリスト教的アイヌ教育——伝道学校——は、「私立学校令」（勅令第三百五十九号、明治三十二年・一八九九）の規制をうけ、明治期後半には、教会経営の日曜学校に変質していった。

2　アイヌ同化教育の思想　――岩谷英太郎のアイヌ教育思想

岩谷英太郎とアイヌ教育

岩谷英太郎（慶応元年・一八六五～不詳）は、明治中・後期に北海道師範学校（現・北海道教育大学）の教諭、教頭の地位にあって教育学者の立場から地域の教育課題にアプローチした、当時の北海道教育界の大御所的存在と評価されるのが一般的である。

岩谷は、一八九〇年代、日本教育界の関心事のひとつとして注目されていた「旧土人（アイヌ）教育問題」にいち早く着目し、正面からそれを研究対象とした最初の教育学者である。同時に、教育学者の立場からアイヌ教育政策の策定に積極的に関与し、アイヌ同化教育制度とその方法を政策的にも実践的にも方向づける重要な役割をはたした。

岩谷英太郎（出典：山口庸矩編輯『回顧三十年』札幌市立高等女学校、1938年）

岩谷は教育学者として教育認識の世界にはじめて〈アイヌ教育〉という概念をくみいれ、それを常に視野のなかにおさめつづけていた。換言すれば、近代日本のアイヌ教育の歴史を体現した人物といってよいであろう。

筆者の調査では、岩谷は、北海道教育会の機関誌『北海道教育（会）雑誌』をはじめとして『教育時論《じろん》』、『殖民公報《しょくみん》』、『東京茗渓会雑誌《めいけいかい》』誌上に二十数篇にのぼるアイヌ関係の論説を発表している。内容的にはもちろんアイヌ教育を主とし、それも教育方法、教育史、調査報告と多岐にわたっている。岩谷のアイヌ教育研究の足跡とその教育思想を明らかにすることは、そのまま近代日本のアイヌ教育の思想、方法を明らかにすることにつながる。

　しかしながら、アイヌ教育における岩谷の役割は、正当に評価されているとは言いがたく、ともすれば、岩谷とともに「旧土人教育取調委員」に委嘱された永田方正《ながたほうせい》（天保九・一八三八～明治四十四年・一九一一）と比較して二次的な評価が定着しているといってよい。永田方正は、アイヌ語（地名）研究の草分けとして『北海小文典《ほっかいしょうぶんてん》』（明治十六年・一八八三）、『北海道蝦夷語地名解《えぞごちめいかい》』（明治二十四年・一八九一）などを著し、また、日本で最初の和訳聖書『西洋教草《せいようおしえぐさ》』（明治六年）の著者としてその存在がひろく知られ、キリスト教史研究の木下清氏によって「訂補　永田方正年譜」[30]（昭和五十年・一九七五）も編まれている。それに対して、岩谷については、アイヌ教育の領域はもとより、後述する他の領域においても研究あるいは、まとまった紹介は現在のところ皆無である。わずかに、筆者による「岩谷英太郎著作年譜」[31]（昭和五十六年・一九八一）が編まれているが、それもきわめて不完全なものである。このように、アイヌ教育における岩谷の欠落は、日本の教育研究におけるアイヌ教育の欠落とまさに照応するものといえよう。

　さて、岩谷英太郎が、アイヌ教育に関ったのは、いつ頃からであり、また、どのような関りかたをしたのであろうか。それを岩谷の閲歴《えつれき》に即して検討してみよう。

岩谷は、慶応元年、現在の山形県東根《ひがしね》市で士族・岩谷量蔵の長男として出生した。明治六年(一八七三)、東根市が江戸末期(安政年間)、松前崇広《まつまえたかひろ》の所領であった関係から北海道福山《ふくやま》に移住。明治十四年(一八八一)、函館師範学校(現・北海道教育大学函館分校)を卒業。函館で函館女学校、弥生《やよい》小学校、幸《さいわい》小学校などの訓導、校長を歴任した後、東京高等師範学校に入学(明治十七年)。明治二十二年(一八八九)、同校卒業後、北海道尋常師範学校教諭として着任した。明治二十四年には、アイヌ研究の出発点となった論文「アイヌノ減少」(『北海道教育会雑誌』第六号)を著した。同論文は、アイヌ人口の減少について歴史文献や統計類をもとに分析を試みたもので、その後の岩谷の実証主義的なアイヌ研究となった。

従来のアイヌ研究は資料に即さない非科学的な研究方法によっていたが、岩谷の同論文は、科学的なアイヌ研究の道を切り拓いたものとして高く評価されてよいであろう。明治二十五年(一八九二)には、アイヌ教育の調査、研究に従事する北海道教育会の「旧土人教育取調委員」に委《い》嘱《しょく》され、その成果を「あいぬ教育ノ方法」としてまとめた(32)(後述)。また、岩谷は、北海道におけるヘルバルト派教育学の紹介者として知られている。明治二十五～二十七年には、明治中・後期の日本教育界に大きな影響をあたえたヘルバルト派教育学の理論を「教授術」と題して『北海道教育雑誌』誌上に十六回にわたり紹介し、その普及につとめた。

このころ岩谷は、北海道における音楽教育の重要性を指摘した「北海道ト音楽(33)」という論文を著すとともに、発足まもない北海道教育会に音楽倶楽部を創設し、西洋音楽の普及に力をそそいだ。明治三十三年(一九〇〇)には、北海道師範学校教頭となり、北海道教育界の指導的立場から教育の諸問題に対する意見を多数発表した。大正三年（一九一四）、札幌区立女子職業学校（現・北海道立札幌東高校）の校長に就任（大正十一年、病気のため同校を退職）。その間、一時期、道外に転出し、東京府高等女学校（現・東京都立白鴎高校）、市立大阪高等女学校（現・大阪府立大手前高校）、群馬県女子師範学校（現・群馬大学教育学部）の教諭、あるいは校長として女子教育の実践に携わった。

　こうしてみると、岩谷の教育研究と実践はヘルバルト派教育学理論の紹介とその普及、アイヌ教育研究、西洋音楽の普及、女子教育の実践というように四領域から構成されているが、アイヌ教育問題と直接的に関ったのはその閲歴から「アイヌ問題」に対する社会的関心を背景に、アイヌ同化教育の方策を立案する「旧土人教育取調委員」に教育学の専門家として委嘱された、明治二十五年（一八九二）のことであろう。このようなアイヌ教育への関与のしかたは、その後の岩谷を規定していったが、岩谷は、その当初から教育をとおしていかにアイヌの同化を推進するかという支配者の視角からこれに接近していたといってよいであろう。

　なお、岩谷がアイヌ教育に関与した時期について、北海道立教育研究所編『北海道教育史』では、岩谷を明治十四年（一八八一）八月から沙流《さる》郡平取《びらとり》小学校に派遣したと推定する記述があるが[34]、これは誤りである。同校に派遣されたのは、北海道師範学校一等助教諭・遠藤正明《えんどうまさあき》で、それは、『旧土人教育ニ関スル書類』（明治十九年）所収の同人の起案「平取分校生徒ノ修学年限増加之儀ニ付伺《つきうかがい》」によって明らかである。

「あいぬ教育ノ方法」について

岩谷英太郎は、永田方正とともに「旧土人教育取調委員」としてアイヌ・コタンを訪れ、当時のアイヌ教育の実態を全般的に分析し、それを「あいぬ教育ノ方法」としてまとめた[35]（明治二十六年・一八九三）。これは、「教育ノ外部」（一、校舎ノ新築及維持 二、恩賜金利用ノ方法 三、校舎教室器具器械等 四、教師ノ待遇法）と「教育ノ内部」（(1)、学科ノ選択 (2)、教育ノ年限 (3)、実業科(4)、各学科ノ教授法 (5)、学科程度表 (6)、管理訓練ノ方法 (7)、要項）とから構成され、アイヌ教育についての一般的見解を最初に体系的な形で表明したものとして注目される。同時に、これは、アイヌ同化教育制度（「旧土人」小学校設立）とその方法（「旧土人児童教育規程」制定）を政策的にも実践的にも方向づける重要な役割をはたした。

この「あいぬ教育ノ方法」は、岩谷、永田の共著の形式をとっているが、実際には、岩谷のアイヌ教育観の原型が出そろっていることやその後の両者のアイヌ教育問題への関与のしかたからみて、調査資料の分析、理論化の作業は、岩谷によっておこなわれたと見るべきであろう。ちなみに、同内容の「アイヌの教育」[36]（『教育時論』所収）及び「あいぬ教育ノ方法」[37]（『東京茗渓会雑誌』所収）は、岩谷個人名で発表されている。

岩谷は、「あいぬ教育ノ方法」において多くの提言をしたが、そのなかで最も重要なものは、「教育ノ外部」として「庁立ノあいぬ学校」の設置、すなわち、教育効果の観点から〈日本人〉児童とアイヌ児童の分離教育の実現、そして、「教育ノ内部」として「特別ナル教授管理ノ模範」の制定である。これらは〈日本人〉児童とアイヌ児童との民族と言語の違いを認めず、前者の学力を基準に後者の学力をはかり、それを能力のおくれ=学力の差にすりかえる教育認識の方法に支えられていた。それは、当時の支配的なアイヌ教育認識であったといってよい。

　こうしたアイヌ教育認識は、当然のことながら教育内容やその年限の規定にも反映し、教育内容は、尋常小学校三年程度とし、教育年限は、アイヌ児童の能力のおくれを前提に四カ年とした。教科目も「彼等（アイヌ・引用者注）ノ卑陋《ひろう》不潔ナル風俗ヲ化シテ国民ノ美風ヲ得セシメ」るために修身科と生活手段の確保および、アイヌ同化を補完する実業教育――農業――を重要視し、アイヌ語、アイヌ文化を教科目化する視点は欠落していた。このような岩谷の指摘は、その後、多くの〈日本人〉教師のアイヌ教育実践によって裏づけられていった。

岩谷英太郎のアイヌ教育観

アイヌ教育と「盲唖教育」（障害児・者教育）　岩谷のアイヌ教育観の特徴のひとつは、「盲唖《もうあ》教育」の視点から論理を展開した点である。こうした方法論をもとに前述の「庁立《ちょうりつ》ノあいぬ学校」の設立と「特別ナル教授管理ノ模範」の制定を提言した。そうした方法論の根底には、「あいぬノ無智ハ天性[38]」とする人種主義的なアイヌ認識が存在し、それが「あいぬは眼あり能く視《よ》るべく、耳あり能く聴くべく、舌あり能く言ふべし、然れども其心眼は既に盲にして、其心意は既に唖なり[39]」というようにアイヌに「盲唖」のイメージを重ねあわせることにつながっていった。

　次いで、岩谷は「盲唖学校ハ官立ニ成ル未ダ全国ノ盲唖ヲ教育スルニ足ラズト[40]」して、当時、京都市立盲唖院、東京盲唖学校の二校のみの障害児・者教育の実状にふれながら、アイヌ教育制度の確立は、とりもなおさず「模範ヲ示シ唱和ヲ誘フノ効頗《すこぶ》ル大ナリ[41]」と、両者の振興に大きく寄与することを指摘する。

さらに、アイヌ教育の方法についても、それは「猶ホ盲唖教育ノ如ク特別ナル事情ヲ有シテ画一ヲ避ケザルベカラザレバナリ[42]」と指摘し、障害児・者教育の方法が健常児・者のそれとは異なるように、アイヌ教育の方法も〈日本人〉児童を対象とする教育規程に準拠せず、独自な教育方法を提起した。このような岩谷の「盲唖教育」の視点からのアイヌ教育方法は、明治・大正期をとおしてアイヌ教育論の基調となった。

「同化主義」教育の論理化

岩谷は、アイヌ教育の方法についてはじめて「同化主義」の概念を用い、その論理化を試みた。これは、岩谷のアイヌ教育観の第二の特徴である。

岩谷は、アイヌ教育の方法を「其一は欧化主義、其二は保存主義で、其三は同化主義[43]」に整理し、各主義の特色を詳細に述べている。岩谷にとって「同化主義」は、「欧化主義」、すなわち、「欧米宣教師の手に行はれたるもので、宗教の力により彼等（アイヌ・引用者注）を感化して、美良なる基督教民たらしめんことを期[44]」すジョン・バチェラーらによるキリスト教的アイヌ教育に対置する概念であるとみてよい。このキリスト教的アイヌ教育の方法に対して、「旧土人は日本国民である以上は、欧化主義の教育（は）……彼等の性情に適合しませぬ[45]」という理由から「絶対的反対[46]」の立場を表明し、「同化主義」の教育をアイヌの「風俗習慣を改良して漸次《ぜんじ》和人に同化[47]」していくうえで「最も安全にして且適切なる主義[48]」と説いた。次いで、「同化」への二段階して「混和」「融合」を設定し、教育を「同化を促す第一の良方便である。……教育によりて彼等（アイヌ・引用者注）の子孫を感化するは最上の手段[49]として、アイヌ同化への最良の方法と位置づけた。

アイヌ文化の保存と植民地政策　岩谷は、地域の教育の全体像を把握しようとするとき、一貫してアイヌ教育問題をその視野におさめていた[50]。換言すれば、アイヌ教育をとおして教育の全体像を把握する教育認識の方法が根底に存在していた。こうした方法の延長線上に日本の植民地政策を位置づけていた。

岩谷は、「優勝劣敗」の歴史観と貯蓄心、衛生上の知識などの欠如という歪《ゆが》んだアイヌ観とからタスマニア人の滅亡を例にひき、「旧土人も多分此運命を踏む[51]」、すなわち、アイヌ滅亡の可能性を示唆した。岩谷はそれを、「旧土人の為に悲しむ現象となさずして、寧ろ光栄ある進化[52]」ととらえた。それは、進化主義の同化論である。その対応策として、インディアン・リザヴェーションにヒントを得たアイヌ保護区の創設[53]とアイヌ文化の調査・保存の必要性を提唱した[54]。

岩谷は、後者について「其施設方法宜しきを得るときは、唯アイヌの伝説保存の目的を達し得べきのみならず、之を台湾、朝鮮等に応用して、其土人伝説保存の模範たることを得べし[55]」と論じ、アイヌ文化の調査・保存方法が確立したならば、それを日本の植民地における文化政策に応用できることを説いた。例えば、植民地台湾の高山族調査である臨時台湾旧慣調査会／台湾総督府蕃族《ばんぞく》調査会『番族慣習調査報告書』（大正四年・一九一五～同十一年・一九二二）、台湾総督府警務局理蕃《りばん》課『高砂族調査書』（昭和十一年・一九三六～同十四年・一九三九）、あるいは植民地朝鮮の民俗慣行調査である朝鮮総督府『朝鮮の風習』（昭和四年・一九二九）、同『朝鮮の占卜《せんぼく》と予言』（昭和八年・一九三三）などは、その系譜をひくものではないだろうか。

このようにアイヌ文化の調査・保存は、岩谷はもとより、後年、金田一京助、久保寺逸彦《くぼでらいつひこ》らに行われたが、それは、アイヌ文化を尊重するという視点からではなく、アイヌの同化を前提に学問的関心のみを優先させたものであるといってよいであろう。

3　アイヌ同化教育の確立

「北海道旧土人保護法」の制定と「旧土人」小学校の設立

明治三十二年（一八九九）、明治初年以来のアイヌ同化政策の集大成として「北海道旧土人保護法」（法律第二十七号）が制定された。アイヌ教育もこれに法的根拠を得ることとなった。

アイヌに対して勧農《かんのう》と初等教育の普及を柱とする「北海道旧土人保護法」は、第十三帝国議会（明治三十一年・一八九八）に政府案として提出された。その提案理由についてアイヌ問題を所管する内務次官・松平正直は、「『アイノ』ハ同ジク帝国ノ臣民デアリナガラ」[56]、「優勝劣敗ノ結果」[57]「生活ノ途ヲ失フト云フ情勢」[58]は「一視同仁《いっしどうじん》ノ聖旨ニ副ハナイ」[59]のでこの法律を制定して「其所

「旧土人」小学校一覧

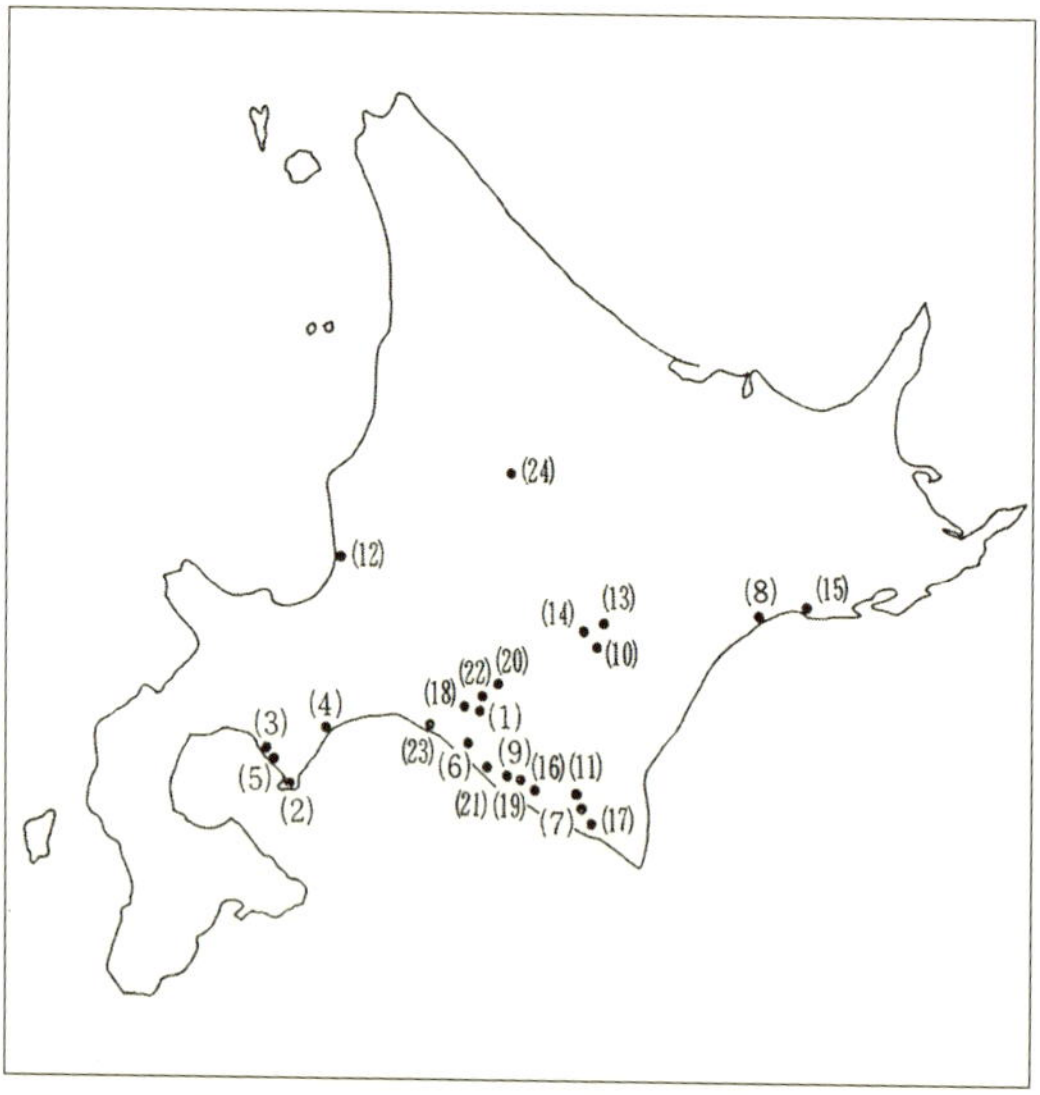

番号	学校名	設立年月
1	平取	(M34) 1901年3月
2	元室蘭	(M34) 1901年3月
3	虻田第二	(M34) 1901年9月
4	白老第二	(M34) 1901年9月
5	有珠第二	(M35) 1902年9月
6	新平賀	(M35) 1902年9月
7	向別	(M35) 1902年9月
8	白糠第二	(M35) 1902年9月
9	姉去	(M36) 1903年6月
10	伏古第二	(M37) 1904年2月
11	姉茶	(M37) 1904年9月
12	来札	(M37) 1904年9月
13	音更	(M39) 1906年6月
14	芽室太	(M39) 1906年6月
15	春採	(M39) 1906年8月
16	辺訪	(M39) 1906年11月
17	岡田	(M40) 1907年6月
18	累標	(M40) 1907年10月
19	遠仏	(M41) 1908年2月
20	荷負	(M41) 1908年8月
21	元神部	(M42) 1909年5月
22	二風谷	(M43) 1910年5月
23	井目戸	(M44) 1911年4月
24	旭川区第五	(M40) 1907年2月

注　上記の図表は、北海道立教育研究所編『北海道教育史』全道編3（昭和38年）所収の記述（229-230頁）をもとに作成した。

ヲ得ルヤウニ致シタイ(60)」と説明した。ここに、異民族＝「他者」認識の欠落と歪んだ歴史認識――優勝劣敗論――を基調とし、同化主義の法的フィクションに過ぎない「一視同仁」(61)論に裏付けられた「北海道旧土人保護法」の本質が明確に示されている。

この提案理由に対して、アイヌ教育に関係する、教育の効果とその普及方法（船越衛《ふなこしまもる》）、そして、アイヌ児童の学力と教育の程度（伊沢修二《いざわしゅうじ》）などの質疑と政府委員・白仁武《しらにたけし》の応答もあった(62)。こうした質疑を経て、「北海道旧土人保護法」は原案をわずかに修正しただけで貴族院を通過し、明治三十二年（一八九九）四月一日から公布された。以前、不明確であった保護対象は、「誰人モ土人ト認ムベキモノニ限リ保護(63)」することとし、アイヌが〈日本人〉の養子女・婿・妻となった場合は、そのアイヌだけが保護の対象となったが、その逆の場合は認められなかった。また、アイヌと〈日本人〉との間に生まれた子どもは保護の対象とはなるが、「何人ガ見ルモ旧土人ト認ムベキモノニ限(64)」ったのである。

「旧土人」小学校の設立は、同法第九条――「北海道旧土人ノ部落ヲ為タル場所ニハ国庫ノ費用ヲ以テ小学校ヲ設クルコトヲ得」――に法的根拠を得、そして「北海道拓殖《たくしょく》十年計画」（明治三十三年）によって設立計画が具体化した。明治三十四年（一九〇一）の平取尋常小学校を最初として、明治末年までに二十一校が設立された。校名については、同一通学区域内に〈日本人〉児童を対象とした尋常小学校とアイヌ児童を対象としたそれが存在する場合は、前者を「第一尋常小学校」、後者を「第二尋常小学校」とそれぞれ称した。

二十一校の「旧土人」小学校だけでは、北海道内に点在するコタンのアイヌ児童を就学させることはできなかった。そこで、アイヌの学齢児童の不就学をなくし、同化教育をいっそう普及させる目的で、国費から委託料を交付しアイヌ児童を〈日本人〉児童の公私立の小学校に入学させる「委託教育」制[65]をしいた（明治三十七年）。これによって、アイヌ学齢児童の不就学は大幅に減少した。

「旧土人」小学校における教授法、教育内容の体系化

「旧土人」小学校――分離教育――が制度的に確立するとともに、「旧土人」小学校における教授法、教育内容も確立した。

それは、第三次小学校令（明治三十三年・一九〇〇）にともない、「旧土人児童教育規程」（北海道庁令第四十二号、明治三十四年・一九〇一）と「旧土人児童教育規程施行上の注意」（北海道庁訓令第四十三号、明治三十四年）を制定し、アイヌ同化教育の内容とその方法を体系化したことである。それによると、「教授要旨」は、「普通ノ尋常小学校ノ凡《およそ》第三学年迄ノ程度ヲ四学年間ニ終了セシムルノ旨趣ナルヲ以テ簡易ヲ旨ト」した。換言すれば、「帝国臣民《しんみん》」としての最低限の教養を付与することにあったとみることができる。このようにアイヌ教育は、近代日本の初等教育における差別教育制度――簡易教育――がきわめて重要な位置を占めた近代北海道の「内国植民地―差別」教育政策を象徴するものとみてさしつかえないであろう。

「教科目」は、第三次小学校令に準拠して「修身・国語・算術・体操・裁縫《さいほう》（女子）・農業（男子）」と定めた。アイヌ同化教育の中枢ともいうべき「修身」は、「教育ニ関スル勅語ノ旨趣ニ基

キテ児童ノ徳性ヲ涵養《かんよう》シ道徳ノ実践ヲ指導スル」教科として天皇制思想を鼓吹し、アイヌ児童に対して「清潔、秩序、廉恥《れんち》、勤倹、忠君、愛国」という〈日本人〉道徳の実践を強制するいっぽう、〈日本人〉児童向けでは記されていた「国家及社会ニ対スル責務」という節は、欠落していた。ここに、〈日本人〉化と排除という二重の差別構造を内在化したアイヌ同化政策の本質を垣《かい》間見《まみ》ることができよう。

「国語」とは、アイヌ語のことではなく、日本語を指すのである。毎週教授時数をみると、第一学年では、十八時間中の八時間、第二学年では、二十二時間中の十二時間、第三・四学年では二十七時間中の十四時間とそれぞれ半数以上を日本語の指導にあてた。ひとりの〈日本人〉教師は、「教育の上より絶対アイヌ語を撲滅させる方針(66)」をたて、教科指導を実践し言語のうえからアイヌが民族として起つ基盤を奪った。こうしてみると、現代のアイヌ児童教育実践の内容及びその方法と関って、日本の教育界には、その当初からアイヌ語、アイヌ文化を尊重し、それを教科目としてとりいれる視点は欠落していたといえよう。

このようなアイヌ教育制度の特質は、教育形態において「旧土人」小学校――分離教育――という独自な学校制度を設定しながら、教授法・教育内容は、同化の推進という視点から第三次小学校令に準拠した、「内地延長主義」を基本としていた。

「北海道旧土人救育会虻田学園」

これまでに述べてきたキリスト教的アイヌ教育、あるいは、行政主体の「旧土人」小学校、委託教育制度とは、異なる系譜に属する私立のアイヌ教育機関として「北海道旧土人救育会虻田《あぶた》学園」（以後、「虻田学園」と略記）が存在していた。

「虻田学園」は、明治三十七年（一九〇四）「北海道旧土人救育会」の事業として初等教育を修了したアイヌ児童を対象に「農業及ビ手工業ニ関シ簡易ニシテ実地ニ応用セラルベキ智識ヲ与ヘ併セテ普通教育ノ補習ヲ為シ自営自活ノ道ヲ教フル(67)」ことを目的に設立された私立実業補習学校である。「虻田学園」の設立構想は同会の代表者小谷部全一郎《おやべぜんいちろう》のアメリカでの黒人教育政策研究——ハンプトン農工学校、ハワード大学留学——が基礎となって生まれた。小谷部のアイヌ教育方法の理念は、「真に手工業的及び農業的労働が、すべての教育の基礎となるのであり、これが黒人に対して単に経済的のみならず、亦《また》文化的な向上を招来(68)」し、実業教育こそが「全世界の原住民教育と植民地教育策において、（中略）最良にして最も確実な途である(69)」とする黒人教育の思想であろう。

こうした教育理念をもとに「虻田学園」では、「手工」、「農業」、「農業実科」という実業科を重点教科としていた。これをアイヌ同化の推進という観点から把握すると、「北海道旧土人保護法」の立法趣旨と軌を一にし、その政策を補完するものであったといえよう。小谷部の当初の計画によると、その目的は「帝国領土内ノ不生産的ナル無能種族ニ人工即チ特種教育ヲ施シテ以テ有為ニシテ生産的ナル日本帝国ノ良民ト化セシメントスル(70)」ことで、対象としてアイヌだけではなく、植民地台湾の高山族をも視野におさめていた。小谷部の着想は、人種主義的で他民族を正しく認識するという視点は、まったく欠落していたが、「アイヌ」と「高山族」とを連関させる認識方法は、アイヌ教育（史）研究の方法に貴重な示唆を与えるものである。

このように、アイヌ教育制度史のなかで、特異な位置をしめた「虻田学園」は、〈日本人〉による私立アイヌ教育機関としては、最初であるが、設立には、星亨《ほしとおる》、樺山資紀《かばやますけのり》、西郷従道《さいごうつぐみち》ら植民地官僚の系譜をひく政府関係者の後援があった。「北海道旧土人救育会」の事務局は、帝国教育会内に設置され、役員には、近衛篤麿《このえあつまろ》、二条基弘《にじょうもとひろ》、片岡健吉《かたおかけんきち》、辻新次《つじしんじ》、坪井正五郎《つぼいしょうごろう》らが名を連ねていた。

4

一　アイヌ同化教育の実践——吉田巌のアイヌ教育実践

吉田巌の閲歴

既述のように、アイヌ同化教育制度とその方法は確立したが、それを具体化するのは、学校＝教育実践の領域である。ここでは、「旧土人」小学校の教育実践の典型として吉田巌（明治十五・一八八二～昭和三十八年・一九六三）の第二伏古尋常小学校での教育実践をとりあげ、それを紹介しよう。吉田の教育実践は、アイヌ同化の教育実践の構造と方法をリアルに解明するうえで注目する必要があろう。

アイヌ教育は、〈日本人〉教師——アイヌ児童を基本構造として成立し、これに携わった〈日

左：金田一京助、中：伏根弘三、右：吉田巌 ―大正7年8月―
（出典：吉田巌著／小林正雄編註『吉田巌伝記資料』帯広市教育委員会、1964年）

本人〉教師は少なくない。吉田巌は、そのひとりである。吉田巌は、明治十五年（一八八二）、現在の福島県相馬市中村町で出生し、一時期、士族・佐藤正信の養子となった。佐藤家は、源義経の家臣であった、佐藤継信・忠信の流れをくむ家系である。一時期であるにせよ佐藤家との養子縁組は、吉田にとって「義経入夷伝説」の研究を端緒とするアイヌ研究、そして「旧土人」小学校でのアイヌ教育実践など生涯にわたる研究と教育をとおしてのアイヌとの関りを方向づける契機となった。

吉田は、明治三十九年（一九〇六）、「アイヌの教育と調査と」[71]を目的に来道《らいどう》した。吉田とアイヌ教育との関りは、永久保秀二郎（嘉永二・一八四九～大正十三年・一九二四）との出会いからはじまる。また、それを確かなものとしたのは、小谷部全一郎（慶応三・一八六七～昭和十六年・一九四一）との出会いである。

吉田は、来道直後、釧路《くしろ》第三尋常小学校附属春採特別教育所にアイヌ同化教育実践の先達・永久保秀二郎を訪ねた（明治三十九年・一九〇六）。この春採特別教育所の前身は、明治二十四年、イギリス聖公会所属の宣教師・ペイン（Lucy Payne, 不詳～一九三二年）によって設立されたキリスト教的アイヌ教育の系譜に属するアイヌ学校である。永久保は、吉田に対してアイヌ教育実践の体験を次のように語った。アイヌ教育は、「特殊教育としては、日本人同様に扱ってはだめです。もと未開人だから、充分威厳を示して仕込まなければいけません」[72]そして、「日本人同志（ママ）と違い、未開人ですから家庭教育は出来ていない」[73]、また、「彼等（アイヌ）を懐けるには施与が第一」[74]である。永久保のアイヌ教育実践をくぐらせた体験談のなかには、当時の〈日本人〉のアイヌ認識の特徴が端的にあらわれている。それは、異質な文化（アイヌ文化）の存在自体を否定し、それを「未開」視する、換言すれば、文化を相対化してとらえるという視点の欠落であるといってよい。フランスの構造主義人類学者・レヴィ＝ストロース（Claule Lévi-Strauss, 一九〇八年～二〇〇九）が指摘したようにそれは、「古代はギリシア（次いでギリシア・ローマ）文化に属さぬものを、すべて同じ未開 barbare の名のもとに一括した。次いで、西洋文明は、同じ意味で野蛮 sauvage という言葉を用いた。（中略）ひとは、文化の差異という事実すら認めることを拒んでいるのである。自分たちが生きる規範と同じでないものは、すべて文化の外に、すべて自然のなかに投返そうとする」[75]発想であろう。永久保は日常的にアイヌ文化と接触しながらも一般の〈日本人〉と同様、「他者」としてアイヌを認識する視点をもちえなかった。したがって、そこから派生するアイヌ教育の方法も「威厳」と「施与」という反教育的な価値を重視するものであった。こうしたアイヌ教育観は、吉田のその後の教育実践に大きな影響を与えた。

　吉田は、その翌年（明治四十年・一九〇七）、後に『成吉思汗《じんぎすかん》は義経也』などの著作で知られる小谷部全一郎の知遇を得、私立のアイヌ教育機関である「北海道旧土人救育会虻田学園」の教員となって、アイヌ児童教育実践の第一歩を踏みだした。その後、虻田第二尋常小学校代用教員、荷負《におい》尋常小学校准訓導《じゅんくんどう》を歴任（いずれも「旧土人」小学校）し、大正四年（一九一五）、第二伏古《ふしこ》尋常小学校訓導兼校長として着任した。吉田は、同校廃校時（昭和六年）まで在職したが、それは、まさしく、アイヌ同化教育実践の歴史を体現した稀有な存在といってよいであろう。

その間、「旧土人」小学校の〈日本人〉教師の立場から「部落学校」調査（大正十一年・一九二二）、台湾高山族学事調査（昭和二年・一九二七）を実施した。とりわけ、後者については、高山族同化教育の方法を助言したように深い関心を寄せていた。

吉田のアイヌ教育実践

第二伏古尋常小学校は明治三十七年（一九〇四）五月、「北海道旧土人保護法」（明治三十二年・一八九九）と「北海道拓殖十年計画」（明治三十三年）とにもとづく「旧土人」（アイヌ）小学校として開校した。同校の前身は、帯広《おびひろ》のアイヌ・伏根安太郎《ふしねやすたろう》の努力によって開校した伏古アイヌ教育所である（明治三十五年）。同教育所は、伏根自身がその前年に開始した私塾教育を継承し、それに必要な経費は、伏根が拠出したものである。第二伏古尋常小学校の設置にあたっては、「旧土人教育施設ニ関スル手続、旧土人児童教育施設ニ関スル件」（北海道庁訓令第四号、明治三十七年）の規定により「委託教育」が可能であった。しかしながら、行政当局が同校を設置したのは、伏根の実績と施設の寄付があったからである。このように、第二伏古尋常小学校はアイヌの教育要求を背景に設立されたといってよいであろう。

吉田は、佐藤義厚（明治三十七年五月～明治三十九年四月）、三野経太郎（明治三十九年五月～大正四年十二月）について同校の第三代訓導兼校長として着任した。吉田は、第二伏古尋常小学校でのアイヌ児童教育にあたって、学校経営の方針として「旧土人児童ヲシテ時代ニ適応セル国民タラシムベク一視同仁ノ聖旨ニ基キテ教養ス」[76]（傍点・引用者）ることを掲げた。こうした天皇制思想に教育価値をもとめることは、当時の〈日本人〉尋常小学校はもとより、「旧土人」小学校も当然のこととされたのである。「一視同仁」、「忠君愛国」の字句は、なによりも端的にアイヌ教育の方向を示唆しているといってよい。

吉田の天皇制思想にもとづく学校経営観は、学習指導と生活指導とが相即的に結ばれる学級経営に反映されている。吉田は、学級経営上の規範として、イ、敬神崇祖　ロ、共同　ハ、規律など八項目の実践徳目を掲げた[77]。そのひとつ「敬神崇祖」は、天皇制思想を鼓吹《こすい》する徳目《とくもく》として、修身、国語などの教科指導と相まってアイヌ同化教育の柱として大きな役割をはたした。その実践を具体的にみると、「三大節ソノ他ニ於テ皇太神宮・宮城《きゅうじょう》郷社《ごうしゃ》等ノ遥拝《ようはい》及訓話」[78]という定型化した儀式（祝日大祭日儀式）と「毎朝始業前ニ於ケル遥拝及誓詞」[79]という日常化した、それとに区別できる。後者は、「私共ハ天皇陛下ノ大御教ヘヲ克ク守ッテヨキ日本人トナル覚悟デゴザイマス」[80]という誓詞《せいし》を唱和《しょうわ》させた。これは、いわば「皇国臣民の誓詞」のアイヌ版とでもいうべき内容をもつもので、学校休日の日曜日や毎朝家庭でも実践するように指導した[81]。吉田はアイヌ同化教育の実践者であるばかりではなく、アイヌ語、アイヌ文化の研究者でもあった。吉田は、教育実践とアイヌ研究との接点であるアイヌ語について、「教育の上より絶対アイヌ語を撲滅させる方針故、教師として私は使用せぬ。但し裏面の研究の方便としてはこの限りにあらず[82]」と語り、アイヌ語による教育実践を否定し、〈日本語〉によることを明らかにしている。教育実践と研究とは完全に分離し、アイヌ研究の成果を教科指導にとりいれる視点はまったく欠落していたとみてよいであろう。吉田の場合、他の〈日本人〉教師とは異なり、教育実践のなかにアイヌ語、アイヌ文化を位置づけることが可能であったにもかかわらず、それは、吉田自身によって否定されたのである。

そうしたアイヌ語否定の教育実践の成果は、吉田の「伏古旧土人生計調査」に端的に表れている。同調査によると、伏古コタン——第二伏古尋常小学校の校区——では、大正十五年（一九二六）当時のコタン住民の日本語普及率は、実に、九四・七パーセントに達していたという[83]。また、教育の場に限定してみても日本語の普及率は高く、例えば、大正八年に「私の家の物」と題して家庭内の器物の名称を書かせたところ、八九・三パーセントが日本語で表現したという[84]。大正末年には、伏古コタンでは日本語が日常生活のいわば標準語となっていたとみてさしつかえないであろう。こうした、〈日本人〉道徳、〈日本語〉教育の強制は、アイヌ児童の思考にも変化をもたらし、日新《にっしん》尋常小学校（第二伏古尋常小学校）への秩父宮《ちちぶのみや》訪問（昭和三年・一九二八）を歓迎する生徒のひとりは、作文にこう記した。吉田のアイヌ同化教育実践の成果である。

日新尋常小学校第六学年　坂下徳太郎

昭和三年二月二十八日　秩父宮殿下がこの小さな私どもの学校に　行啓下さったことは誠

に、ゆめとばかり思ひます。ゆめであったなら早くさめないでくれればよいと思ひます。殿下のお乗り物が門をおはいりになる時に　殿下の御かほが黒光ってをられました。それは第一御運動がおすきであるからと思ひます。　殿下がおあるきになるところ、をがみますとお足にゲートルをおまき遊ばされてをられるのを見ても御元気なことがわかります。なほたくさんのお金を下さったことは陰ながらお礼申上げます。

元気なる玉のみかほををがむのは　われがこのよに二どあらぬなり
ここのへのおやしきうへまでわがこころ　とどきてお成下さったのか(85)

吉田は、教育実践のかたわら、しばしば「伏古旧土人生計調査」を実施し、アイヌの生活実態を把握するとともに、同化（教育）政策の浸透度を調査した。そこには、天皇制国家の収奪によって、劣悪な環境のもとでの生活を強制された結果、コタンには疾病《しっぺい》が蔓延し、アイヌは生命の危機に瀕《ひん》していたことが明らかにされている。大正十五年（一九二六）の調査によると、第二伏古尋常小学校に在籍したアイヌの六五パーセントが罹患し(86)、死亡者の平均年齢は、男―二十四歳、女―二十歳であった(87)。

こうした調査結果は、アイヌに対する苛酷な収奪の実態を物語るものであるが、吉田は、「卒業生名簿は過去帳になって行く(88)」現実に直面して、学習指導とならんで生活指導を重要視し、生活習慣の改善を試みた。それは、ドイツの植民地教育学者・テオドール＝ベッケルが「新しいすべての原住民教育に就いて（中略）、その教育は生徒自身の身体から出発せねばならぬ(89)」と指摘したように異民族教育の原点ともいえる。

吉田は、「入浴洗濯奨励[90]」、「採光通風掃除の注意[91]」、「伝染病予防消毒[92]」など保健衛生の心得を説き、それをアイヌ児童のみならず、「父兄会」や家庭訪問のおりに父母に対してもその必要性を自覚させた。吉田の生活習慣の改善指導は、アイヌの生活様式の〈日本人〉化へとつながっていった。大正十三年（一九二四）の調査によると、雑穀、野菜が食生活の一、二位[93]を、また、衣服、家屋も〈日本人〉式のそれが九〇パーセント[94]をそれぞれ占めていたように、生活習慣も祭具等を除けば、ほとんど〈日本人〉化が進んでいたとみてよいであろう。吉田は、こうした状態を「木幣（イナウ）を主体に一縷《いちる》固有色をとどめて極めて寂しさを見るに過ぎなかった[95]」（大正六年・一九一七）、「イナウ　一色が寂しい古色を存しているにすぎぬ[96]」（大正十三年）と記している。

生活習慣の改善は、コタンの〈近代〉化＝〈日本人〉化をもたらしたが、反面、それはアイヌ文化の否定につながった。吉田の調査によると、「アイヌトイフコトバハ　ドウイフイミデスカ」という設問に対して、結果は「ワカラヌ　2、誤答　6、無答　4、要領を得たるもの　一もなし[97]」であったという（大正十四年）。また、あるアイヌ児童は、アイヌ女性の入墨を見て「墨を以って入墨をした人が、二、三人ゐたのではづかしく思ひました[98]」（大正六年）と記したように、アイヌ自身が自らの人、歴史、文化について正しく認識できなくさせていったのである。こうしてみると、「旧土人」小学校は、アイヌ児童のみならずアイヌ・コタン全体の同化政策の中枢となってアイヌ民族の個性と主体性を否定する反教育の場として位置づけることができる。

吉田巌の台湾学事調査

吉田巌は、昭和二年(一九二七)、北海道庁命により、植民地台湾へ同地の少数民族である高山族の学事調査のため出張した。『台湾学事調査復命書』[99]は、吉田が帰着後、現地で収集した資料によって、高山族の教育機関の沿革、就学状況、児童の学力などについてとりまとめ、道庁へ提出した文書である。そこには、その調査日程や調査箇所が詳細に記されている。そのなかで、筆者にとって興味深いのは、植民地台湾への途次、函館市と大阪市に立ち寄っているが、そこで「貧民学校」(函館市・私立大森尋常小学校)、「部落学校」(大阪市・大阪市立有隣尋常小学校)をそれぞれ訪問していることである。

吉田は、高山族の学事調査と併せて、被抑圧民衆・民族の教育機関を意識的に調査対象として選択しているのである。この事実は、吉田が、〈日本人〉教師の眼からアイヌを見、それをとおして、貧民・被差別部落民・高山族という被抑圧民衆・民族をトータルに把握する視点を有していたことを示している。このことは第一に、吉田の教育思想と教育実践の全体像を明らかにするうえで看過できない分析視角である。第二に、〈日本人〉の教育に対置してアイヌ教育を位置づける、従来のアイヌ教育研究の方法に対して、国外における日本の植民地教育政策、国内における差別教育政策と連関させて把握する方法の存在を示唆している。ここでは、高山族教育実践者・山本英雄の吉田宛書翰の分析と吉田の台湾学事調査の目的の検討をとおして後者の問題について考えてみたい。

それにさきだって、当時(大正末~昭和初年)の高山族の教育制度について触れておこう。

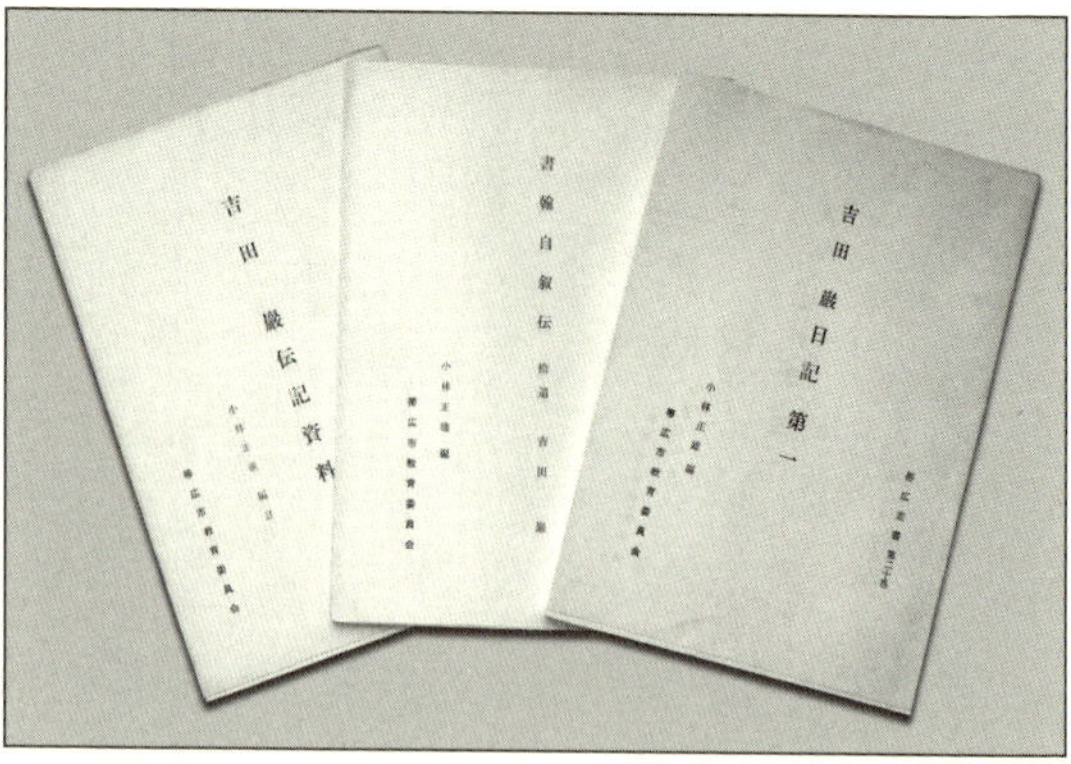

吉田巌関係資料

高山族の教育には、治安民政上の〈蕃人《ばんじん》〉対策としての教育所（台湾総督府殖産部所管）と教化上の学校教育としての「蕃人公学校」（同学務部所管）との二つの系譜が存在していた。[100] 吉田、山本が関係したのは公学校でそれは、後者の系譜に属する。「蕃人公学校」は、「蕃人公学校規則」（台湾総督府令第三十号、大正三年・一九一四）によって「蕃人ニ徳育ヲ施シ国語（日本語・引用者注）ヲ教ヘ生活ニ必須ナル知識ヲ授ケ国風ニ化セシムル」（第一条）ことを目的として設立された。

この「蕃人公学校規則」は、「教育における同化政策の徹底、つまり共学の推進という内地延長主義の実現」[101]を意図する改正「台湾教育令」（勅令第二十号、大正十一年・一九二二）の施行にあたって廃止された。このため高山族教育は、制度上、その特殊性はなくなり、一般の公学校のなかに組みこまれた。植民地台湾の初等教育は、「国語（日本語）ヲ常用スル者」を対象とする小学校（内地法の小学校令準拠）と「国語（日本語）ヲ常用セザル者」の公学校とが存在し、それは、日本語能力の差によって区別していた。吉田、山本の二人が高山族教育に関与した大正末年～昭和初年は、高山族の同化教育を積極的に推進するための方法の確立がせまられていた時期といってよい。

さて、吉田巌と山本英雄との出会いは、大正十三年（一九二四）七月、山本が当時、台湾花蓮港《かれんこう》庁猫公《ばこん》公学校長として同僚教師とともに〈樺太〉・北海道における異民族同化教育の実情を調査・研究のために、吉田の勤務校・第二伏古尋常小学校を訪れた、その時が最初である。これを契機に、高山族とアイヌという民族の違いはありこそすれ、ともに異民族同化教育の実践に携わる者として、教育実践上の意見の交換を書翰の形式をとりながらおこなった。『書翰《しょかん》自叙伝』[102]は、編者の小林正雄が吉田宛の書翰を分類し、それをもとに構成した「吉田巌伝」ともいうべきものである。その「高砂篇」には、山本英雄の書翰五通が掲載されている。掲載順にしたがって、一号書翰「（大正）一三（年）九（月）台湾　馬太鞍《またあん》　消印」[103]と四号書翰「（昭和）二（年）二（月）二〇（日）台湾・新城　消印」[104]の二通は、アイヌ教育と高山族教育のつながりを探るうえで興味深い内容を有している。

高山族同化教育方法の研究にあたって、山本は、まずアイヌの習俗に着目し、モデルとしての適否を検討するのである。そこで、山本は、アイヌと「蕃人ト殆ンド其習俗ヲ同ジウセル関係」[105]であることを明らかにしたうえで、習俗の同一性が教育方法の近似性につながることを指摘した。それによって、アイヌ教育の方法が高山族のそれに応用できるという認識を確立し、アイヌ同化教育の問題点を指摘するとともに、それに対する方法上の提言をした。それは、高山族教育実践者からみたアイヌ教育観ともいえよう。

第一に、教科書の問題であり、アイヌ教育用の「特殊ノ教科書ガナイタメニ実生活ニ適切ナル知識技能ノ練成ヲ図ルコトガ出来ナイ」[106]、そして第二に、教育内容について「旧土人教育ハ宜シク芸術教育ニ立脚セネバナラヌ」[107]ということである。こうしたアイヌ教育の問題点の指摘と提言は、「蕃人教育モ同ジ」と述べているように、そのまま高山族教育の課題となるのである。

別なところで、山本は、吉田のアイヌ同化教育方法に対して「大イニ響《ママ》鳴シ蕃人教育ニ就イテ多大ナ稗益ヲ享ケ」[108]、今後も高山族同化教育に対して「御意見拝承」[109]の機会の到来を願っていることを述べている。それが、昭和二年（一九二七）の台湾学事調査によって実現した。

吉田の台湾学事調査の目的についてであるが、前出の『台湾学事調査復命書』や小林正雄編『吉田巌伝記資料』には、「昭和二年、台湾学事調査を命ぜられ七週間専ら全島主要の蕃社《ばんしゃ》を歴訪した」[110]と記してあるだけで、吉田関係の資料からは不明である。一方、命令者である行政サイドの資料からも、その目的は出張命令に係る原議類の保存年限が他の公文書と比較して著しく短期間であるために保存されておらず、調査できないのが現状である。したがって、学事調査の目的は、当時の高山族（教育）の実態とアイヌのそれとを同化政策の浸透という視点から考察する以外には、ほかに方法はないように思われる。

高山族に対する本格的な同化政策は、昭和六年の日中戦争の開始をひとつの契機としてすすめられる[111]。この年には、高山族同化の基本的方策である「理蕃《りばん》大綱」が制定された。こうした高山族同化政策の開始と吉田の台湾学事調査とは、けっして無関係であると思えないのである。おそらく、この台湾学事調査は、前出の山本英雄を通して台湾総督府からの依頼によるもので、吉田は、アイヌ同化教育の実践者として、その豊富な経験と資料とをもとに高山族同化政策の助言者の役割を担っていたのではないだろうか。それは、当時のアイヌ同化政策の浸透度からも裏付けられよう。すなわち、一九二〇年代後半には、アイヌ同化政策は、実質的に完了した時期で、吉田の台湾学事調査は、それに何ら資するところはなかったのである。異民族の同化方法を研究するうえで、他に範例を求めるのは、当然のことで、アイヌ同化教育は、まさに、日本の異民族同化教育の成功例として高山族同化教育に「寔《まこと》ニヨキ教訓ヲ」[112]与えたことと思われる。

5 アイヌ同化教育の「終焉」

「旧土人」小学校の廃止――〈別学〉から〈共学〉へ

明治三十四年（一九〇一）以来、存続した「旧土人」小学校は、昭和十二年（一九三七）の「北海道旧土人保護法」改正――第九条削除――によって全廃された。その理由として、第一に、「旧土人」小学校は差別教育の象徴[113]（アイヌ）、第二に、アイヌの同化を徹底するために混合教育＝共学の実現[114]（〈日本人〉教師）、第三に、「旧土人に関する調査」結果の分析からアイヌ同化の事実認識の確立[115]（行政当局）という、それぞれの当事者の異なる視点からの「旧土人」小学校不要論を指摘できる。このような「旧土人」小学校不要論を背景に行政当局（北海道庁―内務省）は、「同族（アイヌ・引用者注）ノ風俗習慣モ殆ンド一般ニ同化セリ、故ニ今後ニ於テ特ニ本法上ノ教育施設ヲ講ズベキ必要ナキモノト認[116]」められ、「旧土人」小学校は廃止されることになった。「旧土人」小学校の廃止は、一時に行われたのではなく、明治三十八年（一九〇五）一校、同四十三年（一九一〇）一校、大正八年（一九一九）一校、同九年一校、同十年三校、同十一年一校、昭和六年（一九三一）三校、同七年一校、同八年一校と漸次廃止され、「北海道旧土人保護法」改正時には、八校を残すのみであった。その後、制度的には、アイヌ児童が〈日本人〉児童の尋常小学校に入学する〈共学〉制となり、今日までつづいている。

日本の近代学校教育をアイヌ差別の視点からとらえれば、それは、〈日本人〉児童には差別意識を助長する一方、アイヌ児童には〈日本人〉化と差別を強いてきたといってよい。アイヌ児童にとって最初に出会う差別は、学校においてである。

〈日本人〉児童との〈共学〉は、同化教育にくわえてもうひとつの差別が日常化することを意味した。少女期に〈共学〉を体験した一主婦は、その当時をふりかえって学校におけるアイヌ差別の諸相を次のように語っている。

教室へ入ると、大きなストーブが赤々と燃えています。夢中で氷の様になった手足を暖めようと近づくと、ストーブを囲んで輪になっていた人達が、一斉に声をそろえて、「アイヌ、来るな。アイヌは、あたらせない」と言って、女の子の一人が押し倒しました。すると、男の子の一人が、私をけりながら「アイヌのくせに、あたるな。イヌは雪の上で寝てるんじゃないか、人間の真似して、ストーブにあたるのか」と言ったのです。皆、一斉に笑いました。その頃の私は、いくじなしでしたから、口ごたえ一つせず、ただ教室の隅で泣き、ろう下の隅で泣くしかありませんでした[117]。

このように、学校は迫害の場と化していた。アイヌ児童は、いじめられ、馬鹿にされ、排斥される日々を送った。そのため、「学校へ行くのがおそろしくなって、ほとんど休むようになり、それっきり学校をやめてしまったんです[118]」と証言する一主婦のように小学校を中途退学したアイヌはきわめて多いのである。そうした学校における〈日本人〉児童によるアイヌ差別は、進学、就職、結婚などそれぞれの人生の節目にふりかかる諸差別とともに、今日まで引きつがれている。それは、一般論として大人社会の意識の反映とみることができるが、とりわけ、学校におけるアイヌ差別は、教師のアイヌ認識の問題と深く関っているといえよう。

おわりに ――柳宗悦のアイヌ同化教育批判

アイヌ人を教育すると云っても、吾々自身の教育すら怪し気なのに、何を目標に君達を向上させようとするのか。凡ての点で吾々はアイヌより優れてゐると云ってい、のか。教育それ自身が価値あること等は、もう論じなくともい、のだ。吾々が論じたいのは其の教育の内容なのだ。教育には浅薄な教育が屢々あるのだ。アイヌを今の日本風に変えて了ふと云ふことには、其の浅薄さがありはしないか。

柳宗悦「アイヌ人に送る書」[119]（昭和十七年）

柳宗悦《やなぎむねよし》（明治二十二・一八八九〜昭和三十六年・一九六一）は、日本の民芸運動の創始者であり、そして、その推進者として知られる。柳は、一貫して工芸の美の視点から日本の近・現代の民族問題にアプローチし、民族とその文化の尊厳と独自性を説いた。この「アイヌ人に送る書」は、その前年に著した「アイヌへの見方」[120]とともに明治以来のアイヌ文化観、アイヌ政策に対する方法論的批判であるといってよい。これは、柳の朝鮮（一九二〇年代）、沖縄（一九四〇年代）に対する一連の論説の延長線上に位置している。

柳は、「アイヌ人に送る書」のなかで、その前段として「『一視同仁』等と云ふ（中略）観念的な同情は、軽蔑の念と五十歩百歩[121]」であると論じ、次いで、冒頭に一部、引用したように近代日本のアイヌ同化教育政策をきびしく批判している。こうした批判は、敗戦前における唯一のもので、現代にうけつがれるべき貴重な遺産である。そして、今後のアイヌ教育実践の教材としておおいに注目していく必要があろう。

注

（1）レヴィ・ストロース『人種と歴史』（一九七〇年）二七―二八頁。

（2）G・ルクレール『人類学と植民地主義』（一九七六年）。

（3）衛藤瀋吉ほか『国際関係論』上（一九八〇年）一五五頁。

（4）・（28）・（43）・（44）・（45）・（46）・（47）・（48）・（49）　岩谷英太郎「旧土人教育談」（『北海道教育雑誌』第一二五号、一九〇三年六月二十五日）。

（5）　松本成美ほか『コタンに生きる』（一九七七年）。

（6）『横浜国立大学教育紀要』第二十冊（一九八〇年）一―二二頁。

（7）・（61）幼方直吉「単一民族国家の思想と機能」（『思想』第六五六号、一九七八年）。

（8）　拙稿「アイヌ教育史」（『教育学研究』四三―四、一九七六年）。

同右「アイヌ教育（史）研究の視点」（『地方史研究』第一六一号、一九七九年）。

同右「アイヌ同化＝皇民化教育政策」（『天皇制研究』第二号、一九八〇年）。

同右「岩谷英太郎のアイヌ教育観」（第四〇回日本教育学会大会報告、一九八一年）。

（9）　知里幸恵編訳『アイヌ神謡集』（岩波文庫、一九七八年）三―四頁。

（10）　藤本英夫『銀のしずく降る降る』（一九七三年）。

（11）　海保嶺夫『日本北方史の論理』（一九七四年）二六八―二六九頁。

（12）・（13）・（14）　大蔵省編『開拓使事業報告』附録布令類聚　上編（一八八五年）四四八―四四九頁。

（15）　根室県『根室県旧土人』明治十五―十九年、札幌県『札幌県旧土人』明治十五―十八年。

（16）・（17）「明治十七年八月七日札幌県御用係栂野四男吉復命書」（高倉新一郎『アイヌ政策史』一九四二年）四八四頁。

（18）・（19）　北海道庁『北海道旧土人保護沿革史』（一九三四年）二〇〇―二〇一頁。

（20）　一八八六年十月一日丁第三十七号令達。

（21）・（22）『旧土人教育ニ関スル書類』（一八八六年）。

（23）　ベッケル『列国の植民地教育政策』（一九四三年）五三七頁。

（24）・（25）　同右、五三八頁。

(26) バチェラー『我が記憶をたどりて』(一九二八年)一一四頁。
(27) 違星北斗『コタン』(一九三〇年)七〇頁。
(29)・(32)・(35)・(38)・(40)・(41)・(42) 岩谷英太郎・永田方正「あいぬ教育ノ方法」(『北海道教育雑誌』第九号、一八九三年七月十五日)。
(30) 『キリスト教史学』第二十九集(一九七五年)。
(31) 『道歴研会報』第二十四号(一九八一年)。
(33) 『北海道教育会雑誌』第一号(一八九一年三月三十一日)。
(34) 『北海道教育史』全道編四(一九六四年)六八八頁。
(36) 『教育時論』第三一一―三号、(一八九三年十二月五日、十五日、二十五日)。
(37) 『東京茗溪会雑誌』第一二八号、(一八九三年九月)。
(39) 岩谷英太郎「アイヌ教育の必要」(『北海道教育雑誌』第十八号、一八九四年四月二十一日)五頁。
(50) 岩谷英太郎「亀田外二郡学事視察ノ状況」(『北海道教育会雑誌』第九―十号、一八九一年十二月二十五日、一八九二年二月二十五日)。岩谷英太郎「本道将来の小学校如何」(『北海道教育雑誌』第十四号、一八九三年十二月十五日)。
(51) 岩谷英太郎「日高国浦河郡の旧土人」(同右第一一六号、一九〇二年九月二十五日)八三頁。
(52) 岩谷英太郎「本道旧土人の伝説保存に就いて」(『北海之教育』第一八二号、一九〇八年三月二十五日)一頁。
(53) 岩谷英太郎「旧土人教育及其保護に就いて」(同右一八〇号、一九〇八年一月二十五日)。
(54)・(55) 岩谷英太郎「アイヌの伝説保存に就きて」(『教育時論』第九五三号、一九一一年十月)。
(56)・(57)・(58)・(59)・(60)・(62) 「貴族院議事速記録」第一四号(一八九九年一月二十一日)一六八頁。
(63) 「旧土人家系ニ関スル件」・「明治三十三年六月五日内務次官回答」(『北海道旧土人保護法関

係法規』一九三七年）一六頁。
(64)「旧土人家系ニ関スル件」・「明治三十三年六月十六日内務次官通牒」（同右）一七頁。
(65) 北海道庁訓令第四号（一九〇四年）。
(66)・(82) 吉田巌『日新随筆』（一九五六年）六〇頁。
(67)『北海道教育史』全道編三（一九六三年）三一一頁。
(68)・(69)・(89) 前掲『列国の植民地教育政策』九四―九五頁。
(70) 吉田巌編『北海道旧土人救育会虻田学園報』第一号（一九一〇年一月）一頁。
(71)・(72)・(73)・(74) 前掲『日新随筆』六―七頁。
(75) 前掲『人種と歴史』一六―一七頁。
(76)・(77)・(78)・(79)・(80)『北海道河西郡庁立日新尋常小学校要覧』（一九二五年）。
(81) 前掲『北海道教育史』全道編三、一八二頁。
(83) 吉田巌『愛郷誌料』（一九五五年）六七頁。
(84) 同右九八頁。
(85) 吉田巌『心の碑』（一九二五年）一四八頁。
(86) 前掲『愛郷誌料』一二二頁。
(87) 同右六六頁。
(88) 前掲『心の碑』六二頁。
(90)・(91)・(92) 前掲『北海道教育史』全道編三、二八一頁。
(93)・(94) 前掲『愛郷誌料』六〇頁。
(95) 同右五四頁。
(96) 同右六一頁。
(97) 同右九四頁。
(98) 吉田巌「アイヌ学童より観たる彼等同族の現代風習」（『人類学雑誌』三三二―三、一九一七年）五七頁。
(99) 吉田巌『台湾学事調査復命書』（一九二七年）。
(100) 上沼八郎「台湾教育史」（『世界教育大系』2、一九七五年）三二一頁。
(101) 同右三三四頁。
(102) 小林正雄編『書翰自叙伝』（一九七四年）。
(103)・(104)・(105)・(106)・(107)・(108)・(109)・(112) 同右二一九―三二一頁。

(110) 小林正雄編『吉田巌伝記資料』(一九六四年)八一頁。
(111) 野崎正昭「台湾高砂民族の皇民化」(『A・A・LA教育研究』第二号、一九七四年)。
(113) 森山諭『戦うコタンの勇者』(一九六四年)二五六頁。
(114) 「土人学校長会議」(『北海道教育』第六〇号、一九二三年八月一日)八四―八五頁。
(115) 北海道庁は、一九一七年、二二年、二五年、三二年、三五年に同調査を実施した。
(116) 『コタンの痕跡』(一九七一年)五四四頁。
(117) 小川操『アイヌとして生きた私の五〇年』(一九七八年)二五―二六頁。
(118) 郷内、若林編『明日に向かって』(一九七二年)六〇頁。
(119) 柳宗悦「アイヌ人に送る書」(『工芸』第一〇七号、一九四二年)二〇頁。
(120) 柳宗悦「アイヌへの見方」(『工芸』第一〇六号、一九四一年)。
(121) 前掲「アイヌ人に送る書」一七頁。

近代日本のアイヌ「同化」政策

1　「アイヌ民族」の規定

ただいま鵜月《うづき》先生からご紹介いただきました竹ヶ原と申します。日本の近代教育史を勉強しています。きょうはこれから次の二つのことを柱にお話しする予定です。

ひとつは日本に近代国家が成立した一八六〇年代後半からファシズム期までのアイヌ民族に対する政策を教育問題を中心にお話しします。私はこれまでにも同じようなテーマで論文を発表したことがあります。(1)きょうはそれとできるだけ重複しないように、新しい史料をまじえて皆さんにお話ししていきたいと考えています。

もうひとつは近代日本のアイヌ民族政策のあり方を批判する形で出現した、一九二〇年代後半から三〇年代前半のアイヌ民族自身の自覚的な運動と日本の民芸運動の創始者である柳宗悦《やなぎむねよし》が一五年戦争下に発表した二編のアイヌ論を紹介し、その今日的意味を考えていきたいと思います。

本題に入る前に少しお話ししておきたいことがあります。それはアイヌ民族の「民族」をどのように規定したらよいのかということです。日本の民族学や文化人類学の研究者で組織している日本民族学会の研究倫理委員会[2]は、一昨年（一九八九年）六月にそれまでのアイヌ研究の反省に立って、「アイヌ研究に関する日本民族学会研究倫理委員会の見解」をまとめました。その中で「民族」を次のように規定しています。「言語、習俗、慣習その他の文化的伝統に加えて、人びとの主体的な帰属意識の存在が重要な要件であり、この意識が人びとの間に存在するとき、この人びとは独立した民族とみなされる。アイヌの人びとの場合も、主体的な帰属意識がある限りにおいて、独自の民族として認識されなければならない」。これを平たくいうと、「オレはアイヌ民族だ！」という人々がいる限り、「民族」として存在するということです。私もこのように「民族」の概念を固定的にではなく、社会的にとらえていくことには賛成です。

ところで、日本政府はアイヌ民族の存在をどのようにとらえているのでしょうか。一九六六年一二月の第二一回国連総会で採択された「国際人権規約」は人民の自決権を人権保障の前提条件とした画期的なものですが、このことはすでにご存じかと思います。「国際人権規約」はA・Bの二つの規約から成り立っています。このうち、B規約は「市民的及び政治的権利に関する国際規約」と呼ばれ、その二七条に次のような規定があります。「種族的、宗教的又は言語的少数民族が存在する国において、当該少数民族に属する者は、その集団の他の構成員とともに自己の文化を享有し、自己の宗教を信仰しかつ実践し又は自己の言語を使用する権利を否定されない」。

政府はこの規定を実現するための方策などを国連事務総長宛に報告する義務がありますが、これまで「本規約に規定する意味での少数民族はわが国に存在しない」(第一回報告、一九八〇年)という報告を国連にしてきました。だが、最近になってアイヌ民族の宗教・言語・文化の独自性を認め、報告内容も変化の兆しが見えはじめました。「これら〔アイヌ・引用者注〕の人々は、独自の宗教及び言語を保存し、また、独自の文化を保持していると認められる」(第二回報告、一九八七年)[3]。これにはアイヌ民族自身の運動の広がりがあったことを忘れてはなりません。

2 アイヌ民族の伝統的社会の子育ての習俗

平取コタンの子育ての習俗

アイヌ民族の伝統的社会とは、コタンコロクル(村長)を中心に自然的地縁《ちえん》関係で結ばれ、狩猟・採集、簡易な農耕、交易によって生計を維持している社会のことを指します。今日、この伝統的社会の子育ての習俗=教育を明らかにすることはとても難しいものがあります。ご存じのようにアイヌ民族の伝統的社会は無文字社会でした。したがって、アイヌ民族自身が民族の内側から自らの子育ての習俗を記録した史料はほとんどありません。それではまったくわからないかというと、決してそうではなく、一八七八年八月に平取《びらとり》コタンを訪れたイギリス人女性のイサベラ・バード(一八三一~一九〇四年)が断片的ですが、民族誌的記述を残しています。

アイヌ民族の子どもたちが伝統的社会の中で、「一人前」になるということはどのようなことなのでしょうか。簡単にいいますと、男女の性別役割分業を基本としながら、成年期に達するまでにコタンという共同体の成員として自立し、そこでの一定の役割を担いうる能力を身につけることです。アイヌ語で男児をヘカチ、女児をマッカチという少年期の呼称は、「成長するもの」(ヘカチ)の原義を語源としています。ここに子どもたちを未発の可能性に満ちた存在ととらえる、すぐれて教育的なアイヌ民族の子ども観が反映されているように思います。

それではバードの記録に基づいて、平取コタンの子育ての習俗を紹介しましょう。親は子どもが生まれると同時に子どもの口の中に黍《きび》の種子を入れます。そして、一晩過ぎるまでは何も飲ませません。子どもは少なくとも三歳になるまでは乳離れしませんが、薪採りなどの家事労働に参加させます。また、このころになると礼儀作法や親に絶対的に服従することを教えます。子どもの名前は四～五歳になってから初めてつけます。女子は五～六歳ころから入れ墨を始め、肘《ひじ》から次第に下のほうへ施していきます。子どもは七～八歳になるまでは着物をつけないで過ごし、そのころになってようやく年長者と同じような服装をします。乳幼児は髪を剃っていますが、五歳ころから一五歳までの男子は、頭を剃るかあるいは耳の上に大きな髻《たぶさ》をつけています。

このようにバードは、女性の目を通してインフォーマルな形態をとった、誕生から少年期までの子育ての習俗を略述(4)していますが、これはあくまでも平取コタンの事例です。したがって、他のコタンと異なる点があると思います。

さて、アイヌ民族の子どもたちがコタンの中で、一定の役割を担うためにどのような能力が求められたのでしょうか。一般的にいいますと、男子は祭祀《さいし》、狩猟・漁撈《ぎょろう》、生活器具の製作、弁論、女子は食物の採集、農耕、調理、織物、育児などの技能をそれぞれ学ぶ必要がありました。これらの技能は「遊び」を通して身につけていきました。そして、日常生活に必要な知識や社会規範を習得するうえで格好の「教材」となったのは、繰り返し聞くユーカラ（口承叙事詩《こうしょうじょじし》）、ウウェペケレ（昔話）、ウパシクマ（言伝え《いいつた》）でした。特に最後にあげたウパシクマは「コタンの歴史、本人の家系、お祈りの時の神々の名など」(5)を教えるものでした。

アイヌ民族には「成年式」と呼ばれるコタンの通過儀礼は存在しなかったようですが、成年期になると男子は大人の髪型や衣服に改め、下帯を着用するとともに家紋（祖印）を使用することが認められました。また、女子は男子と同様に髪型や衣服を改めるとともにモウルと呼ばれる肌着などを着用しました。女子特有の入れ墨が完成するのもこの時期です。

こうした子育ての習俗はアイヌ民族の固有の世界観に基づいています。最近、発達心理学の立場から子どもは「生まれると同時にそこの文化特有の意味の文脈のなかに組み込まれ」(6)、それが「親に子育ての目標や方法を示し、かつ子どもの発達を見ていく枠組みを提供」(7)するということが指摘されています。このことはもちろんアイヌ民族の場合にも当てはまります。

3　開拓使の教育政策とアイヌ民族

近代学校の成立

日本の国民教育制度が、一八七二年の「学制」発布からスタートしたことはよく知られていますが、それに先立って日本の各地では近代学校を設置し、初等教育の制度化の試みが胎動していました。北海道も例外ではなく、一八六九年に明治政府が定めた「府県施政順序」[8]中の小学校の設置を指示した「小学校ヲ設ル事」に基づき、開拓使《かいたくし》は一八七〇年に札幌本陣内に仮学校、翌七一年には函館学校や資生館（札幌）をそれぞれ設置しました。アイヌ教育についても、開拓使は一八七〇年に「新ニ手習所ヲ擇ヒ、御用間出張ノ上精々世話致シ毎日一飯ツヽ為取可申事」[9]と指示したことはそうした試みの延長線上に位置しているといえます。

このように開拓使が、アイヌ教育機関としていち早く近代学校の重要性に着目したのは、先ほどの「府県施政順序」と右大臣・三条実美《さんじょうさねとみ》の開拓使への告諭《こくゆ》の基本的な考え方が一致していたからです。すなわち、「府県施政順序」中の「小学校ヲ設ル事」の目的に記されている「風俗ヲ敦ク」するという文言が、そのまま北海道「開拓」の基本方針の中で使用されているのです[10]。これは「開拓」政策における教育の位置づけを考えるうえで非常に興味深い事実ですが、問題はアイヌ民族と日本人とでは「風俗ヲ敦ク」することの意味合いが異なります。アイヌ民族の「風俗ヲ敦ク」することは、とりもなおさずそれまでの伝統的社会の生活の否定につながっていきます。

開拓使は太政官《だじょうかん》直属の機関として近世後期以来のロシアの南下政策に対する国防上・軍事上の拠点である「蝦夷地」の支配を目的に設置されました。そこに居住するアイヌ民族の動向は日本の国防上・軍事上の明暗を分けるだけに、異民族であるアイヌ民族を明治国家に統合するための「効果的」な方法として、いち早くアイヌ教育に取り組み、子どもたちを父母から分離し、一斉教授するというそれまでの伝統的社会の子育ての習俗とは異質な教育形態の近代学校の性格に着目したのであろうと考えられます。

アイヌ教育の学校化

一八七二年五月、開拓次官・黒田清隆《きよたか》はアイヌ民族の青年男女を北海道「開拓」の従事者養成のために設置した東京芝増上寺《ぞうじょうじ》本坊内の開拓使仮学校に強制入学させました。これがアイヌ教育の学校化の最初の試みです。北海道ではなく、東京を選んだのはそれが速やかに達成できるという判断に基づくものでした。[11] 同校では「北海道土人教育掛」と「土人取締」を設置してアイヌ民族の教育と管理に当たらせ、年少者には読書、習字等を、また、他の者には青山の開拓使官園《かんえん》で樹芸、牧畜などを学ばせました。[12] このような黒田の試みはアイヌ民族の生活実態と文化の違いを無視したもので、二年後には大半のアイヌ民族が帰道してしまったのは当然のことです。

一八七二年八月に「学制」が発布されました。その中で「小学校ハ教育ノ初級ニシテ人民一般必ス学ハスンハアルヘカラサルモノトス」（第二一章）とする国民皆学の理念が明確に示され、尋常小学校を軸に初等教育の体系が規定されています。北海道では学校設置の諸条件の整備が不十分であることを理由に「学制」がすぐに施行されませんでしたが、有珠《うす》・余市《よいち》・当別《とうべつ》・静内《しずない》に村落有志が設置し経営する郷学《ごうがく》が、また、一八七三年には郷学を教育所と改称するとともに佐瑠太・小樽をはじめとする各地に教育所が開校し、のちの近代学校の母体となる教育機関が整備されていきました。そして、一八七五年になって初めて「学制」に基づく小学校として会所《かいしょ》学校や福山《ふくやま》学校などが開校しました。

こうした動向を踏まえて開拓使は、一八七六年一二月にそれまでのアイヌ教育の方針を改め、初等教育機関の整備・拡充とアイヌ民族の子どもたちの就学者の増加を見越して、「旧土人教化ノ儀ニ付テハ〔中略〕漸々教化候様注意可為致[13]」と布達しました。この方針は開拓使時代はもとより、続く三県一局時代にも引き継がれました。一八七七年には、樺太《からふと》・千島《ちしま》交換条約締結によって対雁《ついしかり》村（現・江別《えべつ》市）に強制移住させた樺太アイヌの子どもたちを対象として教育所を設置し、日常生活に必要な日本語の読み書きをアイヌ語で教授しました。だが、これは系統だったアイヌ教育政策の一環として設置したのではなく、明治初期の政治的・国際的状況への場当たり的な対応にすぎなかったといえます。

開拓使のアイヌ教育政策は一八七六年の布達を契機に大きく変化し、新たにアイヌ教育機関を特設するのではなく、各地に設置された小学校＝近代学校へ子どもたちを就学させ、その「同化」を推進するというアイヌ教育の学校化へと方向を転換していきました。実際に、紋鼈《もんべつ》学校

（有珠郡）、御鉾内《おむない》学校（岩内郡）、高静《こうせい》学校（静内郡）のようにコタンの所在地に近代学校が設置され、就学児童の大半がアイヌ民族の子どもたちであったと推測される小学校も出現しました。

このようにインフォーマルな習俗として存在していたアイヌ民族自身の教育も、一八八〇年代には近代学校の教育へと大きな転機を迎えます。こうしたアイヌ教育の学校化は、アイヌ民族を近代国家の制度的枠組みの中に統合することを企図した農耕の奨励、[14]旧慣の禁止、日本語・日本文字の使用奨励、姓名の日本化、[15]そして北海道における近代的土地所有権の確立過程を通してその生活基盤を侵食した諸政策と不可分の関係にあることはいうまでもありません。

4　遠藤正明のアイヌ教授実践——札幌県のアイヌ教育政策

「小学初等読方科教授方法書」と開発主義教授法

一八八四年八月から八五年一〇月までの一年二カ月間、札幌県師範学校一等助教諭・遠藤正明《えんどうまさあき》は、平取《びらとり》コタンの佐瑠太《さるぶと》学校平取分校（現・北海道沙流郡平取町立平取小学校）にアイヌ教育方法の調査・研究のために派遣されました。同校の開校が一八八〇年九月ですから、この時期はコタンの中へ近代学校の論理が浸透しはじめたころです。アイヌ教育の学校化は教育形態や教授方法という形式面だけにとどまらず、教育目的や教育内容という教育の本質面にも大きな影響を与えます。また、コタンとその子どもたちの生活と意識にも変化をもたらすことは十分に予想されます。

これらは今後の課題ですが、きょうは遠藤の教授実践を通して札幌県《さっぽろけん》のアイヌ教育政策を考えてみたいと思います(16)。

遠藤が平取在任中、札幌県大書記官・佐藤秀顕《さとうひであき》に宛てた文書のひとつに「平取分校生徒ノ修学年限増加之儀ニ付 伺《うかがい》」があります。その中に修身・読方・作文・算術の各教科の授業記録が添付されています。これらはいずれも当時のアイヌ教授実践のありようを映し出す、きわめて貴重な史料です。このうちの「小学初等読方《よみかた》科教授方法書」の一部を紹介してみましょう。

第一歩
一　目的　表現力再現力及言語文字ヲ練習ス
二　大意　い字ノ形ト音トヲ授ケ且之ヲ物名ニ適用スルヿヲ教フ
三　題目　い
四　方法
教（いまにヲ示シ）是ハ何ナリヤ
生　いまに串ノヿナリ　級決　教可
教　口ニシテ言ハスシテ此物ヲ人ニ知ラセンニハ如何スヘキヤ
生　視セマス
教　視セモセスニ人ニ知ラセンニハ如何ニスヘキヤ
生　知ラス
〔略〕
五　演習
教　只今余カ示セシハ何ナリヤ
生　いまにナリ　級決　教可
教　猶い字ノ付シモノハアリヤ
生　いたぎ椀也ナリ　級決　教可
教　猶アリヤ
生　いせぼ兎ノヿナリ　級決　教可
〔略〕
教（シヤモ）ニテい字ノ付キシモノヲ教フヘ

シ汝等能ク記シテ忘ル、勿レ
いしナリ　各唱　斉唱

いぬナリ　各唱　斉唱
いとナリ　各唱　斉唱[17]

これは開発主義教授法（ペスタロッチ的開発主義教授法）と呼ばれる教授実践の記録で、一八八〇年代の公認の教授法でした。開発主義教授法はスイスの教育家ペスタロッチ（一七四六〜一八二七年）の教育理論に基づき、それまでの暗記・注入主義を排除し、教師・生徒間の問答を通して子どもの能力を引き出していくもので、アメリカを中心に世界各地に広まりました。

日本にはペスタロッチ主義教育運動の中心的役割を担っていたニューヨーク州オスウィーゴ師範学校長シェルドンの下で学び、東京師範学校校長となった高嶺秀夫《たかみねひでお》（一八五四〜一九一〇年）らによって導入されました。高嶺の指導を受けた東京師範学校教諭若林虎三郎《わかばやしとらさぶろう》・同附属小学校訓導白井毅編纂の『改正教授術』によって、全国に広く紹介されました。

遠藤の教授実践は実質的にも形式的にも、この『改正教授術』の強い影響を受けています。だが、『改正教授術』と比較して教員・生徒間の問答にアイヌ語を使用している点が違っています。アイヌ語を使用した問答はこの読方科に限らず、他の教科でも同様です。教授実践でたとえアイヌ語を使用していたとしても、先に紹介した「平取分校生徒ノ修学年限増加之儀ニ付伺」の中でアイヌ民族を「朦《（ママ）》昧ナル人民」ととらえ、子どもたちを「性質モ甚ダ遅鈍ニシテ総《すべ》テ物ヲ覚悟スルノ心力ニ乏シ」いとするアイヌ認識に立脚している以上は、民族の言語を尊重していたのではなく、教授の一手段にすぎなかったといえます。

アイヌ教授法の定型化

開発主義教授法が北海道で広く実践されるようになったのは、一八八〇年代後半以降のことですが、遠藤がそれをいち早く採用し、アイヌ民族に応用したのはなぜでしょうか。それは開発主義教授法が実物教授を基礎としたものであって、アイヌ民族を「同化」するための最も「効果的」な教授法という判断が働いていたからであると思います。それを裏付けるように、後年、アイヌ小学校の特設に合わせて、アイヌ教育の留意点を記した「旧土人児童教育規程施行上ノ注意」（一九〇一年）の中で、各教科の教授方法として「実物教授法ニ基キテ覚官《かくかん》ノ修練ヲ充分ナラシメ」ると記しています。このような「実物教授法」はその上位規程であり、日本人の子どもを念頭においた「小学校令施行規則」（一九〇〇年）の中では規定されていません[18]。まさに「実物教授法」はアイヌ民族の子どもたち向けの教授法であったといえましょう。

これまで述べてきましたように札幌県師範学校一等助教諭・遠藤正明は、ペスタロッチの教育理論に基づく当時の最新の教授法であった開発主義教授法をアイヌ民族の子どもたちに対する教授実践に応用し、その後のアイヌ教授法のモデルをつくりあげました。だが、それはあくまでもアイヌ民族の「同化」の手段であり、民族的他者としてのアイヌ民族の歴史、言語、文化の否定の上に成り立つものであることを忘れてはなりません。この開発主義教授法は一八九〇年代後半以降、ヘルバルト主義教授法に主役の座を奪われていったにもかかわらず、アイヌ教授法の中では依然として大きな位置を占めていました。

5 北海道旧土人保護法の制定とアイヌ小学校の特設

アイヌ教育論議の本格化とその背景

コタンの所在地に近代学校の設置が進んだ一八九〇年代以降、アイヌ教育をめぐる論議は本格化していきます。論議の内容はアイヌ教育の学校化を前提としたもので、日本人の子どもたちとの共学から別学（分離教育）へ向けての学校制度とそこにおける教育方法の検討が中心的課題となっていました。論議の背景には、尋常小学校三年（四年）の義務教育制を定めた一八九〇年の第二次小学校令の制定に加えて、次のような当時のアイヌ民族をとりまく大きな社会問題が存在していました。

ひとつはアイヌ民族の棄民化《きみん》が進行し、それが社会問題として多くの人々の関心を集めたことです。開拓使設置以来、北海道では土地政策を軸に経済的諸政策が推進されましたが、それはアイヌ民族の生活基盤の侵略そのものでした。それを加速したのが、北海道「開拓」政策の転換でした。一八八六年の北海道庁の設置を機に、「開拓」政策がそれまでの人民移住から資本移住へと大きく変わっていきました。アイヌ民族の生活基盤であった土地も「国有未開地」として日本人に貸し付け（払い下げ）られ、その生活が成り立たなくなっていきました。こうしたアイヌ民族の実情に対して、勧農《かんのう》と初等教育の普及を骨子とした「保護」政策の立案が検討されはじめました。第五帝国議会（一八九三年）に改進党《かいしんとう》の加藤政之助《まさのすけ》が提出した「北海道土人保護法案」がそれに当たります。同案は否決されましたが、アイヌ教育を「保護」政策の枠組みの中に押し込めていく下地をつくりました。

もうひとつは、ジョン・バチェラー（一八五四〜一九四四年）をはじめとするイギリス聖公会所属の宣教師たちが布教活動の一環として、キリスト教の教義に基づくアイヌ教育の実践を各地で展開したことです。バチェラーの愛隣《あいりん》学校（一八八八年）、ルーシー・ペインの春採《はるとり》アイヌ学校（一八九一年）などはその代表的なもので、聖書や祈禱を教授したといわれています。これらの学校はドイツの植民地教育学者のテオドール・ベッケルの研究から、先住民族の青少年のキリスト教化を目的とする伝道学校の系譜に位置づけることができます[19]。こうしたバチェラーらのアイヌ教育活動は行政当局に大きな衝撃を与え、アイヌ教育制度の確立が緊急かつ重要な課題であることを認識させたといえます。

「あいぬ教育ノ方法」の意味

こうした状況の中で、主にアイヌ民族の子どもたちの教授実践に携わっている教員たちが多くのアイヌ教育論を発表し、当時の新聞・雑誌を賑わしました。その中でも、ヘルバルト教育学研究で知られる北海道尋常師範学校教諭・岩谷英太郎《いわやえいたろう》（一八六五年〜不詳）とアイヌ語研究に先駆的業績のあった北海道庁属・永田方正《ながたほうせい》（一八四四〜一九一一年）の二人がまとめた「あいぬ教育ノ方法」（一八九三年）はその後のアイヌ教育政策を理論的にも実践的にも方向づけていきました。

この「あいぬ教育ノ方法」は、一八九二年に北海道教育会から「旧土人教育取調委員」の委嘱を受けた岩谷と永田が、アイヌ教育の方策を最初に理論的かつ体系的に整理したもので、北海道教育会会長・白仁《しらに》武《たけし》から北海道庁長官・北垣国道へ建議しました。この内容を簡単に紹介しますと、アイヌ民族の子どもたちを分離教育するために「庁立ノあいぬ学校」を特設することと、そのための「特別ナル教授管理ノ模範」を制定することを合わせて述べたものですが、その意図するところは「同化」主義によるアイヌ差別と抑圧の教育を正当化することでした。この建議の根底には民族と言語の違いをまったく考慮せずに、日本人の子どもたちの学力を基準にアイヌ民族の子どもたちの学力を計り、それを能力の遅れととらえる教育認識が存在していました[20]。

アイヌ小学校の特設——北海道旧土人保護法の制定

一八九九年に制定された北海道旧土人保護法は、「一視同仁《いっしどうじん》」の天皇制イデオロギーを基本原理とし、明治国家成立後、強権的に進めたアイヌ民族に対する諸政策を集大成したものといえます。そして、日清戦争前後から審議が始まり、台湾の植民地化を経て対露戦争への準備が進行する過程で立法化された[21]ことは同法の性格を考えるうえで重要な点です。この時期に同法が制定されたのは、従来から指摘されているようにロシア対策の一環と考えられます。これは決して間違いではありませんが、同法制定の契機の説明としては不十分です。これと同じくらいに大きなインパクトとなったのは、植民地台湾の漢民族の抗日武装闘争でした。明治政府は台湾領有後、その支配を目的に台湾総督府を設置しました。そして、一八九六年四月には、この台湾総督府と北海道庁という当時の日本の南端と北端を統括する機関として拓殖務省《たくしょくむしょう》を設置しました。『公文類聚《こうぶんるいじゅう》』によりますと、これは台湾事務局の意見具申《ぐしん》に基づくものでした(22)。台湾総督府はその南部局が、また、北海道庁は北部局がそれぞれ所管していました。北海道庁を所管する拓殖務省では一八九七年七月ころから政府案として同法の制定に着手し、その年の第一一帝国議会に提出する予定でしたが(23)、この議会は解散になってしまいました。

明治政府は植民地台湾を南の国防上・軍事上の拠点として考えていました。また、北のそれは北海道でした。台湾では、日本の植民地支配に抵抗して漢民族の「蜂起」が頻発していました。当時の『東京朝日新聞』や『北海道毎日新聞』などはその様子を実に詳しく報じています。南部局と机を並べる北部局にとっては漢民族の動向は対岸の火事ではありませんでした。北部局はこうした事態を避ける意味でもアイヌ民族に対する一定の対応を迫られていました。これがその二年後に日の目を見る北海道旧土人保護法制定のひとつの契機となりうることは十分に考えられます。同法は政府案として第一三帝国議会に提出され可決されたわけですが、それがアメリカ・インディアンの合衆国市民への「同化」を企図したドーズ法(一八八七年)の強い影響を受けていることは、富田虎男《とみたとらお》氏の研究(24)によって明らかになっています。このドーズ法を摂取し政府案を起草した人物はこれまで不明でしたが、当時の『北海道毎日新聞』(一八九九年一〇月四日付)が、「北海道の事情に精通せりと自ら許せる白仁内務書記官が起草せるものなるや」、「起草者たる白仁書記官」と報じているように、その起草者は拓殖務省時代から一貫して北海道旧土人保護法の制定実務を担当してきた内務書記官・白仁武（一八六三〜一九四一年）であると断定してよいと思います。

話は少し横道にそれますが、白仁は北海道行政やアイヌ問題との関連が深い人物なので、その経歴(25)を紹介しておきましょう。白仁は福岡県柳川で生まれ、地元の伝習小学、柳川中学を卒業後、東京共立学校（現・私立開成中学校）、大学予備門などを経て、東京帝国大学法科大学に進学しました。一八九〇年に同大学を卒業し、内務省に入省しました。翌九一年には北海道庁参事官として着任後、内務部郡治課長兼庶務課長、地理課長兼殖民課長などを歴任し、一八九五年に文部書記官に任ぜられ北海道を離れました。この間、白仁は北海道教育会会長を兼務し、「旧土人教育取調委員」を委嘱し、アイヌ教育の調査・研究に着手しました。一八九六年には拓殖務書記官兼文部書記官として、『北海道用尋常小学読本』の編纂を指揮しました。一八九八年以降は内務省北海道課長として、この北海道旧土人保護法の起草と第一次近文《ちかぶみ》アイヌ地問題の収拾に関与していきます。その後、栃木県知事を経て、一九〇六年には文部省普通学務局長に就任しました。

さて、話を元に戻しますが、北海道旧土人保護法はアイヌ民族への初等教育の普及を農耕の奨励などと並んで、同法の重要な柱として位置づけていました。そのひとつの施策が授業料の支給です（第七条「北海道旧土人ノ貧困ナル者ノ子弟ニシテ就学スル者ニハ授業料ヲ給スルコトヲ得」）。この実態はこれまでの研究ではほとんど注目されませんでしたが、アイヌ小学校ではなく、一般の尋常小学校に就学するアイヌ民族の子どもたちを念頭においた規定と考えられます。実際に支給を受けた子どもたちも、桂恋《かつらこい》尋常小学校（釧路郡）、留別《るべつ》尋常小学校（千島・留別郡）、石狩《いしかり》尋常小学校（石狩郡）などへの就学者[26]であったことからも明らかです。対象者の基準は帝国議会でも議論がなかったので判然としませんが、第四条中の「旧土人ノ貧困ナル者」を敷衍《ふえん》すると、「生活の材料に供する財産を持たない[27]」アイヌ民族の子どもたちという実に曖昧なもので、運用は北海道庁長官の裁量に委ねられていたといってもよいでしょう。

もうひとつはアイヌ小学校の特設です（第九条「北海道旧土人ノ部落ヲ為シタル場所ニハ国庫ノ費用ヲ以テ小学校ヲ設クルコトヲ得」）。このアイヌ小学校はアイヌ民族を非民族化する政策の尖兵《せんぺい》の役割を果たしましたが、一九〇一年に開校した平取、元室蘭の各尋常小学校をはじめとして、一九二七年までに全道の主要コタンに合計二四校が特設されました。当初の計画では学齢児童三〇人以上のコタンに、二一校設置する予定でしたから、実際はそれよりも三校ほど増えたことになります。アイヌ小学校制度は「教育効果」の観点からアイヌ民族と日本人の子どもたちを分離し、それまでの共学制から別学制という新たな教育形態の創出を意味するものです。しかし、一部の学校ではアイヌ民族の子どもたちだけではなく、日本人の子どもたちも就学し、実質的に共学制を維持している場合もありました[28]。たとえば、元室蘭尋常小学校では一九〇二年三月現在で、アイヌ民族の子どもたちが六〇人、日本人の子どもたち五七人がそれぞれ就学していました。平取尋常小学校も同様でした。校名は同一通学区域内に日本人の尋常小学校とアイヌ小学校の両方が設置されている場合には、前者を第一尋常小学校、後者を第二尋常小学校とそれぞれ称しました。

いま、お話ししたのは北海道旧土人保護法に基づくアイヌ小学校ですが、そうではなく町独自のアイヌ小学校もありました。それは旭川《あさひかわ》町（現・旭川市）のアイヌ小学校で、旭川（町）旧土人保護規程（第七条「旭川（町）ハ旧土人ノ子弟ヲ教育スル為メ特ニ学校ノ設備ヲナスヘキモノトス教育程度並ニ方法ハ法令ニ依ル」）に基づいて、一九一〇年九月に近文コタンに設置された上川第五尋常小学校（一九一八年に豊栄尋常小学校と改称）がこれに当たります。同校もアイヌ民族の子どもたちが「知識程度ノ低下且ツ風俗習慣ノ異ナル到底一般和人ノ子弟ト共ニ教養スルノ至難ナル」(29)という民族の違いを無視した差別的な学力（能力）観に基づいて特設されました。経営費は近文アイヌ給与予定地の転貸料《てんたい》（旭川町特別会計）から充当していました。なぜ、旭川町が独自の規程を制定しアイヌ小学校を特設したのかといいますと、北海道旧土人保護法の施行時にいわゆる近文アイヌ地問題が係争中であったので、近文アイヌを同法の適用から除外したためです。

このアイヌ小学校の設置によって、すべてのアイヌ民族の子どもたちを就学させる体制ができたわけではありません。就学者は一部にすぎませんでした。一九〇四年からは一般の尋常小学校に委託料を交付して、そこに就学させました。これを委託教育制度といいます。アイヌ民族に対する初等教育政策はアイヌ小学校と委託教育の両制度が相互に補完しあって成り立っていました。

このようにアイヌ教育の両制度が確立した一九〇〇年代後半以降、アイヌ民族の子どもたちの就学率は飛躍的に上昇し、一九一〇年には九〇％台に達します。それでは、なぜこんなに多くのアイヌ民族の子どもたちが小学校に入学したのでしょうか。この問題は日本人の就学率も同じように上昇しているわけですから、両者に共通する理由とアイヌ民族側の理由の二つに分けて考えていかなければなりません。

はじめに共通の理由です。それは北海道庁や各支庁を中心とした就学督励の「成果」といえます。当時、北海道の就学率は日本全体の中では沖縄県と並んで下位に位置していました。そこで、北海道庁はそれまでとは異なって、本腰をいれて就学率上昇のための方策を検討し、一九〇一年には「学事奨励ニ関スル規程」(訓令第一五号)を制定します。上位規程は一八九九年の「教育基金令」(勅令第四三五号)ですが、興味深いのは通学区域内の学齢児童の就学と出席の歩合が九〇%に達した小学校に「名誉旗《めいよき》」を授与することです。「名誉旗」は縦が約九〇センチメートル、横が約一三〇センチメートルの大きさで、紫色の地に雪の結晶と白い梅の花をあしらったものです。これは儀式のときに式場や校門に掲げられ、学校にとっては文字どおり「名誉」なことでした。ここでは紹介しませんが、新聞にはしばしば「名誉旗」を授与された学校が紹介されています。ですから、この授与に向けて、アイヌ民族の子どもたちも含め相当強引な就学督励を行ったことは十分に予想できます。

次にアイヌ民族側の理由です。明治政府は北海道の「近代化」を推進し、新たな社会をつくり出そうとしてきたわけですが、それはあくまでも日本人の価値基準に基づく社会でした。この社会ではそれまでのアイヌ民族の言葉や習慣が通用しませんし、それらを固持していたら生命さえ危うくなります。アイヌ民族にとっては日本人社会で生活していくために、その言葉や習慣を身につける必要に迫られました。社会的圧力の結果です。そして、アイヌ民族ではなく、日本人としてその社会のしくみに「同化」して生きていくことが「最善の道」であると錯覚させました。こうした歴史の積み重ねがアイヌ民族の就学率上昇を加速したといえます。

アイヌ小学校の教育内容

北海道庁はアイヌ小学校の教育内容と教授法をその設置に合わせて定めました。一九〇一年の「旧土人児童教育規程」と「旧土人児童教育規程施行上注意要項」がそれで、上位規程の第三次小学校令と同施行規則に準拠したものです。その意図するところは、教育の中からアイヌ語やアイヌ文化を追放し、「帝国臣民」としての最低限の「教養」を付すことにあったといえます。「普通ノ尋常小学校ノ凡第三学年迄ノ程度ヲ四学年間ニ終了セシムルノ旨趣ナルヲ以テ簡易ヲ旨ト」するという教授要旨はそれを端的に示しています。簡単にいいますと、アイヌ民族の子どもたちの教育年限は日本人の子どもたちと同様四カ年ですが、その内容は三年生程度に抑えるということです。

教科目は修身・国語・算術・体操・裁縫（女子）・農業（男子）の各科で、地理、歴史、理科は第三次小学校令の規定と同様に省かれていました。これらの中で「同化」教育の中枢となったのは修身・国語の両科でした。修身科は教育勅語の理念を具現化する教科として忠君愛国の天皇制思想を鼓吹し、また、日本語の読み書きを指導する国語科は全授業時間の半分を占め、言語のうえからもアイヌ民族が「民族」として生きる基盤を奪っていきました。

その後、「旧土人児童教育規程」などは日露戦争後の一九〇八年に第三次小学校令の改正にともなって廃止されました。これによって、教育年限を六年制に延長するとともに、教科目に日本歴史・地理・理科の三教科が加わりました。しかし、一九一六年にはアイヌ民族は「心性の発達和人の如くならざる」という差別的理由から先の「旧土人児童教育規程」が復活しました。一九二二年に廃止されるまで、アイヌ民族の子どもたちの就学年齢を一歳繰り下げて満七歳とし、教科目から日本歴史・地理・理科の三教科を省きました。また、教育年限も日本人の子どもたちより二年短縮し、四年制としました。

「旧土人児童教育規程」の廃止はアイヌ民族の衣食住などの生活様式の「同化」と無関係ではありません。アイヌ小学校もこれを境にして、廃校となる学校が少しずつ増えていきます。このことはとりもなおさず、アイヌ民族と日本人の子どもたちの教育形態が別学から共学へと移行することを意味します。それでは学校は新たにアイヌ民族の子どもたちを迎え、どのような対応をしたのでしょうか。当時の有珠《うす》尋常高等小学校（現・伊達《だて》市立有珠小学校）を例にとってお話ししましょう。

同校は日本人の子どもたちが就学していた有珠第一尋常高等小学校を母体に、同じ校区にあって一九二〇年三月に廃校となった有珠第二尋常小学校（アイヌ小学校）を統合して生まれた学校です。以前、有珠小学校を調査したときに「有珠尋常高等小学校学校経営方案」という標題の文書を見つけました。これは一九二二年度の同校の学校経営の方針をまとめたものですが、新たに「土人児童ノ保護救済方」という項目を追加し、「本校職員ハ土人教育ニ同情ト趣味ヲ持チ常ニ和人ト比較研究的ニ教育スルコト」、「特ニ担任ハ（中略）「愛奴《あいぬ》」「旧土人」「土人」ノ名称ノ使用ヲ禁ズルコト」などと記してありました。前者の教員がアイヌ教育に関心をもち、アイヌ民族の「成績向上」をめざして教授実践を進めることは、当時、その子どもたちが就学していた学校を視察した視学などが指示する事項のひとつです。いわば一般的な事項です。二風谷《にぶたに》尋常小学校の『視察簿《しさつぼ》』にも同じような指示が記してあります。有珠尋常高等小学校の『視察簿』は残っていませんが、おそらく視学の指示に基づくものであったと考えてよいでしょう。私の興味をひいたのはむしろ後者のほうで、今日でも同じようなことが行われていますが、学校の中で「愛奴」などアイヌ民族を指す言葉（表現）がタブーとなっていた事実です。「旧土人」や「土人」という蔑称《べっしょう》は論外としても、これはアイヌ民族の民族意識を薄めるとともに、学校の中で言葉（表現）のうえからもその存在を「追放」することを意図していたように思います。このことは学校の中に「同化」主義の論理が蔓延し、それが教員一人ひとりを搦《から》めとっていたことを示しています。

アイヌ小学校の設置根拠となった北海道旧土人保護法第九条もアイヌ民族の「同化」が進んだことを理由に、一九三七年の同法改正時に削除になりました。当時の『北海タイムス』（一九三七年三月二三日付夕刊）はそれを次のように報じています。「土人学校が一校もなくなる、アイヌ族に春の太陽は民族解放の歌とともにたかい彼等はこれを基点として新しい明日の文化に向って進発をつゞけるであらう」。アイヌ小学校の廃校は、アイヌ民族に「春の太陽」という幻想を抱かせました。だが、それは学校の中で差別が日常化していったように「冬の凩《こがらし》」の再来でしかありませんでした。

近代学校のアイヌ教育の本質

アイヌ小学校のひとつである二風谷小学校に一九一九年に入学し、そこで学んだ貝沢《かいざわ》正《ただし》は、二〇年近く前に「遠足も焼き魚一匹もって」という題の文章を残しています。差別と偏見の中で成長した貝沢氏自身の体験を綴ったもので、歴史の証言として貴重です。その中にこういう一節があります。

先生が学校で何を教えたかといえば、①日本語の読み書きをおぼえさせ、日本人化をはかる。②天皇の崇高さを教え、内地日本人の偉さをうえつける。これを繰り返し反ぷくし、骨のズイまでたたき込む、というものでした。優等生といわれるアイヌの子弟は、アイヌ語を捨てて日本語で会話し、和人の日常をまね、和人の生活に溶け込もうと必死でした。これも教育のせいでしょう。そうなると、暗く貧しいアイヌの生活が、一日たりともイヤになる。そこでアイヌ部落をとびだし、他地へ移るもの、和人のなかに混住するものがでてきたのです。[30]

この貝沢氏の文章にはアイヌ民族の伝統的社会の子育ての習俗と対立し、それを否定する形で成立した近代学校のアイヌ教育の本質が端的に表現されています。それは一時期における教育年限の短縮、就学年齢の引き上げ、教科目の削減という制度上の差別以上に、日本人への「同化」を強制し民族的他者としてのアイヌ民族の個性と主体性を否定した点にあります。そして、同族を裏切り、「脱アイヌ」への道筋を教育し、それを実践させたのも近代学校にほかなりませんでした。

先ほど上川第五尋常小学校のところで、学校の設置が民族の違いを無視した差別的な学力（能力）観に基づいていたとお話ししましたが、こうした見方は学校の設置だけではなく、当時の日本の社会の隅々まで浸透していました。それを象徴する事例としてアイヌ民族出身兵士の問題を紹介しておきましょう。アイヌ民族出身兵士といえば、日露戦争に従軍し金鵄勲章《きんしくんしょう》を受賞した北風磯吉《きたかぜいそきち》のことはご存じの方もいると思います。一九〇七年七月一七日付の『小樽新聞』の「旭川特報」欄は第七師団司令部が調査した一九〇七年六月現在のアイヌ民族出身兵士の人数や「軍隊成績」を掲載しています。それによると、人数は現役一九人、予備役二三人、後備役四人、補充兵六六人で、合計一一二人でした。また、アイヌ民族出身兵士に共通する「欠点」として、「遅鈍にして理解及記憶力に乏しく殊に数理の感念なく且つ言語不明にして一部不通の者往々あり又上官の号令言語等を聴取るに困難あり随《したが》って軍隊教育上の進歩極めて遅く」と報じています。この指摘は民族と言語の違いを認めずに、アイヌ民族を劣等視する歪んだ認識に貫かれています。こうした見方は近代日本の社会では支配的なアイヌ認識でありました。日清戦争以降、「教育ある国民を軍隊に供給するは即普通教育の任たり(31)」とする主張が教育界で叫ばれるようになりますが、近代学校のアイヌ教育は「優秀」な兵士の創出にも重要な役割を担っていたといえます。

6 ― アイヌ民族の自覚と自立へのメッセージ

違星北斗と平取青年団紫雲古津分団

一九二〇年代後半から三〇年代前半は、近代アイヌ史の中でひとつの節目を形づくる時期です。アイヌ民族自身が近代学校の教育を通して強制された日本語・日本文字を逆用して、民族的自覚を促すとともにそれを実践する運動が高揚した時期です。これには日露戦争後、内務省が中心となって推進した地方改良運動の「精神」が各地のコタンに浸透し、アイヌ民族の青年団など官製団体への組織化が進展していたという歴史的前提がありました。たとえば、二風谷青年会はアイヌ民族の青年たちが実に九割近くを占めていましたが、会長の黒田彦三《くろだひこぞう》（二風谷尋常小学校校長）は国民教化を企図した「戊申詔書《ぼしんしょうしょ》」（一九〇八年）の趣旨に沿って、生活習慣の「改良」運動を推進し、「従来指揮を受けたる旧土人部落今や指揮せる部落の模範」[32]とした事例も報告されています。

さて、この時期を代表するアイヌ民族の作品に違星北斗《いぼしほくと》『コタン』（一九三〇年）、バチェラー八重子『若き同族《ウタリ》に』（一九三一年）、森竹竹市《もりたけたけいち》『原始林』（一九三七年）などがあります。これらはいずれも短歌という形態で、その中に「同化」主義政策の下で呻吟するアイヌ民族の苦悩と差別への憤怒とともに、同族の民族的自覚や意識改革の必要性を詠み込んだ点に共通性があります。短詩型文学は直截的、鋭角的な自己表現が可能なので、世界史的にみても「抵抗詩」に代表されるように民族解放運動の中では、その手段として普遍性をもっています。この違星北斗（一九〇二～二九年）らの思想をどのように評価し、それを近代アイヌ史の文脈にどのように位置づけたらよいのか、私にはその力量はありませんので、海保洋子氏[33]や榎森進氏[34]の研究に譲るとして、ここでは違星の作品がアイヌ民族の青年たちにどのような影響を与えたのかを考えてみたいと思います。

違星が「「強いもの！」／それはアイヌの／名であった／昔に恥じよ／覚めよウタリー」などの作品を詠《よ》みながら、各地のコタンを訪れたことはよく知られています。それに対する反響が具体的に現れているのが、平取《びらとり》青年団紫雲古《しうんこ》津《っ》分団の機関誌です。平取青年団には九つの分団[35]がありましたが、紫雲古津分団はそのひとつでした。ご存じのように紫雲古津はコタンの所在地で、当時もアイヌ民族が生活していました。当然、この紫雲古津分団にもアイヌ民族の青年が加入していたと考えられます。紫雲古津分団の発足は一九一一年一二月ですが、「優良青年団」として北海道庁長官などからたびたび表彰を受けていました。試みに定期総会や例会を除く活動の一端を紹介しましょう。四方拝《しほうはい》参列・入退営兵歓送迎会（一月）、紀元節《きげんせつ》参列・夜学《やがく》会開始（二月）、武術大会（三月）、天長節《てんちょうせつ》参列・道路修繕（四月）、相互修養会（五月）、運動会・共同耕作（六月）などです[36]。当時の青年団の典型的活動といえます。機関誌『団誌』（のちに『若駒』と改称）の発行もそうした活動の一環でした。

さて、違星の『コタン』が出版された翌年の『団誌』に「こたん」と題する文章が掲載されています。寄稿者はいち早く『コタン』に目を通し、「新しい力」を得た童子（筆名）というアイヌ民族の青年でした。その内容は差別的言辞としてアイヌ民族を見下し、萎縮させてきた「アイヌ」という言葉の本来の意味を提示し、アイヌ民族の分団員に民族としての誇りと自覚を説いたものです。違星の作品はその中で童子の論理を補強する資料として引用されています。少し長くなりますが、その一部を紹介しておきましょう。

アイヌと言ふ／新しくよい／概念を／内地の人に／与へたく思ふ〔違星の短歌・引用者注、以下同じ〕。何人も持つ真情ぢゃなかったか。アイヌと言へば目をむいて怒る。土人と〔言〕へば穏やかだ。旧土人とはアイヌのことなりとしたならば土人と言はれても腹は立つ筈だ。土人と言はれても良いならば何故神の子として教へを守る人としてのアイヌてふ言葉がわるいのだらう。本当にアイヌといふことに対してよりよく新しい概念を与へたいものである。それには悪いアイヌ同志が自覚しなければならぬのではないか。分団の楽しい集〔ま〕りにどうして出てくれぬのだらう。諸君は?・アイヌとしていつまでもひねくれるか。シャモと堂々交際して少くとも紫雲古津分団員としてのウタリー諸君は雄々しく戦った北斗兄の真情を汲んで修養に実行に親しむべきである。(37)

このように違星の作品は差別と偏見を打破しようとする「新しい力」の源として、多くのアイヌ民族の青年たちを励まし、心の支えになっていました。この「こたん」という題名も違星の『コタン』を多分に意識し、それを模したものであると考えられます。

この時期、やはりアイヌ民族の青年層を主体に全道規模の北海道アイヌ協会（一九三〇年）や地域単位の十勝旭明社《きょくめいしゃ》（一九二七年）、北海《ほっかい》小群更生団（一九三三年）などの自力更生団体が発足し、意識変革と生活改善を通して主体回復をめざす運動を展開していきます。詳細は時間の関係で省略しますが、これらの運動が一定の成果を収めながらも、ファシズム体制の中に搦めとられていったのは、それがアイヌ民族の「同化」を前提とし、近代天皇制の枠組みを一歩も踏み出すことができなかったからです。それは天皇制の論理を「画一の論理」でなく、「平等の論理」と錯覚していたことによるものでした。こうした点は違星らにも当てはまることです。

解平社の創立

ここでふれておかなければならないのは、一九二六年一〇月に旭川の近文コタンで発足した解《かい》平社《へいしゃ》という団体のことです。私自身、水平社《すいへいしゃ》と名前がよく似ているこの団体の存在を知ったのは十数年前です。そのときに近代アイヌ史関係の文献を調査しましたが、解平社に言及した論文は一編もありませんでした。現在も研究の状況はその当時と変わりありません[38]。今回、あらためて一九二〇年代の各種新聞や部落解放運動関係の雑誌を調査した結果、創立の契機や中心人物などが少しわかりましたので、中間報告を兼ねてお話しいたします。

解平社の発足にあたって、中心的役割を果たした人物は旭川市外近文五線西三号（当時）の砂《すな》沢市太郎《ざわいちたろう》（三四歳）、門野《もんの》ハウトムテイ（三五歳）、松井国三郎（二〇歳）、小林鹿造（二〇歳[39]）とい

解平運動

白老古潭 森竹竹市

森竹竹市「解平運動」

う近文コタンの当時二十代から三十代前半の四人のアイヌ民族の青年たちでした。リーダー格となったのは砂沢で、メンバーは日高、北見地方の同志を含めて約二〇〇名でした。(40) 砂沢は皆さんがご存じの彫刻家・砂沢ビッキの父で、「第三次近文アイヌ地問題」＝返還運動のコタン代表として、一九三二年七月、「旧土人保護法撤廃同盟全道委員長」の荒井源次郎《あらいげんじろう》らとともに上京し、大蔵省・内務省などの関係機関への陳情を行った記録が残っています。(41) 松井国三郎もまた砂沢の前任者として、同年四月上京し、金田一京助らの応援を得て陳情を行っています。(42)

次に創立の契機ですが、これは一九〇〇年の陸軍第七師団の近文設置計画にともなう、コタン移転問題に端を発し、一九三〇年代まで続くいわゆる「近文アイヌ地問題」と深く関係しています。詳細な経緯は榎森進氏の研究(43)に譲りますが、近文アイヌは北海道旧土人保護法が成立してからも、その第一条に規定された土地（一万五〇〇〇坪以内）の「無償下付《かふ》」という「恩恵」の適用から除外され、生計は農業収入ではなく、大半が不安定な狩猟・賃労働などの収入でまかなわれていました。(44) こうした土地に対する無権利状態から派生した日々の生活不安が解平社創立の直接的な契機と考えられます。ですから、その目的も解平社創立時の宣言や規約類が残っていないので、正確なことはいえませんが、当時の近文アイヌにとって最大の課題であった給与予定地の「無償下付」の実現であったと思います。

解平社の創立直後、白老《しらおい》コタンの森竹竹市は『北海タイムス』紙上に「解平運動[45]」と題する論稿を発表しました。これは解平社に対するアイヌ民族の内側からの唯一のメッセージで、その創立をいかに待ち望んでいたかがよくわかります。当時、森竹は二四歳の青年で、白老第二尋常小学校（アイヌ小学校）を卒業後、白老駅夫を経て札幌鉄道局に勤務していました[46]。森竹はその中で、解平社を支持しそれにエールを送りながら、同族の民族的自覚と自立を促すわけですが、注目すべき点は当時の水平社運動に代表される被差別部落の解放運動を念頭におき、そこから学ぶべきであることを主張したことです。アイヌ民族の側からアイヌ問題を語るのに水平社運動と結びつけて論じたのは森竹が最初です。

この森竹の「解平運動」から類推すると、近文アイヌの青年たちに大きな衝撃を与え、その心をとらえたのは全国水平社（一九二二年創立）の運動であったと考えられます。自らの存在と被差別部落出身者を重ね合わせ、その動向に関心を寄せることはきわめて当然で、解平社創立のひとつの契機として考えてよいと思います。今日、北海道ウタリ協会が「アイヌ新法」の制定に向けて運動を進めていますが、これも解平社のような先駆的運動の歴史の延長線上に位置しているといえます。

7 柳宗悦のアイヌ論

柳宗悦のアイヌ論との出合い

柳宗悦《やなぎむねよし》（一八八九～一九六一年）は、日本の民芸運動の創始者で、工芸の美の視点から近代日本の民族・文化政策のあり方に対して問題を提起し、その尊厳と独自性を説いたことで知られています。その経歴を簡単に紹介しておきましょう。[47] 柳は父・楢悦《ならよし》（海軍少将）、母・勝子の三男として東京で生まれました。学習院初等科に入学し、高等科まで終えました。高等科時代に柳は武者小路実篤、志賀直哉らと同人雑誌『白樺《しらかば》』の創刊準備を始めています。その後、東京帝国大学哲学科に入学しました。卒業論文は「心理学は純粋科学たり得るや」で、このころから柳の民芸研究の基礎となったウィリアム・ブレイクの研究に傾斜していきました。ちなみに柳の夫人はのちに日本を代表するアルト歌手として活躍する中島兼子でした。

さて、私が柳宗悦のアイヌ論と最初に出合ったのは、いまから一七年前のことです。当時、東京都立大学の小沢有作《おざわゆうさく》教授（教育学）の下で勉強していました。そのときのゼミのテーマが「アイヌ教育史」でした。私は近代日本のアイヌ教育政策を歴史的に明らかにする一方で、それまでの差別と偏見に満ちた日本人のアイヌ認識を乗り越える視座を求めていました。内村鑑三《うちむらかんぞう》、新渡《にと》戸《べ》稲造《いなぞう》、堺利彦《さかいとしひこ》、幸徳秋水《こうとくしゅうすい》らの近代のキリスト者、社会主義者の著作集に当たってみましたが、これといった収穫は得られませんでした。

小沢教授のアドバイスもあり、柳宗悦の足跡を追って武蔵野美術大学の図書館を訪ねました。そこで柳が創刊した日本民芸協会の研究誌『工芸』を調査したところ、一九四一年九月から二カ月間、日本民芸館で「アイヌ工芸特別展」を開催し、それを機に同誌の第一〇六・一〇七号でアイヌ特輯を組んだことがわかりました。その中に金田一京助「アイヌの文化」、杉山寿栄男《すえお》「アイヌの宝物」、河野広道《こうのひろみち》「樺太アイヌ、ギリヤーク、オロッコの工芸、特に樹皮工芸に就て」、式《しき》場隆三郎《ばりゅうざぶろう》「アイヌ書誌」と並んで、「アイヌへの見方」と「アイヌ人に送る書」という、柳のアイヌ論二編が含まれていました。さっそく閲覧室で目を通しましたが、そのときの感動は忘れられません。いまになって考えてみますと、それは日本人のひとりとしての「安心感」であったのかもしれません。

柳以外の当時の美術関係者のアイヌ論としては、ほかに静岡在住の版画家・小川龍彦《おがわたつひこ》の「アイヌの来る日」があります。これは柳の「アイヌ人に送る書」と同時期に『工芸』の姉妹誌である『民芸』に寄稿したものです。内容は、幕別村出身の老アイヌとの偶然の出会いを軸に、それまでの自己とアイヌ民族とのかかわりを回想風に記したものです。その中で、小川は知里幸恵《ちりゆきえ》『アイヌ神謡集』や違星北斗『コタン』を愛読し、とりわけ『コタン』の印象は強烈で、「呼吸のつまるほどの人道的義憤を覚え」るとともに、「アイヌ工芸品に対する思慕を一層つのらせた」[48]と語っています。小川の文章には、当時の多くの日本人が抱いていた、アイヌ民族に対する差別意識や偏見がまったく感じられません。そういう意味で、これからお話しする柳のアイヌ論と同様、注目に値するものです。

柳宗悦のアイヌ論の今日的意味

柳のアイヌ関係のまとまった論文は先ほど紹介した二編だけですが、これらは植民地朝鮮の文化政策（一九一〇〜三〇年代）、沖縄県の方言論争（一九四〇年）へのアプローチの延長線上に位置するものです。柳宗悦研究の中でそのアイヌ論を研究対象とした論文はありません。当然のことながら、『新沖縄文学』第八〇号（一九八九年六月）の「沖縄と柳宗悦」特集のような試みも存在しません。こうした研究の現状を踏まえて、柳のアイヌ論を紹介しながら、その今日的意味を考えてみたいと思います。

最初に「アイヌへの見方」[49]を取りあげます。この論文から当時のアイヌ民族をとりまく負の学問的・社会的状況が浮かび上がってきますが、柳はそれを批判的に検討し、次のような問題を提起します。ひとつはそれまでの日本のアイヌ研究（者）のあり方の問い直しです。柳はこう述べています。「アイヌに好個の学的対象を見出してゐるが〔中略〕アイヌの運命の為に闘はうとしてゐるのではない。〔中略〕自己の知識を増すことにのみ熱情が集まりがちである。〔中略〕其学問にもっと深い人道的根底を求めてゐるのである」。ヒューマニズムの立場からのアイヌ民族不在のアイヌ研究に対する根源的な批判で、すぐれて今日的であります。

もうひとつは日本人のアイヌ認識の方法の問題です。アイヌ民族不在のアイヌ研究は「只文化からおくれた悲惨な種族」というアイヌ認識を生み出します。それに対して柳は「そんなにも後れた人種であり、之とて文化価値を有たぬものであらうか」と疑問を提出し、そうした認識を覆す視座をアイヌ工芸品の美しさに求めました。「なぜアイヌにあんなにも美しく物を作る力があるのであらうか」。それはアイヌ民族の生活と深く結びついた信仰にあり、そこに「真実なもの」が内在し、「アイヌの作物を美しく」するといいます。つまり、「信が産む美」です。そして最後にこう締めくくります。「彼等の中に価値あるものを見出す時ほど、正しい見方を有ち得る場合はない。アイヌへの憐憫は、アイヌへの敬念より大きな力ではあり得ない」。このように柳はアイヌ工芸品という「モノ」を通して、アイヌ文化の固有な価値（民族のオリジナリティ）を発見し、新たなアイヌ認識の方法を確立しました。これはアイヌ研究者のみならず、日本人全般のアイヌ認識の方法に新しい可能性を開くものです。

柳宗悦

　同じ号の金田一京助の論文[50]は、アイヌ文化が「最早《もはや》彼等〔アイヌ民族・引用者注〕の日本人として甦生《そせい》しようといふ急激な変化のために、早晩すっかり地上に影を絶」とうとしている現実に対して、その原因となった「同化」政策を批判するのではなく、単に「何らかの形で保存」する必要性を説くだけにとどまっています。同じアイヌ文化論でありながら、柳のそれと比べて格段の差があります。柳が批判の対象とした「或《ある》有力な民俗学者[51]」とは、金田一のことではなかったでしょうか。

　次に「アイヌ人に送る書[52]」を取りあげます。この論文は次の二つの点で重要な意味をもっています。そのひとつは、明治国家成立後のアイヌ政策に対する方法論的批判を展開し、それが敗戦前における唯一のアイヌ政策批判であった点です。なかでも、「教育それ自身が価値あること等は、もう論じなくともいゝのだ。吾々が論じたいのは其の教育の内容なのだ。教育には浅薄な教育が屢々あるのだ。アイヌを今の日本風に変えて了ふと云ふことには、其の浅薄さがありはしないか」という指摘は、これまでお話しした近代天皇制国家のアイヌ教育政策への痛烈な批判です。柳はその前段で「一視同仁」等と云ふ観念的同情は軽蔑の念と五十歩百歩」と論じ、天皇制の支柱である「一視同仁」という概念が「同化」主義の法的フィクションにすぎないことを喝破していました。

こうした批判の萌芽は、植民地朝鮮に対する文化政策を批判した「朝鮮人を想ふ」（一九一九年）の中にすでにみられます。「教育は〔中略〕主として日本語を以て、日本の道徳、又彼等には今まで無関係であつた皇室の恩恵を中枢として、彼等〔朝鮮人・引用者注〕の思想の方向をさへ更へようとするのであ」り、「教育は彼等〔朝鮮人・引用者注〕を活かす為の教育であつて、殺す為の教育であつてはならぬ[53]」と述べています。また、「朝鮮の友に贈る書」（一九二〇年）の中でも「私には教化とか同化とかいふ考へが如何に醜く如何に愚かな態度に見えるであらう[54]」と述べています。

もうひとつは、初めてアイヌ民族と日本人相互の他者認識の方法を具体的に示すとともにアイヌ民族の主体回復への道筋を明らかにした点です。柳は「同化」政策によって引き裂かれたアイヌ民族と日本人の溝を埋めるには、「二つの道」があると指摘します。それが「お互が相手の立場に立ってみること」と「互が互を尊敬すること」です。また、アイヌ民族自身がその文化を内在的に学ぶことによって「或る自覚を呼び醒まし、アイヌ人たることに誇りを」もつことができると述べています。そして最後にこう結んでいます。「「民族の誇り」を掴むこと」が「君達にとって今一番大切」で、「さう云ふ自覚あるアイヌ人が起ち上がることより、祝福すべきことはないのだ」。

こうした柳のアイヌ論と違星北斗の作品が響き合うように感じるのは私だけでしょうか。柳のアイヌ論は一五年戦争下という、きわめて制約が多い時代に発表されてから、すでに半世紀が経過しています。にもかかわらず、少しも色褪《いろあ》せていないことに気づきます。これからアイヌ民族と日本人の真の共生関係に根ざした社会を形成していくために、柳から学ぶべき点は多いように思います。まさに現代に受け継がれるべき貴重な遺産です。

注

(1) 拙稿「アイヌ教育史」『教育学研究』第四三巻四号、一九七六年一二月、二九八〜三〇九頁。同「近代日本のアイヌ教育」桑原真人編『北海道の研究』第六巻（近・現代編Ⅱ）、清文堂、一九八三年、四五三〜四九二頁。

(2) 日本民族学会研究倫理委員会の委員長には祖父江孝男（放送大学）、委員には伊藤亜人（東京大学）、上野和男（国立歴史民俗博物館）、大塚和義（国立民族学博物館）、岡田宏明（北海道大学）らがそれぞれ名前を連ねている。

(3) 日本政府は第三回報告を一九九一年一二月一六日付で国連に提出し、初めてアイヌの人々の存在を「民族」であると認めた。その内容は次のとおりである。「アイヌの人々の問題については、これらの人々は、独自の宗教及び言語を保存し、また、独自の文化を保持していること等から本条にいう少数民族であるとして差し支えない」。

（4）イサベラ・バード『日本奥地紀行』平凡社、一九七三年、二九七〜二九八頁。

（5）萱野茂『カムイユカㇻと昔話』小学館、一九八八年、一一頁。

（6）箕浦康子『文化のなかの子ども』（シリーズ人間の発達第六巻）東京大学出版会、一九九〇年、一八一頁。

（7）同右。

（8）内閣官報局編『法令全書』第二巻、原書房、一九七四年、五八〜六二頁。原本は一八八七年刊行。

（9）一八七〇年九月第三七号「庶務規則」『明治二年同三年同四年開拓使布令録』完、一一〇頁。

（10）『開拓使日誌』一八六九年第四号、北海道編『新北海道史』第七巻（史料一）、一九六九年、七七一頁。

（11）小川正人「「アイヌ学校」の設置と「北海道旧土人保護法」・「旧土人児童教育規程」の成立」『北海道大学教育学部紀要』第五五号、一九九一年二月、二七一頁。

（12）『北大百年史』通説、ぎょうせい、一九八二年、二三頁。

（13）一八七六年一二月八日丙第二八一号「旧土人教育及人員取調」『明治九年開拓使布令録』四〇四丁。

（14）一八七一年一〇月八日開拓使布達「旧土人賜物並禁目」『布令類聚』上編、四四八〜四四九頁。

（15）一八七八年一一月四目開拓使布達第二二号「旧土人名称一定」『布令類聚』上編、四五〇頁。

（16）拙稿「遠藤正明のアイヌ教授実践と開発主義教授法」『アイヌ文化』第一五号所収、一九九〇年。

（17）札幌県学務課『旧土人教育ニ関スル書類』所収、北海道立図書館蔵。

（18）アイヌ小学校と同程度の尋常小学校の教育課

程では規定されていない。

(19)テオドール・ベッケル『列国の植民地教育政策』第一出版協会、一九四三年、五三八頁。

(20) 拙稿「岩谷英太郎とアイヌ教育」『言語』第一四巻二号、一九八五年二月、七九～八三頁。

(21) 海保洋子「「異域」の内国化と統合――アイヌ民族と「同化」政策」鹿野政直ほか編『近代日本の統合と抵抗』第二巻、日本評論社、一九八二年、二五五頁。

(22)『公文類聚』(二A～一一―類七四八)。

(23)『小樽新聞』一八九七年七月二七日付。

(24) 富田虎男「北海道旧土人保護法とドーズ法――比較史的研究の試み」『札幌学院大学人文学会紀要』第四五号、一九八九年八月、五～二一頁。

(25)「白仁武」『北海道職員履歴録』所収(北海道蔵)。「白仁武」秦郁彦『戦前期日本官僚制の制度・組織・人事』東京大学出版会、一九八一年、一一七頁。

(26)「旧土人授業料の給与」『北海タイムス』一九〇一年一〇月五日付。

(27) 谷川健一編『アイヌ』(近代民衆の記録第五巻)新人物往来社、一九七二年、五二五頁。

(28)「元室蘭アイヌ学校卒業式」『北海タイムス』一九〇二年三月二九日付。

(29) 豊栄尋常小学校『沿革誌』(旭川市立郷土博物館蔵)。

(30) 貝沢正「遠足も焼き魚一匹もって」『潮』第一五〇号、一九七二年二月、一五三頁。

(31)「軍備拡張と教育」『教育報知』第四八七号、一八九五年八月、二頁。

(32) 池田源吾編『戊申詔書と地方事績』池田商店(小樽)、一九一一年、八六～八八頁。

(33) 海保洋子「近代天皇制と「異族」の「臣民」化研究ノート」『歴史評論』第三〇五号、一九七五年九月、七九～八〇頁。

(34) 榎森進『アイヌの歴史』(日本民衆の歴史、地域編八)三省堂、一九八七年、一七六～一八三頁。

(35) 平取青年団紫雲古津分団『団誌』第四巻三号

（一九三三年七月）によると、紫雲古津のほか、荷菜、川向、二風谷、荷負、長知内、池売、貫気別、上貫気別に分団があると記されている。

(36) 川崎喜代治『北海道に於ける優良青年団』第一輯、北海道青年協会、一九三二年、一七四頁。

(37) 前掲『団誌』第二巻六号、一九三二年一二月。

(38) その後、竹ヶ原が「「解平社」の創立とアイヌ解放運動」を『解放教青』第二八四号（明治図書、一九九二年三月）に発表した。

(39) 同愛会『同愛』第三八号、一九二六年一一月、二九頁。

(40) 「圧迫に堪へかね／アイヌの団結／水平運動起る」『大阪朝日新聞』一九二六年一〇月二二日付。

(41) 荒井源次郎「近文アイヌ地返還運動上京日誌」『アイヌの叫び』北海道出版企画センター、一九八四年、二八一頁。

(42) 『旭川市史』第一巻、旭川市、一九五九年、二六四～二六五頁。

(43) 前掲『アイヌの歴史』一九〇～二一七頁。

(44) 前掲『旭川市史』第一巻、二七九頁。

(45) 『北海タイムス』一九二六年一二月二日付。

(46) 森竹竹市（山川力編）『レラコラチ』えぞや、一九七七年、二二一頁。

(47) 水尾比呂志『柳宗悦』（日本民俗文化大系第六巻）講談社、一九七八年、四三九～四四〇頁。

(48) 小川龍彦「アイヌの来る日」『民芸』第四一号、一九四二年九月、四八頁。

(49) 柳宗悦「アイヌへの見方」『工芸』第一〇六号、一九四一年一〇月、五〇～六三頁。

(50) 金田一京助「アイヌの文化」同右、一一～三一頁。

(51) 前掲「アイヌへの見方」五〇頁。

(52) 柳宗悦「アイヌ人に送る書」『工芸』第一〇七号、一九四二年三月、一二一—一二七頁。

(53) 柳宗悦「朝鮮人を想ふ」『朝鮮とその芸術』（新版柳宗悦選集第四巻）春秋社、一九七二年、一一～一三頁。

(54) 柳宗悦「朝鮮の友に贈る書」同右、五〇頁。

近現代アイヌ教育の歴史像のために

アイヌ民族の伝統的社会の教育＝子育ての習俗は、自然と共存し信仰を重視する民族固有の価値体系に基づいて営まれていた。しかし、一八八〇年代前半以降はコタンに出現した近代学校が教育を「独占」し、それまでのコタンの教育的機能を崩壊させていった。

アイヌ教育政策史において特に重要な意味を持つのは、北米の先住民族を対象としたドーズ法（一八八七年）を参考にして制定された「北海道旧《きゅう》土人《どじん》保護法」（一八九九年）と「旧土人児童教育規程」（一九〇一年）である。前者は、アイヌ民族への初等教育の「普及」を重要施策として位置づけ、「教育効果」の観点からそれまでの共学制に代わる分離教育機関として、主要なコタンに二一四校のアイヌ小学校を特設する根拠法となった。後者は、教科目を修身・国語・算術・裁縫（女子）・農業（男子）と定めたが、それは民族の歴史・言語・文化を否定し、「帝国臣民」としての最低限の「教養」を付与することを意図するものであった。

一九〇八年には「小学校令」の改正に合わせて、「旧土人児童教育規程」を廃止し、修学年限を「日本人」の子どもと同様に六か年とした。また、教科目には日本歴史・地理・理科を加えた。

しかし、一六年にはアイヌ民族の子どもは「心性の発達和人《わじん》の如くならざる」という理由から、再び「旧土人児童教育規程」を制定した。この規程は二二年に廃止されるまで、アイヌ民族の子どもの就学年齢は満七歳とし、教科目からは日本歴史・地理・理科を省き、修学年限も四か年と定め、制度上の格差の存在を合理化した。北海道庁はアイヌ民族の生活様式などの「同化」をすすめる一方、特設アイヌ小学校の段階的な廃校措置をとり、「旧土人児童教育規程」の廃止された二二年の時点では一〇校となった。この事実は教育形態が再び「日本人」との共学制へ移行することを意味していた。アイヌ民族の子どもが入学した小学校では学校経営のうえで一定の対応が迫られた。たとえば、有珠《うす》尋常高等小学校ではアイヌの子どもの入学を契機として、二二年度の「有珠尋常高等小学校学校経営方案」中に「土人児童ノ保護救済方」という項目を新たに追加し、担任教師に対して「『愛奴《あいぬ》』『旧土人』『土人』ノ名称ノ使用ヲ禁ズル」方針を成文化した。こうした方針が出されること自体、たとえ制度上での格差は是正されても、日常的な次元での差別は解消されなかったことを示している。

二〇年代後半から三〇年代前半にかけては中等教育への要求も高まり、ジョン・バチラー経営の施設を中心に「アイヌ中学校」を設立するというプランも青写真としては提出された。北海道庁は三一年にアイヌ民族の中等学校以上への進学者対策として、「北海道旧土人奨学資金給与規程」を制定した。支給額は一か月三〇円以内と規定され、受給者の中には、東京帝国大学文学部に進学した知里真志保《ちりましほ》のような事例もあったが、実態は高等小学校や実業学校への進学者が大多数を占めていた。同規程の制定は「北海道旧土人保護法」を補完するものであったが、それは二〇年代以降の全国的な中等学校への進学熱の高まりと無関係ではない。また、この時期はアイヌ民族の言論活動が高揚した時期である。アイヌ民族が近代学校での教育を通して強制された日本語（日本文字）を自己表現の手段として逆用し、同族に対して民族の覚醒や自立などを促していった。近文アイヌの川村才登《かわむらさいと》は札幌の小学校や中等学校で、アイヌ認識を正すための講演を行ったり、三一年発行の『尋常小学地理書』中の挿画「アイヌ人とその住家」に対して、「アイヌ風俗として八十年も昔のみすぼらしい挿絵」であり、それが「古来の風其のまゝで居るといふ古くさい考へを植ゑ付けて居る」という教科書批判を展開したりした（『北海タイムス』一九三四年九月二〇日付朝刊、同年一二月一四日付朝刊）。この挿画に関連して、三七年に北海道を旅行した愛媛県の一小学校教員も、その住居は既に「歴史的遺物」に過ぎず、また、そこに描かれたアイヌ民族の姿は「一種の生物標本化してゐる」と述べている（『愛媛教育』六一二、一九三八年五月）。

特設アイヌ小学校は三七年の「北海道旧土人保護法」改正時に、その根拠規定であった第九条が削除されることにより、全廃された。この点に関しては三五年に北海道庁学務部が、アイヌ民族の代表やアイヌ研究者らを招集して開催した「旧土人保護施設改善座談会」で、アイヌ小学校を全廃して、共学制を完全実施する政策の方向性が確認されていた。アイヌ小学校の全廃によって、教育形態は別学制から現代につながる共学制へと移行した。共学制のもとで「同化」への圧力はさらに高まり、アイヌ民族の身体的特徴をとらえた差別が日常化し、学校が「迫害の場」と化していった。

四五年のアジア・太平洋戦争での敗戦は、アイヌ民族にとってそれまでの差別と抑圧からの解放を目指す運動の大きな契機となった。四六年にはシャクシャイン戦争の指導者の根拠地であった静内町で、北海道アイヌ協会の設立総会が開催された。設立総会で、その設立目的を「アイヌ民族ノ向上発展、福利厚生ヲ図ル」ことと規定し、それを達成するための事業のひとつとして、「教育ノ高度化」を掲げた。そこにはアイヌ民族が「文化民族としての世界的水準に達するためには子弟の教育」が重要であり、「将来は学界・実業界・政治界・其の他人間生活の各分野に於てウタリから一流人物が簇《(ママ)》出する様にしたい」（北海道アイヌ協会『昭和二十二年度事業計画書並に昭和二十二年度収支予算書』）という、アイヌ民族の強い願望が込められていた。

この「教育ノ高度化」の実態を、四八年から六〇年までに平取《びらとり》町立二風谷《にぶたに》小学校を卒業したアイヌ民族の子ども一二六名の学歴別内訳で見ると、義務教育の修了者と未修了者が全体の九一・三％を占めていたが、定時制を含めた高校の卒業者と在学者は全体の五・六％に過ぎなかった（『美しい十代』一九六四年七月号）。このような上級学校への低進学率は主として経済的理由に起因しているが、その背景には根強いアイヌ差別が存在していた。アイヌ民族の子どもの高校進学率は、七二年は四一・六％、七九年は六九・三％、八六年は七八・四％、九三年は八七・四％、九九年は九五・二％と推移し、調査年ごとに数値は上昇している。しかし、北海道全体の進学率と比較すると、今日においても依然として格差が存在している。それは大学進学率でも同様である。

北海道アイヌ協会は、六一年に組織名を北海道ウタリ協会と改称した〔編者注：二〇〇九年四月に、改めて「北海道アイヌ協会」と名称変更した〕。改称の背景には組織名中の〈アイヌ〉という言葉が、アイヌ民族に対する差別語として使用されている現実が存在していた。これに関連して、当時、アイヌ民族の子どもが七〇%を占めていた二風谷小学校でも、校長の方針によって、学校内で〈アイヌ〉という言葉を禁句としていた(『朝日新聞』北海道版、一九六二年七月五日付)。

高等学校・大学への進学問題と並ぶアイヌ教育問題は、義務教育段階での長期欠席児童問題である。六三年の北海道日高《ひだか》支庁の調査によると、アイヌ民族の長期欠席児童は小学生では一〇・四%、中学生では一五・六%にそれぞれ上っていた事実が報告されている(『日高地方におけるアイヌ系住民の生活実態とその問題点』一九六五年)。北海道の教師たちが民間教育研究運動の中で、長期欠席児童問題をはじめとして、アイヌ民族の子どもをとりまく諸問題やその背景にあるアイヌ差別の存在に着目し、それを視野に収めた教育実践に取り組みはじめたのは、六〇年代後半からである。それから三〇年以上を経た現在でもそれは、十分な成果を上げているとは言いがたい。八四年に札幌市教育委員会が市立学校教師七三二一名(全体の九三%)を対象に実施したアイヌ認識調査の結果から明らかなように、教師のアイヌ民族の歴史や現状に関する基本的知識が全般的に不足し、現代の生活者としてのアイヌ民族の実像とは、大きな隔たりがあることと密接な関連を有している。

もうひとつの課題は教科書のアイヌ民族記述の問題である。アイヌ民族と「日本人」との共生関係を築くうえで、歴史の真実を正確に伝えることがその第一歩である。小学校社会科用教科書(一九九六~九九年度版)の歴史分野で、各教科書とも共通して記述している項目は、近代の北海道「開拓」政策に起因するアイヌ民族の生活破壊、アイヌ同化政策と差別問題である。しかし、現代史の中にアイヌ民族の存在を本文中に記述しているのは五社中一社に過ぎない。こうした記述内容では小学生に対して、抑圧される対象としてのアイヌ民族の姿だけを浮き彫りにし、差別と偏見を再生産していくことに繋がる危険性を内包している。教科書のアイヌ民族記述を質的にも量的にも充実させていくことは緊急の課題である。

九七年のアイヌ文化振興法（略称）の成立は、文部省のアイヌ関係行政のあり方に一定の変化をもたらした。そのひとつが九七年発行の『我が国の文教施策』から、同書に「アイヌ文化の振興のために」と題する節を新設した点である。もうひとつが九八年一二月に告示した中学校学習指導要領中の社会科歴史的分野（近世）の指導内容に「北方との交易をしていたアイヌについても着目させる」という文言を新たに追加した点である。しかし、同時に告示された小学校学習指導要領ではアイヌ民族への言及は全くなく、小学校段階からアイヌの歴史と文化について系統的に学ぶという課題は、以前として重要な問題として残されている。

【参考文献】

竹ヶ原幸朗「近代日本のアイヌ『同化』政策」、札幌学院大学人文学部編『北海道とアメリカ』札幌学院大学生活協同組合、一九九三年。小川正人『近代アイヌ教育制度史研究』北海道大学図書刊行会、一九九七年。

Ⅱ　近代アイヌ教育史の諸相

いまどきの子どもたちへ②

ボクの父は指輪を作ったり、直したりする飾《かざり》職人です。この仕事をはじめてからもう五十年以上になります。今年七十五歳ですが、いまも現役です。

最近、ボクの歴史研究の方法に反省を迫る小さなできごとがありました。それは学問とは縁遠い父がボクの分からなかった、ひとつのコトバの意味を飾職人の経験を生かして教えてくれたことがきっかけでした。

そのコトバというのは、いまから八十年ほど前にアイヌの少年が日本語で書いた日記の中で使われているものでした。少年は当時十三歳で十勝《とかち》地方の小学校を卒業して、現在の虻田町《あぶたちょう》〔現洞爺湖町〕にあったアイヌの子どもたちに職業訓練をする学校に入学していました。余談ですが、この学校は最初の計画では札幌の円山《まるやま》に作る予定でした。少年は午前中、学校で算術・教育勅語などを勉強します。午後からは蹄鉄師《ていてつし》のもとに仕事の見習に出かけます。だが、はじめはランプ掃除が日課でした。小説家の谷崎潤一郎もやはり少年時代にこれを経験し、すごく大変であったと書き残しています。

少年は少しずつ蹄鉄の仕事を覚えていきます。そのうちに「サキテ」

をするようになりました。ボクはこの「サキテ」の意味が分からなかったのです。研究者に聞いたり、大冊の辞（事）典を調べたりしました。辞（事）典には載っていましたが、文意の通る説明はありませんでした。

そこでボクは金と鉄の違いはあっても、金属を扱う仕事には変りはないと思って父に話してみました。ところがどうでしょう。大きなハンマーで鉄を叩いて延ばす人のことで、初心者がするものだという答えがすぐに返ってきました。なるほどこの説明で日記を正しく読み解くことができるのです。

父はそれを本を読んで知っていたわけではありません。生活の中で自然に身につけた「知識」だったのです。こうした「知識」も研究に生かしてこそ、はじめて歴史を生き抜いた人々の生活を浮き彫りにできるように思います。

（一九九二年二月七日）

アイヌ教育(史)研究の視点

明治以降、日本の教育(史)研究のなかで、アイヌ教育(史)研究は、「旧土人《きゅうどじん》」小学校設立前後の一時期(明治二〇～三〇年代)、北海道教育会を軸に、アイヌ教育制度、アイヌ皇民化教育の方法を確立するという、当時の支配者の政策目的に従属したかたちで進められた。しかし、そうした研究もアイヌ教育制度、アイヌ皇民化教育の方法の確立とともに衰微していった。アイヌ教育制度の歴史のなかで、「明治」＝確立期、「大正」＝転回期、「昭和」＝消滅期と時期区分が可能であるが、これと軌を一にするように、昭和初年以降は、研究対象となることもほとんどなく、いわば、「見えない問題」として落ちこんでしまっていたといってよいであろう。

近年、アイヌが民族としての誇りをつかみ、解放の主体として起ちあがる歴史状況のなかで、アイヌ教育(史)研究は、新しい局面をむかえようとしている。北海道歴教協の教師たちを軸に、「民衆史掘りおこし」運動の一環として「旧土人」小学校の和人《わじん》教師の教育実践の掘りおこし(春採《はるとり》尋常小学校・三浦政治)、また、教育研究集会での実践報告及び研究報告、さらには、道内の教育系大学でのアイヌ教育ゼミのとりくみなどアイヌ解放運動と結合し、アイヌの立場からの教育（史）研究が進められている点は、評価は別として新しい研究動向として注目してよいであろう。しかし、こうした動きにしても、必ずしも、教育（史）研究の領域において伝統化されてきたアイヌ教育（史）を欠落させた教育（史）認識の方法を変革するまでには至っていないように思われる。

さて、戦前、植民政策の観点から『アイヌ政策史』（一九四二年）をまとめた高倉新一郎は、幕末期からアイヌ教育が制度上消滅する「旧土人」小学校の廃校時（一九三七年）までのアイヌ政策の変遷過程を概括した「旧土人教育」（『北海道教育史』全道編3、一九六三年）、これは、戦後にまとめられたアイヌ教育通史として最初の著作であるが、このなかで高倉は、「旧土人教育というのは、原住アイヌ民族と移住アイヌ民族の子弟の教育を指」すと、アイヌ教育（史）の対象を明確にするいっぽう、アイヌ教育は、「移住内地人の教育に相対するもの」として、アイヌ教育を把握する視点を提示している。このように、「和人」の教育と対置してアイヌ教育を位置づける視点は、他の教育史書においても貫かれ、アイヌ教育認識の基調となっているといえよう。しかし、アイヌ教育の全体像を把握するうえで、アイヌ教育を「和人」のそれと対置して把握する視点だけでは、不十分のように思われる。そこで、本稿は、「旧土人」小学校の和人教師・吉田《よしだ》巌《いわお》の台湾学事調査の目的、また、高山《こうざん》族児童教育実践者・山本英雄の吉田宛書翰の分析をとおして、アイヌ教育（史）研究の視点を提示いたしたい。

＊

吉田巌（一八八二〜一九六三）は、現在の帯広市《おびひろ》にあった第二伏古《ふしこ》尋常小学校における教育実践を軸に、アイヌ児童に対する皇民化教育の最前線であるばかりではなく、アイヌ・コタン全体の同化センター的機能をはたした「旧土人」小学校の和人教師として知られている。

吉田は、一九二七年、北海道庁命により植民地台湾へ高山族の学事調査のために出張した。『台湾学事調査復命書』は、吉田が帰着後、現地で収集した資料をもとに、高山族の教育機関を軸に、その沿革、就学状況、児童の学力等についてとりまとめ、道庁へ提出した文書である。ここには、その調査日程及び調査箇所が詳細に記されている。このなかで、筆者にとって興味深いのは、植民地台湾への途次、函館市及び大阪市に立寄っているが、そこで、「貧民学校」（私立大《おお》森《もり》尋常小学校＝函館市）、「部落学校」（大阪市立有隣尋常小学校）を訪問していることである。高山族の学事調査を合せて、吉田は、被抑圧民衆・民族の教育機関を意識的に調査の対象として選択している事実は、アイヌ教育の全体像を把握するうえで看過できないことである（ここでは、紙数の関係で貧民・被差別部落民の教育問題は割愛した）。

(1) 吉田巌の台湾学事調査の目的は、前出の『復命書』、あるいは、『吉田巌伝記資料』には、「昭和二年、台湾学事調査を命ぜられ七週間専ら全島主要蕃社を歴訪した」と記されているだけで、吉田に係る資料からは不明である。一方、行政サイドの資料からも、その目的は出張命令に係る原議類の保存年限が他の公文書に比して著しく短期間であるために残存せず、確認できないのが現状である。したがって、学事調査の目的は、当時のアイヌ（教育）の状況と高山族のそれとを皇民化政策の浸透度という観点から比較、検討し、推測する以外にはないのである。

高山族皇民化政策は、一九三一年の満州事変を一つの契機として開始される（野崎正昭「台湾高砂民族の皇民化」、『A・A・LA教育研究』第二号、一九七四年）。この年には、高山族支配の基本原理である「理蕃《りばん》大綱」が制定された。こうした高山族皇民化政策の開始と吉田の台湾学事調査とは、決して無関係であるとは思えないのである。大胆な推測が許されるならば、吉田は、アイヌ皇民化教育の実践者としてその豊富な経験と資料とをもとに、皇民化政策を遂行するうえで最も有効な方法と位置づけられていた「教育」の立場から高山族皇民化政策の助言者の役割をはたすべく植民地台湾へ赴いたのではないだろうか。この推測は、当時のアイヌ皇民化政策の浸透度からも補強できよう。即ち、一九二〇年代後半には、すでにアイヌ皇民化政策はほぼ完了した時期であり、したがって、吉田の台湾学事調査は、アイヌ皇民化政策に何ら資するところはなかったのである。

(2) 吉田巌『書翰自叙伝』は、吉田宛の書翰を、編者・小林正雄が吉田をとりまく人間関係の分野ごとに整理し、それをもとに構成した「吉田巌伝」ともいうべきものである。これには、「高《たか》砂《さご》篇」として、高山族児童教育実践者・山本英雄（台湾花蓮港《かれんこう》庁新城公学校長）の吉田宛書翰五通が掲載されている。

吉田巌と山本英雄との出会いは、一九二四年、山本が当時、台湾花蓮港庁貓公《ばこん》公学校長として、同僚教師とともに「樺太」・北海道における異民族皇民化教育の実態を調査・研究のため、吉田の勤務校・第二伏古尋常小学校を訪れた、それが最初である。これを契機に、アイヌと高山族との民族の違いはありこそすれ、異民族皇民化教育の実践に携わる者として、教育実践上の意見の交換を書翰の形式をとりながらおこなった。

前出の五通の書翰のなかで、その掲載順にしたがって、一号「(大正)一三(年)九(月)台湾馬太鞍《またあん》 消印」及び、四号「(昭和)二(年)一(月)二〇(日)台湾・新城 消印」の二通は、アイヌ教育と高山族教育とのつながりを探るうえで興味深い内容を有している。

山本は、高山族の皇民化教育の方法の研究に際し、方法上のモデルとしての適否の判断にあたって、この場合はアイヌであるが、その民族の習俗に着目している。山本は、一九二四年の調査データをもとに、アイヌと「蕃人ト殆ンド其習俗」は「同ジ」と判断し、習俗の同一性から高山族教育とアイヌ教育との教育方法上の近似性を指摘したうえで、アイヌ教育の方法が、高山族のそれに供するものであるという観点に立つのである。また、一方では、アイヌ教育実践に対する方法上の提言とその問題点を指摘している。アイヌ教育用の「特殊ノ教科書ガナイタメニ実生活ニ適切ナル知識技能ノ練成ヲ図ルコトガ出来ナイ」、ということであり、そして、教育内容について、「旧土人教育ハ宜シク芸術教育ニ立脚セネバナラヌ」と述べる。これらの提言と指摘は、翻って、「蕃人教育モ同ジ」と記しているように高山族教育実践の問題でもあり、課題ともなるのである。さらに別なところで、吉田のアイヌ皇民化教育方法に対して「大イニ響《(ママ)》鳴シ蕃人教育ニ就イテ多大ノ稗益ヲ享ケ」たことを述べるとともに、今後において「御意見拝承」の機会が到来することを願っている。

異民族同化法を研究するうえで、他に範例を求めるのは、当然のことである。その一例として、「北海道旧土人保護法」制定のことを挙げられよう。アイヌ保護問題は、「我国に於ける最新なる社会問題にして、経験日浅く得失を判定すべき材料に乏しきが故に、之を外国に徴」するとして、アメリカ・インディアン政策にその範例を求めた（岩谷英太郎「北米土人保護法を論じてあいぬ人種保護法に及ぶ」、『北海道教育雑誌』八七号、一九〇〇）。アイヌ皇民化教育は、日本の異民族皇民化教育の成功例として高山族皇民化教育に「寔《まこと》ニヨキ教訓ヲ」与えたことであろう。

＊

吉田巌関係資料の分析をとおして、アイヌ教育と高山族教育との連関を指摘するとともに、吉田が「旧土人」小学校での教育実践と教育研究とから「アイヌ」を軸に、「貧民」、「被差別部落民」、「高山族」という被抑圧民衆・民族の教育をトータルに把握する視点を有していたことを指摘した。

吉田の被抑圧民衆・民族の教育へのアプローチは、その抑圧のための教育理論に落ちこんでしまったが、ここにはアイヌ教育（史）研究の一視点が提示されている。それは、アイヌ教育（史）は、国外における日本の植民地教育（異民族皇民化）政策、また、国内における差別教育政策の一端として把握する必要があると同時に、アイヌ教育（史）研究は、これらの全体像、すなわち、被抑圧民衆・民族の教育を総体として把握するうえで重要な領域であるということである。

遠藤正明のアイヌ教授実践と開発主義教授法

札幌県のアイヌ教育をめぐって

はじめに

三県時代（一八八二年二月〜一八八六年一月）は北海道を函館・札幌・根室の三県に区分し、他府県同様の県制下に置き機構や諸制度の等質化を図る一方、開拓使以来の政策の温存化という異質な要素を包含していた。この三県時代のアイヌ政策は後者の方向を踏襲し、一八七〇年代における北海道の近代的土地所有権の確立過程で生じたアイヌの棄民化に対する経済的救済策として大規模な勧農政策が展開された点に大きな特徴がある。

こうした社会的背景のなかで、アイヌの子どもたちの教育は伝統的社会の自然と共存し、固有の価値体系に基づくインフォーマルな習俗としての教育から広尾《ひろお》郡茂寄村、沙流《さる》郡平取《びらとり》村、有珠《うす》郡有珠村に開校した近代学校という、それまでとは異質な教育形態への大きな転換期を迎えていた。この時期を境にアイヌ教育をめぐる論議も学校制度の確立とそこにおける教育方法を軸に展開していく。三県時代は四年足らずの短期間であったが、このようにアイヌ教育政策史上のひとつの節目を形成しているといえよう。しかしながら、研究史上では一九二〇年代の阿部正己「北海道開拓使及び三県時代のアイヌ教育（上・中・下）」（『歴史地理』第三七巻第二・四・六号、一九二一年）以降、喜多章明（『北海道旧土人保護沿革史』、一九三四年）、高倉新一郎（「旧土人教育」、『北海道教育史』全道編三所収、一九六三年）の諸研究があるが、いずれも阿部正己同様にアイヌ教育資金の下付をめぐる動向に重点がおかれている。その後、竹ヶ原がはじめて札幌県の「旧土人学事規則」及び「旧土人学校規則」を紹介し、その位置づけを試みた程度である（「近代日本のアイヌ教育」、『北海道の研究』第六巻所収、一九八三年）。こうした先行研究の動向から明らかなように、三県時代のアイヌ教育研究は一九二〇年からほとんど蓄積が皆無に等しい状況である。

小論では、三県時代のアイヌ教育史研究並びに近代学校のアイヌ教育方法の歴史的研究の一環として、札幌県師範学校一等助教諭・遠藤正明《えんどうまさあき》の佐瑠太《さるぶと》学校平取分校（現・平取町立平取小学校）における教授実践に着目して、その授業記録の内容と意義を明らかにすることをねらいとしている。このように近代学校における教授実践をその形成期に遡《さかのぼ》って把握し批判的に検討を加えることは、とりも直さず多民族の共生を前提としたアイヌ民族教育理論の構築に貴重な示唆を与えることであろう。

1　三県時代のアイヌ教育の動向

宮内省、文部省からのアイヌ教育資金の下付

一八六九年の開拓使設置以降、開拓使仮学校へのアイヌ青年の強制入学（一八七二年）、また、千島《ちしま》・樺太《からふと》交換条約の締結に伴い、北海道に強制移住させた樺太アイヌの子どもたちを対象とした対雁教育所の設置（一八七七年）など教育の面からアイヌ同化への試みがあった。しかし、これらは同化教育の制度として系統的に行われたものではなかった。アイヌ同化教育については一八七六年の布達「旧土人教化ノ儀ニ付テハ（中略）縦令速ニ他ノ人民ト並立スルニ至ラストモ、漸々教化候様注意可為致」（丙第二八一号「旧土人教育及人員取調」）が廃使までの基本方針であった。この間、アイヌの子どもたちは町村立ないしは私立小学校に入学していたが、その就学率は一〇パーセントに満たなかった。

そうしたなかで、三県当局にとって近代学校を軸としたアイヌ教育の制度化は大きな課題となっていた。当時、北海道のアイヌ人口の七五パーセント（一二、八六二人）を占めていた札幌県では分治に伴う予算規模の縮小の影響を受け、教育施設の拡充は不可能な状態であった。一八八二年一〇月に文部卿《もんぶきょう》に毎年四千円のアイヌ教育資金の下付を申請したが、三県時代個別の申請は認められず却下された。そこで三県令は合議の上、一八八三年二月にアイヌ教育方法を樹立す

る基本金の下付を宮内卿に申請し、同年三月、千円が三県に下付された。申請理由のひとつに「外国伝教師等年々巡回誘導候ニ付、実ニ忽《ゆるがせ》ニスベカラサル」ことを挙げている。これは、イギリス聖公会の宣教師・ジョン＝バチェラー等のアイヌに対するキリスト教の布教活動を指しているが、アイヌ教育の方策樹立とキリスト教との関連を考察する上で非常に興味深い事実である。

文部省からも一八八四年六月にアイヌ教育資金として二千円が下付されたが、これらの資金の配分方法や事業方法をめぐって各県の対立があった。配分方法については、札幌県はアイヌ戸口数をもとに、函館県は均等割による配分をそれぞれ主張し、意見が対立した。また、事業方法についても札幌県は各県協定を結び、三県時代の官営事業とするのに対して、函館県は篤志《とくし》者によって「旧土人教育義会」を設立し、基金の募集及び管理を委任することを主張した。その後、札幌県は当初官営事業として出発して、基本財産が確立した段階で民間組織に移行させる、根室県は「私立教育義会」を設立して、その利息を各県に還元するが事業主体は官営とするという折衷案をそれぞれ提出したが、意見の一致を見なかった（喜多前掲書）。

この両省からのアイヌ教育資金は、三県の対立に加えて当時の「松方《まつかた》デフレ」と呼ばれる深刻な経済不況も相俟って基金募集の困難さも指摘され、まったく活用されないまま三県は廃止となった。

「旧土人学事規則」及び「旧土人学校規則」の検討——札幌県のアイヌ教育政策

札幌県ではアイヌの子どもたちの「習俗としての教育」から「教育の学校化」の制度化に向け

て、「旧土人学事規則」及び「旧土人学校規則」の制定を検討した事実がある。「旧土人学事規則」は勧誘、学校設立、維持の三章八条から、また、「旧土人学校規則」は学科、修学年限、学年授業ノ日及時、賞誉、入学及退学、生徒心得、生徒訓戒の七章一五条からそれぞれ構成されている。これらの規則が検討された時期は、その内容が一八八三年五月に制定された札幌県の「小学校規則」(甲第一七号)に準拠しており、また、「明治十九年一月　学務課」と記された『旧土人教育ニ関スル書類』という標題の簿冊《ぼさつ》に綴り込まれていることから、一八八三年五月から一八八六年一月の間であるが確定はできない。

「旧土人学事規則」を見ると、アイヌの子どもたちを就学させるために行政機構として県学務課に「旧土人教育係」を、各郡役所に「学事世話係」を新たに設置するとともに既設置の学務担任書記や学務委員、さらには一部のアイヌまで動員して伝統的社会の教育習俗を破壊する近代学校の網でコタンのすみずみまで包囲することを構想していた。また、「旧土人学校規則」では、規定されている内容を上位規定である「小学校規則」(甲第一七号)と比較すると差別的性格――アイヌの民族性の否定――が浮き彫りになる。教科目にはアイヌの農耕民化を企図した「農業科」を追加したり、修学年限についても「小学校規則」では日本人の子どもは三年であるのに対して、アイヌの子どもの場合には四年としたりした。これは六級及び五級の進級間隔をそれぞれ一年としているからで、その間を同化教育としての日本語や日本語会話を重視した教授実践に充てることを意味するものである。

このように民族的他者としてのアイヌの存在を否定する教育制度を規定した、これらの規則はいずれも公布されたものではなく、「案」に過ぎないのであるが、アイヌ教育政策史のなかで極めて重要な意味をもつといえよう。それは、第一にはじめてアイヌの子どもの分離教育＝別学化を軸に体系的な同化教育の制度化を構想したものである。第二にアイヌ同化教育内容の基軸となった「旧土人児童教育規程」（庁令第四二号、一九〇一年）の原形に位置づくものである。そうしたことから後年のアイヌ同化教育制度の骨子は、これまでの定説とは異なり一八八〇年代前半には既に構想されていたといえよう。

2 遠藤正明の閲歴

今日、遠藤正明の閲歴《えつれき》を追跡できる資料は、極めて少ない。管見の限りでは、札幌県学務課『教員履歴書』（一八八四年　北海道所蔵）並びに『北海道職員履歴録』（同前）のみと言ってよい。後者には詳細な昇任、昇給事項も記されているが、いずれにしても、一八九八年一二月の北海道庁退職時までの人事記録を記したものに過ぎず、後半生は不明である。主として後者の資料に依拠しながら、遠藤の閲歴をたどってみよう。

遠藤は、一八五一年一二月二五日に羽前《うぜん》国最上郡新庄町（現・山形県新庄市）で出生した。旧名は貞吉である。一八七七年二月に、経費節減を理由に五年足らずで廃校となった官立宮城師範学校小学師範科を卒業後、山形県で教育行政の一端を担った。その後、北海道岩内《いわない》郡の御鉾内《おむない》学校

（一八八〇年三月～一八八二年一月）並びに札幌区の創成《そうせい》学校（一八八二年八月～一八八三年五月）の訓《くん》導《どう》を歴任した。一八八三年五月には、札幌県師範学校二等助教諭に採用され、翌年一一月に一等助教諭に昇任し、一八八六年三月退官した。この間、県学務課御用係、同督学係も兼務し、一八八四年八月から一八八五年一〇月まで沙流郡平取村の佐瑠太学校平取分校に派遣され、アイヌの子どもたちに対する教授実践とアイヌ教育の調査・研究に従事した（後述）。札幌県師範学校退官後は、創成学校（一八八七年六月～一八八九年五月）、札幌女学校（一八八九年五月―一八九二年六月）の訓導を経たのち、一八九二年七月には行政職に転じ、札幌郡山鼻円山《やまはなまるやま》村戸長等を歴任した。

さて、遠藤は佐瑠太学校平取分校に派遣され、一定以上のアイヌ語の能力を要求される職務に従事することができたのであろうか。このことを明らかにする直接的な資料は存在しないが、閲歴からある程度推測は可能である。遠藤が来道して最初に勤務した岩内郡御鉾内は、一八八三年一二月当時の「札幌県管内旧土人戸口調」（札幌県学務課『旧土人教育ニ関スル書類』所収）によると岩内郡の七町九村中、唯一のアイヌ居住地区で一一戸三三人が生活していた。二年足らずであったが、おそらくこの御鉾内学校在職時にアイヌと出会い、その存在を視野に収め、アイヌ語を修得することができたのであろうと思われる。このようなキャリアをかわれて、それから一年半後、佐瑠太学校平取分校に派遣されたのであろう。

3　遠藤正明の佐瑠太学校平取分校への派遣

佐瑠太学校平取分校は一八八〇年九月に「郡村吏《ぐんそんり》有志者ト謀リ金ヲ募リ同村番外地建屋ヲ借リ」て設置され（大蔵省編『開拓使事業報告』第四編、一八八五年）、アイヌの子どもたちの教育機関＝近代学校としては広尾学校（広尾郡茂寄村・一八七九年）、有珠学校（有珠郡有珠村・一八八〇年）等と並んで最も早い時期に開校した。なお、同校は現在の平取町立平取小学校の前身に当たる。

それでは、札幌県はどのような理由から遠藤を佐瑠太学校平取分校に派遣したのであろうか。派遣の時期が上述した宮内省、文部省からのアイヌ教育資金の下付の直後であり、また、札幌県にとって「旧土人ヲ教育スルハ本県ノ最モ急務トスル所」（『札幌県報』第二号、一八八五年五月四日）であったことから、遠藤の派遣は県のアイヌ教育制度＝近代学校の確立へ向けての実践的な調査研究を目的としていたと考えるのが自然である。これは近代のアイヌ教育政策史のなかで最初の本格的調査として位置づくものである。遠藤の派遣先である平取尋常小学校の『学校沿革誌』の「明治十八年中」の項には「札幌県御用係兼札幌師範学校教諭《(ママ)》遠藤正明ヲ派出シテ土人教育ニ従事セシム氏ハ性温厚篤実ニシテ一意専心教化ニ精励セシヲ以テ徳化漸ク顕ハル」（平取小学校所蔵）と記されている。

さて、遠藤は一八八四年八月、沙流郡平取村在勤の発令を受け、着任に当たって札幌県大書記官・佐藤秀顕から六ヵ月毎に「功程書《こうてい》」の提出を指示された（「遠藤正明沙流郡平取村在勤ニ付勇沸郡役所エ通報ノ件」、『札幌県治類典』学務課、一八八四年九月）。遠藤が一年二カ月の派遣期間内に札幌県令等へ宛てた文書は、確認できたもので七点あるが、そのうち小論の内容に直接関係するのは札幌県学務課『旧土人教育ニ関スル書類』（一八八六年一月、北海道立図書館所蔵）のなかに収められている「平取分校生徒ノ修学年限増加之儀ニ付伺」（札幌県大書記官・佐藤秀顕宛、一八八五年二月二二日付）という標題の文書である。

この「伺《うかがい》」の主旨は、前年のアイヌの子どもたちの日本語理解の不十分さを理由に修学年限と教科目に「斟酌」を加えること（「沙流郡平取分校ノ情況并学科斟酌之儀ニ付上申」、『札幌県治類典』学務課所収、一八八四年一一月）をさらに修身、読方、作文、算術の各教科の授業記録も添付して具体的に述べたもので、「修学年限増加」の理由としてアイヌと日本人との言語や風俗の違い、アイヌの子どもの能力の「遅れ」を挙げ、初等科六級の修業期間を一八週延長して三六週とすることであった。これに対する札幌県の判断は記録が残っていないので不明であるが、上述した「旧土人学校規則」第四条の修学年限の規定（「第六級第五級ヲ各一年ノ修業トシ……」）の一部に採用されているように上申は「一定の評価」を得たものと思われる。

開発主義教授法に基づくアイヌ教授実践

教授実践は同時代の教育思想、教育制度、文化を反映しており、教育の質を端的に表現したものである。こんにち、アイヌの子どもたちに対する教授実践を直接示す授業記録等の資料は極めて少ない。小論が対象としている一八八〇年代では、アイヌの場合だけではなく全国的に見ても同様の状況である。遠藤の「平取分校生徒ノ修業学年限増加之儀ニ付伺」に添付されている修身、読方、作文、算術の各教科の「教授方法書」が、ほとんど唯一のものであるといってよい。

遠藤の教授実践は、明治一〇年代に「国家の教育内容に対する基準として制定された『小学校教則綱領』と結合し、公教育の公認的教授方法として普及」した（稲垣忠彦『明治教授理論史研究』、一九六六年）、開発主義教授法による教授実践であった。

開発主義教授法は、スイスの教育家・ペスタロッチ（一七四六〜一八二七）の教育思想に基づき、それまでの暗記・注入主義を排除し、実物観察を通して子どもの能力を引き出していくもので、アメリカを中心に世界各地に広まった。日本にはペスタロッチ主義教育運動の中心的役割を担っていたアメリカ・ニューヨーク州のオスウィーゴ師範学校長シェルドンのもとで学び、東京師範学校校長となった高嶺秀夫《たかみねひでお》らによって導入され、高嶺の指導を受けた東京師範学校教諭若林虎三郎・同付属小学校訓導白井毅が編纂した『改正教授術《かいせいきょうじゅじゅつ》』（正篇三冊、続篇二冊・一八八三〜八四年）

によって、広く全国に紹介された。同書は、開発主義教授法の代表的な指導書として日本の教育方法史における記念碑的著作という評価が定着している（稲垣忠彦「総説」、『近代日本教科書教授法資料集成』第二巻、一九八二年）。

　北海道では同書の出版に先だって、東京師範学校小学師範科を卒業し、高嶺の指導を受けたと思われる函館師範学校一等助教諭・井上小四郎がいち早く開発主義教授法の実践例を『函館教育協会雑誌』に紹介している（『北海道教育史』全道編一、一九六一年）。しかし、北海道で開発主義教授法が広く実践されるようになったのは、明治二〇年代になってからのことである（同前）。

　遠藤の教授実践は、この『改正教授術』に基づいて行われ（遠藤『平取分校事務授受目録』中の「書籍之部」にも同書名が記載されている）、授業記録の形式も『改正教授術』巻一中の

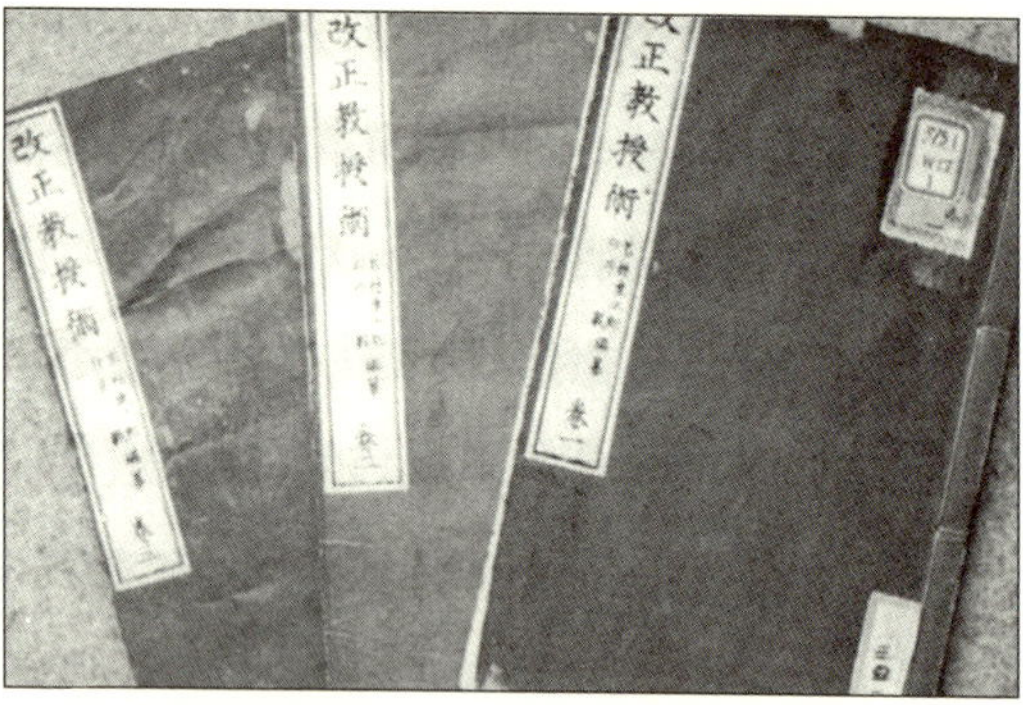

改正教授術

「方法書ノ必須」とまったく同一である。また、各教科の教案に当たる「教授方法書」の目的、大意、題目等の各項目に記されている文言、発問も『改正教授術』とほとんどが全く同一か、あるいは酷似しているケースがきわめて多い。このように遠藤の教授実践は形式的にも、実質的にも『改正教授術』に基づいていたわけであるが、それはどのように展開されたのであろうか。一

例として教授実践における民族と言語の観点から興味深い、遠藤「小学初等読方科教授方法書」⒜と『改正教授術』巻一中の「読方課」⒝を対比しながら検討してみよう。授業は「復習」→「教授」→「演習」→「約習」の「教授ノ手続」にしたがって教員・生徒間の問答を軸に、次のように展開していく。

A　遠藤「小学初等読方科教授方法書」
　第一歩
一　目的　表現力再現力及言語文字ヲ練習ス
二　大意　い字ノ形ト音トヲ授ケ且之ヲ物名ニ適用スルヿヲ教フ
三　題目　い
四　方法
教（いまにヲ示シ）是ハ何ナリヤ
生　いまに串ノヿナリ　級決　教可
教　口ニテ言ハスシテ此物ヲ人ニ知ラセンニハ如何スヘキヤ
生　視セマス
教　視セモセスニ人ニ知ラセンニハ如何スヘキヤ
生　知ラス
教　然ラハいまにト書シテ知ラスヘシ先ツいまにノいヨリ始ムヘシ知レルモノアリヤ
生　知ラス
　（略）
此時黒板ニい字ヲ書シ各唱齊唱セシム
五　演習
教　只今余カ示セシハ何ナリヤ
生　いまにナリ　級決　教可
教　猶い字ノ付シモノハアリヤ
生　いたぎ椀也ナリ　級決　教可
教　猶アリヤ
生　いせぼ兎ノヿナリ　級決　教可
教　猶アリヤ
生　いぬんべ爐ノヿナリ　級決　教可
教　（シャモ）ニテい字ノ付キシモノヲ教

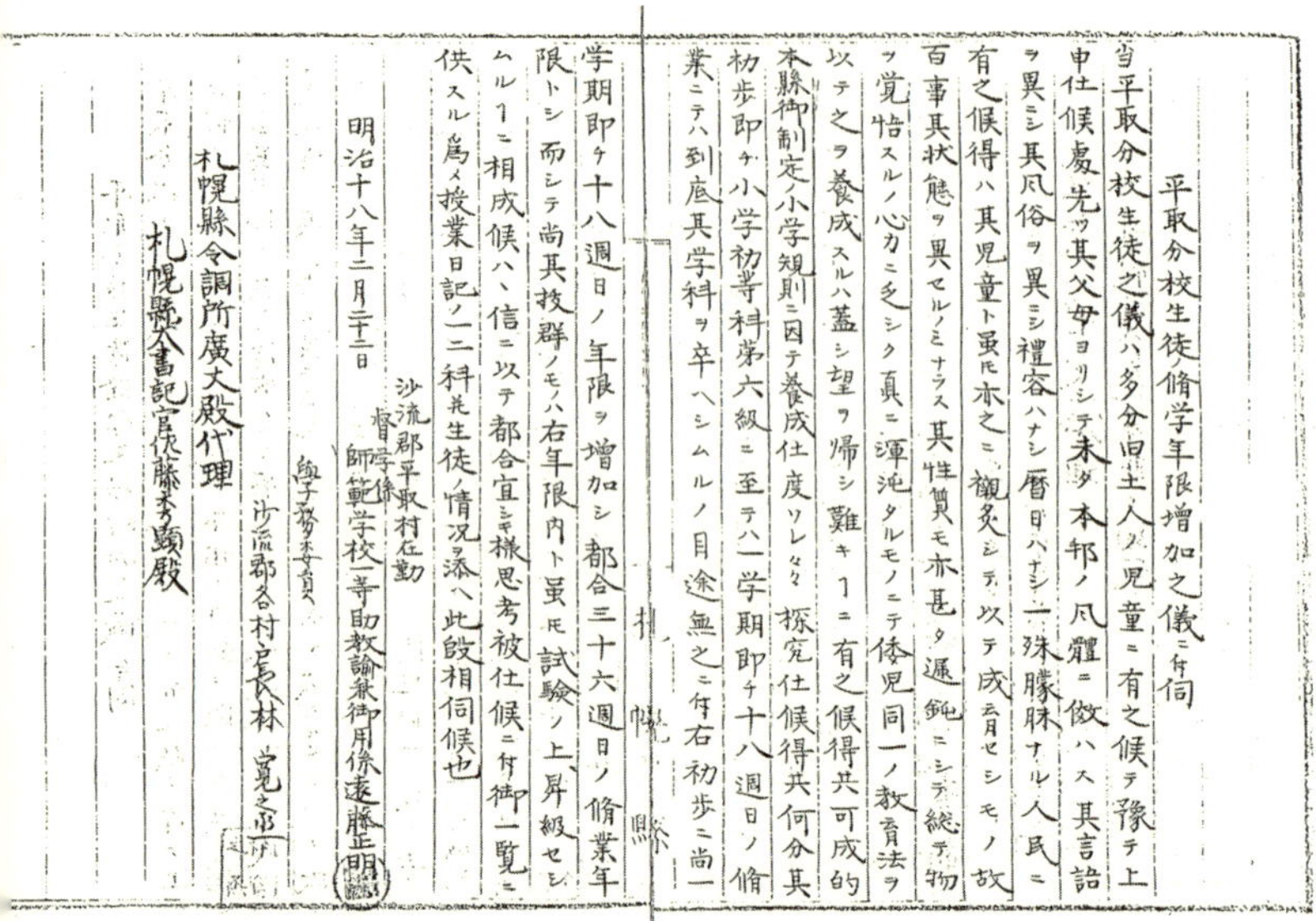
平取分校生徒ノ脩学年限増加之儀ニ付伺

当平取分校生徒之儀ハ多分旧土人ノ児童ニ有之候テ豫テ上申仕候處先ツ其父母ヨリシテ未タ本邦ノ風體ニ倣ハス其言語ヲ異ニシ其風俗ヲ異ニシ禮容ハナシ暦日ハナシ一殊朦昧ナル人民ニ有之候得ハ其児童ト雖モ亦之ニ襯炙シテ以テ成長セシモノ故百事其状態ヲ異セルノミナラス其性質モ亦甚タ遅鈍ニシテ総テ物ヲ覚悟スルノ心力ニ乏シク眞ニ渾沌タルモノニテ倭児同一ノ教育法ヲ以テ之ヲ養成スルハ蓋シ望ヲ帰シ難キヿニ有之候得共可成的本縣御制定ノ小学規則ニ因テ養成仕度ソレゝゝ探究仕候得共何分其初歩即チ小学初等科第六級ニ至テハ一学期即チ十八週日ノ脩業ニテハ到底其学科ヲ卒ヘシムルノ目途無之ニ付右初歩ニ尚一学期即チ十八週日ノ年限ヲ増加シ都合三十六週日ノ脩業年限トシ而シテ尚其抜群ノモノハ右年限内ト雖モ試験ノ上昇級セシムルヿニ相成候ハヽ信ニ以テ都合宜シキ様思考被仕候ニ付御一覧ニ供スル爲メ授業日記ノ二科并生徒ノ情況ヲ添ヘ此段相伺候也

明治十八年二月二十二日

沙流郡平取村在勤
督学係
師範学校一等助教諭兼御用係遠藤正明

学務委員
沙流郡各村戸長林 寛之丞

札幌縣令調所廣丈殿代理
札幌縣大書記官佐藤秀顕殿

平取分校生徒ノ修学年限増加之儀ニ付伺
（出典：『旧土人教育ニ関スル書類』、北海道立図書館所蔵）

フヘシ汝等能ク記シテ忘ル、勿レ
いしナリ　各唱　齊唱
いぬナリ　各唱　齊唱
いとナリ　各唱　齊唱
（略）

B　若林、白井『改正教授術』中の「読方課」

第一歩
一　いろは
教授法一例
一　目的　表現力再現力及言語文字ヲ練習ス
二　大意　い字ノ形ト音トヲ授ケ且之ヲ物名ニ適用スルコトヲ教フ
三　題目　い
四　方法
教　いとヲ示シ是ハ何ナリヤ
生　いとナリ　級決　教可
教　物ヲモ示サズ口ニテモ言ハズシテ人ニ此物ヲ知ラセンニハ如何ナルモノヲ用ヰルベキヤ
生　字ヲ書シテ知ラスヲ得ル　級決　教可
教　此いとヲ示スベキ字ヲ知ルヤ
生　知ラズ
教　然ラバいとノいノ字ヨリ始ムベシ汝等ノ中知ルモノアリヤ
生　一生挙手　書板　級決　教可
（略）
五　演習
教　余ガ最初示セシハ何ナリシゾ
生　いとナリ
教　其如クいヲ冠シタル物名ヲ挙グルヲ得ルヤ
生　いぬナリ　級決　教可
教　猶他ニ在リヤ
生　いしナリ　級決　教可
教　猶アリヤ
生　いたちナリ　級決　教可
（略）

遠藤の「小学初等読方科教授方法書」は『改正教授術』中の「教授例」と比較して次の点で大きく異なる。第一に教員、生徒間の問答にアイヌ語を用いていることである。アイヌ語で「いたんき（いたぎ）」は「茶碗」、「いせぽ（いせぼ）」は「兎」、「いぬんぺ（いぬんべ）」は、「爐《ろ》」をそれぞれ意味する。アイヌ語を用いた問答はこの読方科に限らず、修身、作文、算術の各教科にも適用されている。第二に教授過程が異なることである。「口ニシテ言ハスシテ此物ヲ人ニ知ラセンニハ如何ニスヘキヤ」という教員の問いに対して、アイヌは「視セ」る、日本人は「字ヲ書」くと答える。このようにアイヌの場合には、「字ヲ書」くの前段階にひとつの過程が挿入される。つまり、文字を持つ民族と持たない民族との表現方法の違いが教授過程の違いになって現れている。

こうした教授実践をもとに遠藤は、各教科目ごとにアイヌの子どもたちの所見を前掲「平取分校生徒ノ修学年限増加之儀ニ付伺」及び「功程書」（札幌県令・調所広丈宛、一八八五年一一月二日付、札幌県学務課『復命書』自明治一五年至明治一八年所収）により提出している。それらによると修身、読方、作文の各教科の教授は一貫して「至難」であるとして理由をいくつか挙げているが、それは端的にいって言語と生活・文化の違いに起因するものである。算術、習字については適切な方法を講じることによって「格別ノ困難」はないことを指摘している。このような教授実践の結果を踏まえた遠藤のアイヌ教育の基本的方向は、間接的な表現をつなぎ合わせるとアイヌの子どもたちには日本人とは異なる教育制度が必要であり、また、教育方法の上では実物教授を重要視するものであるといえよう。なお、佐瑠太学校平取分校には遠藤が在任中の一八八五年四月に札幌県から実物教授の参考として「庶物標本一組」が交付されている（前掲『札幌県報』）。

この開発主義教授法が北海道で広く普及するようになったのは、明治二〇年代になってからのことである。こうした状況のなかで、遠藤がいち早く開発主義教授法を取り入れ、それをアイヌに適用したのはそれが実物教授を基礎としているからであり、アイヌ同化への最も効果的な教授法であるという判断が働いていたものと思われる。これを裏付けるように後年アイヌ小学校の設立にあわせて同化教育の内容と方法を規定した「旧土人児童教育規程」の施行細目である「旧土人児童教育規程施行上ノ注意」（北海道庁訓令第四三号、一九〇一年）には、各教科の教授方法に触れて「各学科ノ教授ハ実物教授法ニ基キテ感覚ノ修練ヲ充分ナラシメ」ると記されている。このような「実物教授法」は、その上位規定であり、日本人向けともいえる「小学校令施行規則」（文部省令第一四号、一九〇〇年）には、アイヌ小学校と同程度の尋常小学校の課程では規定されていない。逆にいえば、アイヌ向けの「公教育の公認的教授方法」は「実物教授法」であったといってよい。明治二〇年代後半以降は開発主義教授法に代るヘルバルト主義教授法が教授実践の方法として大きな位置を占めていたにもかかわらず、開発主義教授法＝「実物教授法」はアイヌに対する教授実践のなかに命脈《めいみゃく》を保っていた。

5 遠藤正明のアイヌ観

アイヌ教育へのひとつの方向を提示した遠藤は、どのようなアイヌ観に支えられていたのであろうか。前掲「平取分校生徒ノ修学年限増加之儀ニ付伺」には、アイヌは「父母ヨリシテ未タ本邦ノ風体ニ傚ハス其言語ヲ異ニシ其風俗ヲ異ニシ礼容ハナシ暦日《れきじつ》ハナシ一殊朦味《もうまい》ナル人民ノ其子どもたちは「性質モ亦甚タ遅鈍《ちどん》ニシテ総テ物ヲ覚悟スルノ心力ニ乏シク真ニ混沌タルモノ」という民族的他者としてのアイヌの尊厳と価値を否定するアイヌ観が端的に表現されている。これは文化を多元的に把握し、それを相対化する視点と歴史的視点を欠落させ、その文化を生みだしたアイヌを「朦昧」視する同時代の日本人のアイヌ観の典型といってもよい。フランスの人類学者・レヴィ＝ストロースが指摘したように「古代はギリシア（次いでギリシア・ローマ）文化に属さぬものを、すべて同じ未開の名のもとに一括した。次いで、西洋文明は、同じ意味で野蛮という言葉を用いた。（中略）ひとは、文化の差異という事実すら認めることを拒んでいるのである。自分たちが生きる規範と同じでないものは、すべての文化の外に、すべて自然のなかに投返す」（『人種と歴史』、一九七〇年）発想と全く同質のものである。

したがって、そこから導かれる遠藤のアイヌ教育観は、その歴史、言語、文化の否定の上に成り立つもので、反教育的な性格を帯びるのは当然の帰結であった。たとえ教授実践のなかでアイヌ語を使用したとしてもそれを尊重する視点からではなく、あくまでも教授上の一手段に過ぎなかったのである。

遠藤とはほぼ同時代に北海道を訪れた外国人は、どのようなアイヌ観をいだいていたのであろうか。その一人、アメリカの化学者であり後に大阪大学で教鞭をとったR・ヒッチコックは一八八八年に北海道各地のアイヌコタンを訪れ、その生活・文化について詳細な調査記録を残した(邦訳『アイヌ人とその文化』)。それによると、「今日、アイノ人は態度が柔和で礼儀正しく」というように遠藤の見方とは、実に対照的である。しかし、一方では「アイノ人は文字をもたず、過去の記録をもたず、向上心ももっていない。(中略)一世紀にわたる日本人との接触のちにおいても、学んだ技術はなく、進歩をとりいれることさえもしない」という見方は、極めて多くの共通点を備えていた。

おわりに

小論を通して遠藤の佐瑠太学校平取分校における開発主義教授法＝「実物教授法」に基づく教授実践は、その後のアイヌ教授法のモデルとなり、後世にまで大きな影響を与えたことを明らかにした。しかし、遠藤の教授実践とその下敷きとなった『改正教授術』巻一に掲げられている「教授ノ主義」としての「活発ハ児童ノ天性ナリ」「自然ノ順序ニ従ヒテ諸心力ヲ開発スベシ」

「五官ヨリ始メヨ」「諸教科ハ其元基ヨリ教フベシ」「先ズ総合シ後分解スベシ」等の九項目の基本原理との関連は明らかになってはいない。これを明らかにすることは開発主義教授法に基づくアイヌ教授実践の全体像を把握する上で欠かせない作業である。筆者の今後の課題でもある。

最後に定説の変更について触れておきたい。札幌県師範学校一等助教諭・遠藤正明のアイヌ教育制度の確立へ向けての実践的な調査研究は、近代のアイヌ教育政策史のなかで最初の本格的調査として位置づくものである。アイヌ同化教育への本格的な取組みについて、これまでの教育史研究では、一八九一年に発足した北海道教育会の「旧土人教育取調委員」制度の設置を起点としていたが、それを三県時代まで繰り上げて考える必要があろう。

上川第五尋常小学校関係史料

史料解題

一八九九年に制定された「北海道旧土人《きゅうどじん》保護法」は、「一視同仁《いっしどうじん》」の天皇制イデオロギーを基本原理とし、明治国家成立後、強権的に進めたアイヌ民族に対する同化主義政策を集大成したものである。アメリカ・インディアンの合衆国市民への同化を企図したドーズ法（一八八七年）の強い影響を受けた同法は、アイヌ民族への初等教育の普及を土地給与（一万五千坪以内）、農耕の奨励と並んで重要な施策として位置づけていた。この初等教育の普及施策の一環として特設したのがアイヌ小学校である。

アイヌ小学校は一九〇一年に開校した平取《びらとり》尋常小学校・元室蘭《むろらん》尋常小学校をはじめとして、一九二七年までに全道の主要コタンに合わせて二十四校が特設された。そこでの教育は同化主義政策の尖兵として、その歴史・言語・文化を追放し、アイヌ民族を非民族化していった。

旭川町にもアイヌ小学校として、一九一〇年九月十三日、近文《ちかぶみ》コタンに上川《かみかわ》第五尋常小学校（一九一八年に豊栄尋常小学校と改称）が開校した。同校はアイヌ民族の子どもたちが「知識程度ノ低下且ツ風俗習慣ノ異ナル到底一般和人ノ子弟ト共ニ教養スルノ至難ナル」（豊栄《ほうえい》尋常小学校『沿革誌』）という、民族の違いを無視した差別的な学力（能力）観に基づいて特設された。これによって、旭川町のアイヌ民族の子どもたちの教育形態はそれまでの共学制（上川第三尋常小学校）から別学制へと移行し、一九二三年三月の廃校時まで継続した。

同校の設置根拠は前述のアイヌ小学校とは異なり、「北海道旧土人保護法」に準じて、一九〇九年に制定した「旭川（町）旧土人保護規程」（告示第二三号）であった。その第七条「旭川（町）ハ旧土人ノ子弟ヲ教育スル為メ特ニ学校ノ設備ヲナスヘキモノトス教育程度並ニ方法ハ法令ニ依ル」に基づいて建設に着手し、校名も一九一〇年四月末の学務委員会で上川第五尋常小学校と決定した（「旧土人学校新設」、『北海タイムス』一九一〇年五月一日付）。

豊栄尋常小学校『沿革誌』によると、開校当時の生徒数は男子十五人、女子十五人であった。敷地は東西三十間、南北百間、総面積三千坪で、校舎内には教室二（計四十坪）、廊下（十八坪三合五勺）、教員住宅（十一坪）、教員便所（五合）、児童便所（五坪）、土間（児童昇降口・四坪五合）、物洗場（三坪七合五勺）、玄関（三坪）が設備されていた。同校運営の経費は特別会計で、近文アイヌ給与予定地の転貸料を充当していた。

これまでのアイヌ教育史研究は、主として「北海道旧土人保護法」に基づくアイヌ小学校をその対象としてきた。したがって、上川第五尋常小学校の教育実態に言及した著作は少なく、『北海道教育史』（地方編二・一九五七年）、『旭川市史』（第一巻・一九五九年）、『旭川市教育史』（一九八五年）など数点を数えるのみで、その内容も極めて不十分なものである。

本稿ではこうしたアイヌ教育史研究の空白を埋めるとともに、旭川の近代教育を象徴し、その実像を浮き彫りにするうえで欠かせない上川第五尋常小学校に関する、次の四点の史料を紹介する。

史料❶ 吉田信夫「北海道旭川町旧土人学校参観記」

本史料は『教育時論』第九四六号（一九一一年七月二十五日）、第九四七号（一九一一年八月五日）、第九四九号（一九一一年八月二十五日）に連載されたものである。原文は（上）・（中）・（下）に区分されているが、収録に当たっては便宜上それらを一括して掲載した。なお、（上）は第九四六号に「第一　緒言」から「第三　設置及学区域の状況」（「付記」を含む）まで、（中）は第九四七号に「第四　設備及経費の負担（付授業料）」から「第十一　訓練簿冊及教授簿冊《ぼさつ》の整理」まで、（下）は「第十二　管理、訓練、教授上の一般」から「第十四　結論」までをそれぞれ収めている。

吉田信夫が上川第五尋常小学校を視察したのは、開校から九カ月後の一九一一年六月十五日のことである。吉田の視察目的は同校の「設置、設備、就学、教科及編成、職員、費用負担及び授業料、管理及監督の実況」を調査することであった。その復命書とも言える本史料からは、開校当初の同校の学校経営の実態と問題点が浮かび上がってくる。それによると同校の経営は、「区町村立小学校ニ於テ整理スヘキモノ」（北海道庁訓令第七一号、一九〇一年六月六日）であるはずの

「学籍簿」、「職員出席簿」、「学校沿革誌」等が備え付けられていないなど極めて杜撰であった。

著者の吉田信夫の閲歴は不明である。上川第五尋常小学校視察前後の「北海道教育関係者職員録」（一九一〇年十月二十日現在・一九一一年十一月三十日現在）には該当する名前が見当らないので、他府県の教育関係者と考えてよいであろう。それも内容面から類推して教授実践の経験が豊富で、かつ教育行政にも精通した人物であることは確かである。

「第三　設置及学区域の状況」中の「前号に熊についての奇話」とは、『教育時論』第九四四号（一九一一年七月五日）所収の告白堂人「お話材料熊譚」を指す。

『教育時論』は開発社（東京市麹町区）が発行した旬刊誌で、一八八五年四月十五日に創刊号を発刊した。終刊は一九三四年五月の第一七六二号で、「教育雑誌の第一人者」（木戸若雄『明治の教育ジャーナリズム』、一九六二年）という高い評価が定着している。

史料❷　上川第五尋常小学校要覧

本史料は市立旭川郷土博物館（編者注：現旭川市博物館）所蔵の豊栄尋常小学校『沿革誌』に収められている。だが、本来は「学校沿革誌」の中に収めるべき性格の文書ではなく、後年、文書管理上の理由から『沿革誌』に合綴《がってつ》されたものと考えられる。

標題は本文中の表記に従い、「上川第五尋常小学校要覧」としたが、表紙には「明治四十四年九月二日　奉呈《ほうてい》シタル学校要覧原稿　公立上川第五尋常小学校」と記され、初代訓導兼校長・山田好玄の印が押されている。本史料は一九一一年九月二日の甘露寺《かんろじ》侍従《じじゅう》の来校に合わせて作成されたもので、『沿革誌』にも「甘露寺東宮侍従ヲ本校ニ御差遣アリ（中略）学校一覧及児童成績品ヲ奉呈スルノ光栄ヲ担ヒタリ」と記されている。

甘露寺侍従の上川第五尋常小学校の訪問の様子について、『小樽新聞』（一九一一年九月三日付）は次のように報じている。「門前にて奥田町長、山田校長、男女児童三十六名整列奉迎せり町長の先導にて運動場に入りアイヌの生活状態其他御下問あり出席歩合学校歩合等に就ては廣瀬《ひろせ》属《ぞく》（引用者注・上川支庁学事主任）より表に現はして成績良好なる旨申上げ侍従は山田校長に対し何学年まであるかと御下問あり六学級まであり自分一人にて各級全部を教育し居る旨御答せし処侍従は如才なく同校長の労を犒ひ一番六ツケ敷しいのは何であるかと御下問あり同校長は算術なりと答へ（中略）同校長は二三教授法を実地に御目にかけ更に児童の成績品を御代覧に供したるに侍従は之をも非常の興味を以て御覧あり」。

この「上川第五尋常小学校要覧」の内容は「学校ノ位置」、「沿革」、「本校ノ訓育」、「校舎」、「児童」、「職員」、「経費」、「家庭トノ連絡」の八項目にわたっている。なかでも興味深いのは、「本校ノ訓育」と「家庭トノ連絡」の各項に日露戦争後、内務省が主体となって推進した地方改良運動の「精神」が反映され、それが同校の教育のあり方を規定していたことである。

なお、「家庭トノ連絡」中の「丁　家庭訪問」の記述は原史料でも省かれている。また、「学校ノ位置」は「北海道上川郡旭川町五線西二号」と表記しているが、『沿革誌』中の「位置」の項では「北海道旭川区近文五線南二号」となっている。これらの位置の異同関係は確認できなかった。

史料❸　第五尋常小学校備品内訳
史料❹　第五尋常小学校消耗品費内訳

史料三・四は、いずれも北海道立文書館所蔵の『旭川区制施行書類』（A7―2　191）中の「大正三年度予算報告」に収められている。「大正三年度予算報告」は一九一四年一月二十六日付で、旭川町長奥田千春から上川支庁長浅山正名に宛てたもので、史料三・四は当該年度の上川第五尋常小学校の備品費及消耗品費の費目毎の内訳である。

この「大正三年度予算報告」のなかには史料三・四以外に「町役場備品費内訳」、「町役場消耗品費内訳」、「各小学校備品内訳表」、「各小学校消耗品内訳表」、「北鎮《ほくちん》尋常高等小学校備品費内訳」、「北鎮尋常高等小学校消耗品費内訳」が含まれている。これらの様式は二段の表組に統一され、それぞれ「品目」、「員数」、「単価」、「小計」の順に記載されている。

史料三の標題は原史料に従い、「第五尋常小学校備品内訳」としたが、「町役場備品費内訳」や「北鎮尋常高等小学校備品費内訳」の表記例から考えると、「第五尋常小学校備品費内訳」の方が正しいと思われる。

上川第五尋常小学校と他の小学校の備品費・消耗品費の合計額とを比較すると、上川第五尋常小学校が一九三円一一銭に対して、上川尋常高等小学校一、〇〇四円六九銭、上川第一尋常小学校九八九円七一銭五厘、上川第二尋常小学校七九四円四四銭五厘、上川第三尋常小学校七三六円八〇銭、上川第四尋常小学校七七七円七八銭、上川第六尋常小学校一、一七三円九四銭、北鎮尋常高等小学校五五八円八〇銭である。

次に備品費中の品目数を比較すると、上川第五尋常小学校が十二品目に対して、上川尋常高等小学校四十二品目、上川第一尋常小学校四十五品目、上川第二尋常小学校四十一品目、上川第三尋常小学校四十品目、上川第四尋常小学校四十品目、上川第六尋常小学校六十品目、北鎮尋常高等小学校二十四品目である。上川第六尋常小学校の品目数が多いのは開校直後（一九一三年開校）で備品類が整備されていなかったためであろう。

備品費・消耗品費の合計額は学校の規模、教員数、生徒数等によって、それぞれ異なるので単純には比較できない。だが、備品の品目数はそれらとは無関係のはずである。こう考えると、上川第五尋常小学校の教育条件は他の小学校と比較して劣悪であり、かなりの格差があったといえよう。

以上、四点の史料の収録に際しては、次のように取り扱った。

一、漢字は原則として常用漢字を用いたほか、異体字・略字は当用の字体に改めた。
一、訂正が加えられている箇所は正された方を記した。
一、宛字は原史料のままとし、明らかな誤字は右傍に〔　〕で正字を付した。
一、判読不能の箇所は□で示した。
一、文意の通じない字句には右傍に〔ママ〕を付した。
一、句読点は原史料のままとした。
一、原史料中のルビは原則として省略した。
一、表敬のための平出や欠字は行わなかった。
一、年号、月日の表記は原史料のままとした。

一、史料一・二の中には、アイヌ民族差別につながる不適切な表現もあるが、差別の根絶を目指す科学的な教育史研究を進める立場から、これらをそのまま掲載した。

付記　今回紹介した史料の解読に当たり、榎本洋介氏（新札幌市史編集室編集員）には懇切なご教示をいただいた。また、原田一典氏（旭川医科大学教授）をはじめとする旭川市史編集事務局の方々には、本誌への掲載に特段の便宜を図っていただいた。厚くお礼申し上げる次第である。

史料❶ 北海道旭川町 旧土人学校参観記

隈畔　吉田信夫

第一　緒言

旭川町は、実に北海の中央で、第七師団司令部の所在地であって、実に天然の地形は、平安城に比せられてある、地理書にも上川平野として、石狩平野と共に、石狩河畔の大平原中でも屈指の一に居る、東西七里で南北は三里に跨り、面積概算二十一方里以上で、其中央を東西に長（ヌ）蛇の如く蜿延溶々として石狩の流れあり、周囲はスタップカムウシュべ山や、オプタテシケ山乃至は、近文山、半面山等の山脈巒々として重畳して居る平原の中央に石狩川を挟みて、二条の丘岡は布を敷けるが如く何れも約一里余に延びて居る、東なるを近文台とし、師団司令部あり、西なるを神楽が岡とし別名を旭が岡ともいふて居る、之が即ち離宮の地である、夏期旅行納涼の地としては持って来いといふ所である、旭が岡の下を忠別川の清き流れが繞らし居る、産物としては米麦等は内地と異らぬ、北鉄線の上川線が釧路線と天塩線との分岐点である、商業上物貨の集散地で上川管内行政の中府地である、然し教育は却て其中心が村落部にあるといふ定論である。

さて、当町立特殊学校は二つある、一つは師団の将校の子弟教育の為めに、初めに私立として設けられたる、北鎮小学校で、謂はゞ田舎の学習院である、であるから設備の完全して居ることは勿論である、併し設備の完全なる割合に内容は成績の上に観るべき点もない他の一つは即ち旧土人アイヌ学校である、何れも町立ではあるが経済は他校と共通ではなく、特別会計に属して、一つは軍人寄附で他は補助七分といふ有様である、といふことである、併し乍寒貧私立学校とは違って財政は豊かであるから教員の努力次第で如何様にもなるといふ到って自由に遣り繰り易い学校である。

所で、最近学者の間のみならず教育実際家の間に唱導せられたる此町内二個の特殊的教育上の施設が如何に行はれつゝあるかを見んとて、参観は思立ったのである。

だから、参観についての目的や、準備は充分にしてあった、視察の要点も校舎の要求が幾何の程度まで満されてあるか、之れが為めには如何なる施設の下に如何に特殊の教育法が行はれてあるかを見んと欲して、参観をしたのである、であるから、休日ならば休日なる丈けに得る所もあったのである、併し範として採るべき所はなかったが人の欠点を見て己を顧る丈けの参考とはなったのである、之れが善き教であると思って観られた。

されど、当日は六月十五日の札幌祭休業で全道の休みであるから勿論実地授業の参観を仕様とは予期しなかったのである。

さはあれ、視察し得たる丈けを記して参考に供すること、する、若しも信夫が参観準備について批評の諸点は遠慮なき鴻湖の御批正を得たいと希ふて居るのである。

第二　予定の目的

緒言にも詳しくいったが特に本日参観表を予め作って持参した其要項は設置、設備、就学、教科及編制、職員、費用負担及授業料、管理及監督の実況につき視察せんとはしたのであった。

第三　設置及学区域の状況

沿革誌はなかったが、聞く所によれば、明治四十三年五月の新設で区域は土人給養《(ママ)》地の全部縦横約一里である校舎は其北部なる二線五号の地点にある、通路は上川平野の一部であるから、平坦ではあるが、位置が少し北に偏して居る、通学距離は次表の如くで至極適当ではあるが、内地とは違って雪国而も全国最寒の地であるから諸君の到底想像の及ぶ所ではないが、雪期に於ける採暖の設備が不完全と見られたが実際如何に遣って居るであらうか知らん。

通学距離
- (1)最遠＝約二十丁
- (2)最近＝数間
- (3)平均＝約十丁

学区戸数＝五十三戸（上川アイヌ族のみ）

〔附記〕

因に記るす、吾輩は校について、参観を終ってから、土人の案内を得て、此アイヌ部落の旧土人時代の酋長なりし、川上コル《(ヌ)》サといふ一家五口の私宅を訪問した、そして旧話と現時の所感を聞かんとはしたが、折悪しく不在で目的を果さなかった、そこで歩を転じて、現在に於ける部落の年長者たるカムイ、イキツカといふ今年八十有余歳にして孤独なる土爺を訪問して旧話を得んとしたが、彼は白髪老髯肥満しては居るが、話気小児の如くで吾々シャモ（土語にて大和民族をシャモといふ）を恐るゝこと、雷神か虎獅の如くで、萎縮して居る、のみならず当日は不快で、何も話せぬとて、うなって居った、可憐と思ひ再び珍奇の幣物でも与へて、聞きに往かんと、通弁を伴ふて帰り、現在の部落支配人を訪ふたが、之も蕨狩に出掛けたとのことで、面会を得なかったが視察によると、此部落は五十三戸で上川アイヌと石狩アイヌ族とを集合して此処に給養地を定めたものであるといふことで一戸は三間に四間で都合十二坪の敷地に六面板造作の給養宅に住居して居るが、其土間の状態等は言語に絶して居る、農耕を務めつゝあるが、文智未だ開けず、家屋と彼等の生活状態とは一見日本人の洋服を着たるが如く、西洋婦人の薩摩飛白の単衣を着たるが如き感じがする。

土人は未だ全く、よく日本語に通ぜぬものが多数である、家庭通信事項などは何分詮方はない、保護者会とか家庭教育とかは言い得ない、児童でもよく教師の語を解せぬものがある為めに教師の意を解せず従って家庭と学校との間に意思の疎通がつかない様であった、之れは彼らの家庭側の方からの観察であるが、教師側の説明は何の考へもない様であった。

序でに一言して置きたいのは彼等アイヌの氏名を国民一般の例に倣はしては如何なるものであらうか永く旧命名形式を存続せしむるは如何なるものであらうか、自由意志に任せて自然の同化を俟つとしても、深く茲に国家として注意を払ふの必要なるべきを感ぜられたのである。

序ながら記して置くが、アイヌは胆振の虻田、釧路の春取(ママ)、北見及石狩の地に給養地を得て居る旧土人保護法を布いて保護せられてある、地理書にもある如く二万以上である、純粋アイヌは漸く減少の姿であるといふて居る。

彼等の常食は稗粟の搗かぬものを其儘煮て、之れに生鮭を淡り掛けて食する、併し一般には火食の状態も進化して居る、一般に内地の貧民の状態である、彼等には生存競争の観念なきが如くである、奮励努力も道義的観念も何も認められぬ、純粋アイヌの減少するは多く、シャモの為めに婦人を奪はるるに起因するといふて居る、実に彼等は淳朴である。

アイヌに関して熊祭のことは今でも彼等の内部に行はれてある、熊の子を棚内に二三歳まで養ひ置く、は此都落にもある前記川上コル(ヌ)サの宅にもある、其他婚礼、出産に関する奇話は後に譲る、前号に熊についての奇話があったが其他にも多くの珍話も実見話もあれど現今にては最早イソップ物語を読む様なものである、地理教授上等に採択するには注意を要する、であらう。

此旭川近辺には、大雪の時一昨年石狩川に張り凍結せる氷上を渉らんとして履みはづしたる二間有余の熊を憲兵が銃殺せる話あれど今でない、昔物語に過ぎない。

第四　設備及経費の負担（附授業料）

設備としては校地、校舎、校具、体操場の実況を設備規則に照らして観たる儘を記さう、

(A)　校地＝面積約一千坪あり、高燥ではないが平地

で湿気の憂はない、寒風の四方から襲ひ来るを避くるは四面に大樹の植林の必要がある、その用意はなかった、が校地の撰定は当を得てある、

(B)　校舎＝建坪二百程ある、一字形平屋造作である堅牢ではないが、雪国特有の設備として板壁作は適当である、

廊下は南側に設けられ雪防の用意あり、教室は二十坪のもの二室あり、一つを教室とし一つを体操室として使用せり、西端に八畳二室を教員小使の合宿所として使用せらる事務室は此処であるが日中も薄暗くある、

教室坪数は児童一人に付〇・五三坪弱に当る屋内体操室も然りである、斯く広い校舎を狭く用ふるものかと思はれた、設備規則に照せば一人尋常科は平均一坪以土とあるの半に過ぎない、

(C)　校具＝新設で未だ設備整はず、歴史年表の如きは、体操室の欄干に糊付にせられてある、校具の整理を表示すべき校具目録はなかった、是等は公有財産の整理に関することであるから管理者と関係して、一層の整理を要する、況んや費用の負担重きにあらず、余裕あるに於てをやである、

(D)　体操場＝屋外体操場は校地面積から校舎建坪を控除したる八百坪を以て充つるも実際に於ては学校園の為めに減少せられ農園の為めに妨げられ幾分の減少はあるも尋常科としての設備規則に照しては一人平均当一坪以上となる、高等科とし一坪半以上にも当る、屋内の狭き比にはあらぬ、体操場の設備は春夏秋の三期としては完全である、

(E)　附属農園＝約二町歩あった、麦、馬齢薯、稗、甘藷等の作付をなす、アイヌ地として、生活業上に指示する丈けの人ならば可なるべきも濫りに、授業を廃して、耕作に従事せしむるは如何にや、

費用の負担としては業料《マヽ》の事をも附説すること、する、

(1)設備其維持の費用＝校舎建築費は概算一千四五百円を要せしもの、如く、年々修繕等の費用は特別会計に規定せらると聞けども其写調書を閲覧せず不明なりき、

(2)職員の俸給＝校長兼訓導として尋正一名を配置し月俸二十二円を充つ、補助教授者なし従って俸給な

し、
(3)旅費＝新令によりて給す、
(4)其他　諸給与＝年末慰労は俸給額の一倍半を標準として給す、
(5)校費＝消耗品薪炭教授用諸費等予算編成表を見ざるが故に明かならざるも、筆墨紙料は教員の自弁とす、白墨をも自弁とせしめては如何にや、
(6)委託費用＝他外町村よりの受託者なく又他外町村への委託者なし故に其費用の差引もなし、
(7)支庁郡の補助金＝なし、
(8)道庁補助金＝之れありと聞くも、其年額詳かならず、
(9)授業料＝児童一人に対し拾銭とし、兄弟姉妹ある者は半減とす、
予算歳出入の正確なる調べは記録のよるべきものなく其収支の状態町役場ならでは明ならずと、

第五　就学及び出席の状況

本節については、次の七項につき調査したるも、記録明かならず甚だ不充分で不満足であった。
(1)学齢児童数＝三十八名内 男二十四名 女十四名
(2)就学児童数＝三十八名内 男二十四名 女十四名
(3)出席児童数＝三十八名内 男二十四名 女十四名
学齢児童保護者については其資格親権者なるか将た後見人なるか、等は学籍簿なく詳かならざりき。
(4)猶予児童＝病弱、発育不完全、貧窮等の為めに、猶予せられたるものはなし、
(5)免除児童＝瘋癲、白痴、不具、癈疾、貧窮、等の原因より就学義務の免除を受けたるものなし、併し之れを逃れむとする行為者はあると聞けり、
(6)雇傭者＝学齢児童にして、被雇、被傭者たる者なし、
(7)家庭其他修学者＝正式の手続を経て、本項に該当する者はなかりき、
(8)出席停止者＝伝染病又は性行不良等の妨けあるに因り出席停止を受けたる者はなし、
尚更に、其学区戸数就学及出席の歩合を示せば次の如し。
(イ)　学区戸数＝五三戸
(ロ)　就学歩合＝一〇〇・〇〇
(ハ)　出席歩合＝明治四十四年五月末に於けるもの次

の如し、

　男＝一〇〇・〇〇
　女＝　九九・六九
　計＝　九九・八一

〔附記〕就学成績表下調を見ず学籍なし、年次の区分明かならず従って年々就学の始期に達せる者の就学状況が如何であるか詳かでなかった。

　第六　職員の配置

訓導兼校長たる尋正一名給俸二十二円なり、補助教授すべき准教員の配置はなし。裁縫教員の配置なし。

　第七　教科及編制

本項に就いては、諸令の示さるゝ所により、次の四項に分って之を観ることゝする。

(イ)　修業年限＝六箇年で複式編成である、
(ロ)　教科目及加除科目＝一般教科の外手工科を加ふ除かれたるものなし、女児につきての裁縫科は何人の教授するにや
(ハ)　随意科目＝農業科を学校限りに課せるものゝ如し。
(ニ)　補習科＝附設なきが如し、

〔附説〕
(1)複式内容の組織については、部の区分ありしが如し、
(2)教授時間割＝複式として不完全なりき。

　第八　教授細目及◎《(ママ)》案

(1)教授細目は第一学期教程につき編纂し初めたるも、未済にして中止しありたり、既済の単元についても不完全なりき、
(2)教案はなし、無定案の教授なるか如し。

　第九　設備品の整理（図書校具類）

図書校具類の目録なし。

　第十　管理簿冊及公文書類の整理

(1)学校管理上備ふべき管理簿冊は、自然の必要上から見ても極って居るといっても宜い、其備ふべき丈けは目録として、大体の整理を明にするがよからう、併し、此校には管理諸表簿の目録はなかった。
(2)次は校規は如何と見れば、影も形もない、たとへ一人で執務概目表位は有っても邪魔にはなるまいと思はれた。

管理諸表簿目録などの備へはないところが、学籍簿

さへない、それにつゞいて必要なる児童出席簿だが、五月卅一日以後六月十五日に至るまで出欠記入はなかった、して見ると五月卅一日の月末統計も疑はしくなる。

月末統計の仕方であるが、学級数と学年数とが一致せぬ場合の統計方が甚だ不完全と見た、支庁で管内の統計をするには如何にするか、従って全国の統計上に影響するのである、監督庁の指示もあるであらう、其辺は注意あって然るべきものと思はれた。

職員出勤簿もなかったが、校長には欠勤遅刻はない、といふ主義かも知らん、自宅に在って外来人に応接しても、出勤の数にして居る主義かも知らん、校長は他校職員も監督するの権能があると、嘗て断言したと聞きしは誠らしかった、何ぜ真面目を欠いて居る。

学校日誌もなく、沿革誌もなく、校具目録もなく、公文書類の整理もない。

執務規程もなければ法規類もない、時間割簿も成績簿もない、概して管理簿冊は不整理である、管理の大要推して知るべしである。

(3)教授細目二冊、児童出席簿、校訓簿といふもの、外、何もない、呑気なものであると、羨しかった。

第十一　訓練簿冊及教授簿冊の整理

(1)訓練簿冊としては、前項記載の校訓簿といふものが之れに当るであらう。

(2)教授簿冊としては、之れも亦前項に記載の通り、教授細目二冊の外は影も形もなかった。

(3)訓練教授簿冊として、成績考査簿等のなきは如何なるものか。

第十二　管理、訓練、教授上の一般

(1)前九項の設計は、広義に於ける管理の中に含まるべきも、本項には主として校舎内外の教校《（ママ）》訓練に、直接相関したる一面を観るべし、併し、此方面に就いては記録の拠るべきなく、教授訓練に際する実地を観ざるが故に、記する由なし。

(2)管理訓練教授に渉りて、時間割は重んぜざるべからざるに、其制定甚だ不完全にして、実用にか適せざるものと観られたり。

(3)訓練に関しては前にも記せし校訓てふものがあった、其内容項同《（ママ）》は次の十項である。

(一)清潔、(二)整理、(三)正直、(四)勤勉、(五)自治、(六)勉学、(七)従順、(八)活発、(九)親切、(十)言語

〔附説〕

何故に此項目を採択せられしかといふことが疑問である、「言語」といふ熟語は徳目であるか、将た又項目であるか、徳目とするならば寧ろ「慎言」と「謹言」とかといふ様に、行為の標識となる様にするを可とすべし、加之、「勤勉」と「勉学」とは同類項に因つて縮約し、且つ又同字数で今一歩考を進めたる「勤倹」の如き徳目に代ふるを適当とするであらう、然らば勤労と節約との経済上の二大原則を含ましめ得べし、且つ又其徳の下に列挙せし、行為の見《ママ》体的訓条も不適当なるものが多かった、本項のみに就いては、他日再び詳論することもあらんかな。

(4)教授の実際を観ざるも、歴史細目に次の如き附記ありたり。

(イ)天照太神につき

アイヌ民族も亦歴代天皇の愛撫し給ふ所なり、されどエゾは隔離《ママ》ぜる地にあり、久しく皇化に浴せざるため、各都落に酋長ありて互に戦争し、為めに其族も甚しく減じたり。

今上天皇陛下深く御心をなやまぜられ、旧土人保護法を置かれ、アイヌ民族も亦其御威徳を慕ひ、今は大和民族と同化し、其間少しの区別の存する所なし。

(ロ)日本武尊につき、

エゾは今のアイヌ族と同じものなり、尊の東征により帰順して、今は何等其差異を見ず、其風俗習慣等に至りても、大和民族化したり、そは我等アイヌの同族なり、北海道に住せしものは、不幸にして早く皇化にら《ママ》るはう事を得ざりしなり、現在アイヌ族は一万余の人口を有し、昔の風俗を残せるも、教育の進歩と共に、亦何等の差を見ざるに至らんとす。

(5)教室正面に度量衡復命位の記憶に資せんため、且つは時々復習を課するの便法なるべし、次の如き記掲あり、

(町、反、畝、000、歩)

他にも亦此種の記掲多かれど、同類事項なるを以て略す、

第十三　概評

各項に就き、一々細評を記するは行数の許さざる所なれば、其都度批評の諸点につき、い《(ママ)》摘み、或は稍々詳細に附記せる如く、其諸点を指摘して概評すれば、

（一）校舎管理上休日に於て教師も小使も、同時に外泊して不在なるは如何。

（二）時間割の一覧表なきは如何。

（三）執務概目の列記表の如きは、校規といふ迄にはなくとも、（単級校なりとするも）一覧表に調製し置きては如何。

（四）全校一覧表の如きは、事務室或は応接室に掲ぐるを便とすべし、之れなきは如何。

（五）歴史教授用年代直観図を、屋内体操場の欄上に糊付にせし目的如何。

（六）地歴細目の附記の当否、算術の〇〇〇歩の記号の当否如何。

（七）単級学校に於ける複式教授細目の編纂、果して適切なるか。

（八）歴史附記の外、旧土人に関する、特殊なる講究の条目如何。

（九）学籍簿のなきは如何。

（十）児童出席簿に、六月十五日に至るも、六月分出欠遅刻早帰の記入なきは如何。

（十一）職員出勤簿のなきは如何。

（十二）校訓といふもの、徳目あり、項目あり、且つ其下に列記したる行為の、禁止或は奨励に属するもの、甚だ不適合なるものあり、斯くて其実施の方法果して如何。

且つ其功《(ママ)》果なりとして摘記せし、カムイ、イキッカに対する児童の親切なる行為は、果して自発に出でしか、摘記の如くんば、以て其功《(ママ)》果たるを認証するに難からん。

（十三）教授細目はなきものあり、教案もなく、成績表もなく、性行録とか個性観察簿とかいふ様なものなく、日誌もなきは如何。此以外の本項に関する表簿のなきは、単級なるが故に恕すべしとするも、此等の整理なきに至っては、幾分無責任の嫌なからずや。

（十四）裁縫料を担任し得る丈けの、補助教授者の必要なきか。

（十五）児童机の、年長より年少に至るまで同高大にて、身長に比し差等なきは衛生上如何にや、設備に関する庁令はいづこに適用すべきか、規則的なりとして斥くるを得ざることならむ。

（十六）時間割につき、体操の如きは可成同時同学科異程度の組合法《ママ》式を採用し、号令などを板書し置くの必要なからしめては如何。

六学年複式教授上に於ける、修身体操の組合教授は之を如何にするか、週を通じて全部この組合をしたるは、共同交代の教授上、果して出来得ることなるべきか、（間々するはよからん）、其他の組合に就いても大同小異の観があった。

（十七）随意科目の農業科を課するは不都合ならぬか。

第十四　結論

世間往々、交代教授者の予備員なき学校に於て、他校参観など称して、担任の学級を離るゝことを公然許す学校あるも、之はたとへ学校長の認諾なりとするも、法令上不都合なるものであると思ふて居る。

余輩は全然此主義をとらぬ、教員として他の振りを観ることの必要は確かにある、此必要あればこそ交代予備員もなく、掛け持などせしめて、互に担当学級を離るゝの行為は無責任なるものである。況んや単級校長として私かに学校を離れて他校に参観し、自校には補助教授者も置かぬが如きは、全く自由休校の姿である。監督庁に於ては此等の取締を如何になしつゝあるか、視学は如何に注意しつゝあるにや、此等の注意を無視する訳にも行くまいと思ふ、小学校長は自由行動を採り得るものにや、且つ又自由勝手の認諾を与へ得るものにや、吾輩は決して斯かる自由権を、小学校長に附与せられてないと確信して居る。

一般の小学校長諸氏の感想果して如何、誠実率直なる憚りなき真意見を聞きたい。

之れ即ち吾輩が日曜、或は休日を利用して他校を参観すべし、平素は許さぬといふ所以である、経済が許し、予備員を置くならば許すも、教育上実際に於て遣り方の如何に依り、不利益ともならざるべく、弊害なきは勿論である。

此程の考が、一般地方の校長中になきは情けないと思って見て居る、監督庁も亦眼の届かぬは、情けないものであると思はる、のである。一言以て結論とし附加して置くこと、する。

史料❷　上川第五尋常小学校要覧

一、学校ノ位置

北海道上川郡旭川町五線西二号

一、沿　革

本校ハ旧土人子弟ヲ教育スルノ目的ヲ以テ明治四十三年九月十三日開校ス

旭川町付近ニハ従来上川アイヌナル旧土人約五十戸二百人許居住シ居リシガ内地人ノ漸次入リ来リシ以来旧土人ハ逐年減少スルノ傾向ヲ有シ政府ニ於テモ土人保護法ヲ発布シ同時ニ土人教育ノ忽ニス可ラサルヲ認ムルニ至レリ旭川町ニ於テハ上川第三尋常小学校ニ土人子弟ヲ収容シ一般子弟ト共ニ教育シ来リシモ風俗慣習等ノ異ナルアルヨリ寧ロ土人子弟ヲ分離シ特別ノ教育ヲ施スヲ以テ教育育上策ノ得タルモノトナシ現ニ上川第三尋常小学校ニ在学セシ土人子弟ヲ分離シ新ニ旧土人地ニ上川第五尋常小学校ヲ設置シ四十三年九月ヲ以テ開校スルニ至レリ

一、本校ノ訓育

小学校教育ノ要旨ハ小学校令第一条ノ定ムル所ニシテ児童訓育ノ内容ハ教育勅語ヲ経トシ戊申詔書ヲ緯ト為スヘキコト明カナリト離モアイヌ族子弟ニハ特種ノ性質ト慣習トノ存スルモノアルヲ以テ訓育ニ対シテモ自ラ一般ニ比シ軽重異同無キ能ハス現ニ本校ニ於テハ徳目トシテ

清潔　整頓　正直　勤労　自治
勉学　従順　活発　親切　言語

ノ十目ヲ校訓ト為シ之カ修養ヲ以テ人格養成ノ基本ト為ス

一、校　舎

明治四十三年七月校舎新築ニ着手シ同年九月上旬竣工ス　総坪数八十二坪　工費一千三百円

一、児　童

明治四十四年八月末日現在調査ニヨレハ児

童数男十四人、女二十二人計三十六人之ヲ開校当初ニ比スレハ左ノ如シ

	男生	女生	計
四十三年九月現在	一四人	一四人	二八人
四十四年八月現在	一四人	二二人	三六人

而シテ就学ノ成績ハ尤モ良好ニシテ現ニ一人ノ不就学者ヲ見ス其就学歩合一〇〇・〇〇ヲ示セリ出席ノ成績ノ如キモ之ヲ一般子弟ニ比スレハ頗ル良好ニシテ現ニ四十三人年度ニ於テスラモ猶ホ男九八・〇六 女九七・七三 計九七・八八ヲ示セリ

アイヌ子弟ニ対シ先天的低能児ナルカノ如ク評スルモノアルモ実際ハ然ラス思考力ノ点ニ於テハ之ヲ一般子弟ニ比スレハ稍劣リ居ルノ事実アリト雖モ之ヲ以テ先天的低能児ナリトノ断定ヲ下シ得ルヤ否ヤハ少ナクトモ研究ノ余地アリト信ス本校生徒ノ現ニ有スト認メ得ラルル長所ト短所トハ左ノ如シ

長所ト認メ得ラルル点　従順、親切。

短所ト認ムヘキ点　不清潔、勤労ヲ厭フ。

学科ニ対シテハ之ヲ一般予弟ニ比シ未タ多クノ異同ヲ認メス

一、職　員

訓導兼学校長　山田好玄　資格　尋常小学校本科正教員

俸給　六級下俸（旧法二十三円特別加俸年額二十四円）

年令　明治二十一年十一月二十五日生

本校赴任月日　明治四十三年九月三日

一、経　費

本校ノ経費ハ特別会計ニ属ス明治四十四年度予算ハ左ノ如シ

経費（経常部）一、二七七円六二〇

内訳

俸給　四五六円〇〇〇

雑給　三六六円七五〇

需要費　四三四円八七〇
修繕費　二〇円〇〇〇

一、家庭トノ連絡

本校ニ於テハ特ニ家庭トノ連絡ノ必要アルヲ以テ常ニ各方面ヨリ之カ実効ヲ奏スルコトヲ期ス目下家庭連絡ノ方法トシテ為シツツアル主ナルモノハ左ノ如シ

甲　青年会

毎週一回金曜日ニ青年会ヲ催ホシ修身、読書、算術ヲ授ケ兼ネテ農業ヲ実習セシム斯クシテ一面ニ於テ青年ノ風紀改善ヲ計ルト同時ニ之ヲ以テ家庭ニ対スル連絡機関トナス現会員十人

乙　乙女会

学令ヲ終リタル未婚処女ニ作法、修身、読書、農業実習ヲ授ケンカ為メ毎週二回乙女会ヲ開ク現会員十一人

丙　父兄会

毎月一回父兄会ヲ開ク

丁　家庭訪問

史料❸　第五尋常小学校備品内訳

品目	員数	単価		小計	
バケツ　大	二		四〇〇		八〇〇
同　小	二		二五〇		五〇〇
カットン	一	一	〇〇〇	一	〇〇〇
額　大	一	一	六〇〇	一	六〇〇
同　小	一		五〇〇		五〇〇
図書				三〇	〇〇〇
標本器械				二〇	〇〇〇
机腰掛　修繕	一〇		三五〇	三	五〇〇
時計　同	二		六〇〇	一	二〇〇
楽器　同	一	三	五〇〇	三	五〇〇
盥　同	一		三〇〇		三〇〇
運動用具				五	〇〇〇
定規	一		五〇〇		五〇〇
計				六八	四〇〇

史料❹ 第五尋常小学校消耗品費内訳

品目	員数	単価	小計
薪	三五数	一 五〇〇	五二 五〇〇
木炭	八〇〇メ	三〇〇	二四 〇〇〇
朱墨	五	二〇〇	一 〇〇〇
石油	三斗	二 一〇〇	六 三〇〇
白墨 色	二	三〇〇	六〇〇
白墨	五	一六〇	八〇〇
半紙 改良	五〇	〇三〇	一 五〇〇
同 全罫紙	三〇	〇三五	一 〇五〇
同 半罫紙	三〇	〇三五	一 〇五〇
美濃白紙	二	一二〇	二四〇
同 罫紙	二	一五〇	三〇〇
職員出勤簿	五	〇一五	〇七五
生徒出席簿	四〇枚	十枚 〇五五	二二〇
日誌用紙	二〇〇	〃 〇四〇	八〇〇
校具目録	五〇	〃 〇五〇	二五〇
トラホーム治療表	五〇	〃 〇三〇	一五〇
児童身体検査統計表	一〇	〃 一〇〇	一〇〇
成績考査表	五〇	十枚 〇五〇	二五〇
表紙 美濃	二〇	〃 一四〇	二八〇
同 半紙	二〇	〃 一〇〇	二〇〇
状袋 二重	三〇〇	〃 〇一二	三六〇
同 □	三〇〇	〃 〇〇六	一八〇
西洋紙	二〇	二〇〇	四〇〇
帳簿	三冊	一冊 二八〇	八四〇
帳綴糸	七	〇二五	一七五
黍箒	三五	〇四〇	一 四〇〇
河内木綿	七	五〇〇	三 五〇〇
ランプ ホヤ	五	〇四〇	二〇〇
同 シン	四	〇一〇	〇四〇
ローソク	五〇	〇一〇	五〇〇
西ノ内	一	二五〇	二五〇
黒板拭	二	一五〇	三〇〇
生麩	二	一二〇	二四〇
絵具	一	一 〇〇〇	一 〇〇〇
マッチ	六	〇三〇	一八〇
縄	九	〇二〇	一八〇
繃帯木綿	二	三五〇	七〇〇
化学用薬品			三 〇〇〇

衛生用薬品				三	〇〇〇
草履	一〇		一三〇	一	三〇〇
釘	五〇〇匁		〇六〇		三〇〇
塵取	二		一二〇		二四〇
ダンロ用煙筒	一二		二五〇	三	〇〇〇
同　曲	八		一五〇	一	二〇〇
同　傘	五		二〇〇	一	〇〇〇
筵	一〇		一五〇	一	五〇〇
雪掻	一		一二〇		一二〇
公報				六	三六〇
竹箒	二		一一〇		二二〇
釣瓶縄	一	一	五〇〇	一	五〇〇
針金					一〇〇
水差	二		〇九〇		一八〇
墨汁器	二		〇九〇		一八〇
亀ノ子タワシ	二〇		〇四〇		八〇〇
計				一一二五	一一〇

Ⅲ

教育のなかの〈アイヌ民族〉

――教育実践への視座

いまどきの子どもたちへ③

　この四月から小学校の教科書が新しくなりました。それが最新の研究成果を盛り込んで内容を改めるのなら問題はありません。むしろ歓迎すべきことです。

　だが、新しい教科書は必ずしもよいところばかりではありません。本来、教科書は子どもたちのためにあるはずです。それが一部の大人のために、歴史の流れに逆行する内容がたくさん記述されています。六年生の社会科に集中しています。

　例えば、神話に出てくるヤマトタケルノミコトや日露戦争の時の連合艦隊司令長官・東郷《とうごう》平八郎《へいはちろう》が戦後初めて登場したり、「日の丸」「君が代」がそれぞれ国旗・国歌と明記されたりしたことによく現れています。

　ボクはこれがすべての教科書（八種類）に共通して記述されていることに危機感を覚えました。日本のこれからの教育の方向を暗示しているように思えてなりません。

　ボクのもうひとつの関心は、アイヌ民族に関する記述がどのように変化したかということでした。歴史の分野ではほとんど変化がありませんでした。これまでと同じように、江戸時代の「沖縄と北海道」や明治初期の「北海道の開たく」(「北海道の開たくとアイヌの人々」)の中で取り上げられているだけで、現代史の中のアイヌ民族の姿は描かれていませんでした。これが差別と偏見を生み出すひとつの要因となるのです。

このように不十分であっても記述があれば、先生もそれを補って教えることができます。ところが、記述が全くないN社、G社、M社の教科書を使う小学生は学校でアイヌ民族について学ぶ機会がありません。

小学生の時に学んでこそ正しいアイヌ民族観をもつことができるはずです。ちなみに、G社の教科書は静岡県や新潟県、M社のは神奈川県で使っています。

アイヌ民族と比べて、被差別部落の人々に関する記述はとても豊かです。これは歴史研究の蓄積の違いからくるものです。そういう意味で、ボクたち歴史研究者の責任は極めて重いものがあります。

(一九九二年四月十六日)

小学校用社会科教科書に描かれた〈アイヌ民族〉

はじめに

第四十五回国連総会は一九九〇年十二月十八日に次のような先住民族に関する決議を採択した。「人権、環境、開発、教育、保健等の分野において、世界の先住民が直面している諸問題の解決のため、国際協力を推進する見地から、一九九三年を『世界の先住民のための国際年』と宣言する」[1]。

この宣言の中で、先住民族と呼ばれる人々は、インディアンやアボリジニー、それに日本のアイヌ民族など世界全体で約三億人といわれ、それぞれの社会の中では非常に弱い立場に置かれている。これまで国連は国連憲章や世界人権宣言の中でマイノリティ問題に言及していないように[2]、先住民族問題に対して消極的な態度をとってきた。そうした国連が先住民族の人権や生活を守るために「国際先住民年」宣言を採択したことは世界史上、実に大きな意味を持っている。

このような先住民族をめぐる世界的な動きの中で、日本のアイヌ民族をとりまく教育上の諸課題は未解決のままである。その中でもアイヌ民族に対する差別と偏見を生み出すひとつの要因となる教科書の〈アイヌ民族〉記述の書き換えは一向に進まない。いま、アイヌ民族の子どもたちは教室の片隅で身体を小さくしているのである。こうした子どもたちを励まし、アイヌ民族として生きる自信につながるとともに、アイヌ民族と「日本人」の子どもたちが互いに違いを認め合い、尊敬し合える関係を作り出すための新しい教科書づくりがアイヌ教育の最重要課題である。これは一九八四年に北海道ウタリ協会の総会で可決した「アイヌ民族に関する法律（案）」中の「学校教育および社会教育からアイヌ民族にたいする差別を一掃するための対策」とも不可分の関係にあることはいうまでもない。

さて、新小学校学習指導要領（一九八九年文部省告示第二四号）に基づいて編集され、今年（一九九二年）四月から全国の小学生が使いはじめた社会科教科書は、例年になく研究者やマスコミの関心を集めた。だが、それも敗戦後はじめて登場したヤマトタケルノミコトや東郷平八郎《とうごうへいはちろう》に加えて、「日の丸」・「君が代」問題に集中し、〈アイヌ民族〉記述への関心は皆無に等しかった。

この一九九二年度版小学校用社会科教科書（以後、「新社会科教科書」と略記）は、日本の先住民族であるアイヌ民族の存在をどのように描いているのだろうか。また、そこにどのような問題が内在しているのであろうか。小論はこれらの問題に検討を加えることを目的としているが、これは「国際先住民年」を契機にアイヌ民族と「日本人」との間に真の共生関係を築くうえで欠かせない作業であり、教育研究者の責務でもある。

1　敗戦後の小学校用社会科教科書の〈アイヌ民族〉記述の推移

敗戦後、小学校用社会科教科書の中に〈アイヌ民族〉記述が登場したのは一九六一年度版が最初である。「ここには（引用者注・北海道）もとアイヌ人だけが住んでいた」（『小学校の社会科』五年、中教出版）、「むかし、えぞ地とよばれていたころは、深い森林におおわれ、アイヌ人のほかにはわずかの人しか住んでいませんでした」（『社会』四下、二葉）。これらの記述は、いずれも地理単元の「北海道」の項で〈アイヌ民族〉をとりあげたものである。文章の短さに加えて内容も薄く、北海道の歴史を説明するための単なる「枕詞」のような記述にすぎなかった[3]。これをある程度克服し、地理単元ではなく、歴史単元で本格的にとりあげ、その後の〈アイヌ民族〉記述に大きな影響を与えたのは一九八〇年度版の教科書である。この教科書では、近世のシャクシャイン戦争（一六六九年）と近代のアイヌ民族の棄民化問題をそれぞれ次のように記述している。

A　「アイヌモシリ」（『小学社会』六上、教育出版）

北海道は、アイヌの居住地で、人間の住む島という意味のアイヌモシリとよばれていました。十六世紀ごろから、松前藩とアイヌの人々との間で、米や酒と、くまの皮・ほしざけなどとの交かんが行なわれるようになりました。しかし、アイヌの人々は、商人や武士たちのずるいやり方にがまんができなくなり、ときには武器をもってたちあがりましたが、おさえられました。

B 「農民が兵士になる」（『小学社会』六上、教育出版）

政府は、北海道の開たくに力を入れ、失業した武士や貧しい農民などが北海道にわたり、荒野の開たくにとりくみました。古くから北海道に住んでいたアイヌの人々も、平民とされました。しかし、開発がすすむにつれて、アイヌの人々のおもなしごとであったかりや漁がしにくくなり、生活は苦しくなりました。

こうした一九八〇年度版の教科書がとりあげたアイヌ史の時代と内容は、今日の教科書にも踏襲され、その後の〈アイヌ民族〉記述の原型となった。このように極めて大まかではあるが、〈アイヌ民族〉記述の推移をたどると、それが日本のアイヌ史研究やアイヌ民族の主体的な運動の高まりと無関係ではないことに気づくのである。

一九八〇年度版の教科書に本格的な〈アイヌ民族〉記述が出現したことは決して偶然ではない。一九七〇年代は日本のアイヌ史研究が飛躍的な発展をとげた時期で[4]、北海道での民衆史掘り起こし運動とも相俟って、多くのすぐれた研究が生まれた。また、この時期にはアイヌ民族自身も月刊紙『アヌタリアイヌ』の創刊に象徴されるように、民族としての誇りをつかみ、自立の途を切り拓く主体的な運動を展開し、社会的な関心を集めた。一九八〇年度版の〈アイヌ民族〉記述は、こうした研究と運動の成果を反映したものといえよう。

2 「新社会科教科書」の〈アイヌ民族〉記述の全容

小学校用社会科教科書は、この十数年間、日本書籍、東京書籍、大阪書籍、中教出版、学校図書、教育出版の六社が発行していたが、一九九二年度からは光村図書、帝国書院の二社も加わり、合計八社となった（表1参照）。

出版社名	教科書名	代表著作者名
日本書籍	わたしたちの小学社会	堀尾輝久
東京書籍	新しい社会	宇沢弘文・寺崎昌男
大阪書籍	小学社会	日比裕・重松鷹泰
中教出版	小学生の社会科	大野連太郎
学校図書	小学校社会	加藤一郎
教育出版	新版社会	石井素介・河野重男・伊東光晴
光村図書	社会	森隆夫・木村尚三郎・片岡徳雄・島田俊秀
帝国書院	楽しく学ぶ社会	篠原昭雄

（表1）　「新社会科教科書」一覧(5)

これらの教科書はアイヌ民族の存在をどのように記述し、また、そこにどのような問題点が内在しているのだろうか。その分析に先立って、まず各教科書の〈アイヌ民族〉記述の全容を提示しておこう(6)。提示に当たっては当該記述と関連する前後の文章も合わせて引用した。なお、以下の〈アイヌ民族〉記述は教科書センター用見本から抽出した。

C 「北海道の開たくとアイヌの人々」(『新しい社会』六上、東京書籍)

明治政府は、北海道の開たくを進めるために、役所を置き、農民には北海道への移住をすすめました。そして、西洋式の農業をおし進め、工場や鉄道をつくり、鉱山を開くなどしました。北海道には、明治維新の戦いで幕府方について敗れたために、領地を減らされた士族たちもわたっていきました。かれらは、明治政府から土地のはらい下げを受け、わり当てられたあれ野に入って、多くの苦労を重ねながら、開こんを進めていきました。しかし、このような開たくは、もともと北海道でくらしていたアイヌの人々にとっては、それまでの生活の破かいにつながるものでした。明治政府の進めた政策で、それまでの生活習慣は変えられ、また、日本名をつけるように決められました。生活を支えていた漁場には、新たにやってきた日本人が進出し、しだいに、土地も手ばなすようになっていきました。それと同時に、アイヌの人々をさげすむような差別がさらに強められていきました。

D 「四民平等と新しい身分」(『小学社会』六上、大阪書籍)

古くから北海道に住んでいた、アイヌの人々も平民とされましたが、政府が北海道の開発に力を入れ、開発が進むと、土地や、狩りや漁業などの仕事をうばわれて、生活にこまるようになりました。

E　「富国強兵」（『小学校の社会科』六上、中教出版）

政府は、北海道の開拓も進めました。開拓が進むにつれて、アイヌの人々の生活は、狩りや漁業がしにくくなって、追いつめられていきました。

F　「基本的人権の尊重」（『小学生の社会科』六下、中教出版）

現実の社会には、部落差別や、アイヌの人々への差別、あるいは障害者への差別、男女差別や、日本にいる韓国・朝鮮人に対する差別など、いまも、多くの差別問題があります。

G　「沖縄と北海道」（『新版社会』六上、教育出版）

北海道はアイヌの人々の居住地でしたが、一六世紀ごろ、松前藩が北海道の南部の地域を領地としました。やがて、アイヌの人々は、松前藩と毛皮や鮭などを米・酒と交換するようになりました。しかし、武士や商人が数をごまかすなど、ずるいやり方をすることにがまんができなくなり、シャクシャインなどの指導者を先頭に、武器をもって戦うということもありました。

H　「北海道の開たく」（『新版社会』六上、教育出版）

政府は、北海道の開たくに力を入れ、失業した武士や貧しい農民などを北海道に送り、屯田兵として、原野の開たくにとりくませました。いっぽう、古くから北海道に住んでいたアイヌの人々も、平民とされました。しかし、開たくがすすむにつれ、アイヌの人々がかりや漁をする土地はしだいにせばめられ、生活は苦しくなっていきました。

Ⅰ　「北海道の開拓」（『楽しく学ぶ社会』六上、帝国書院）

一八六九（明治二）年、新政府は、アメリカの国土の開拓を手本にして、ほとんど未開の地であった北海道の開拓をはじめました。開拓地では、苦労しながら、小麦・じゃがいも・とうもろこしなどの作物がつくられたほか、牧畜もはじめられました。また、鉄道や道路、ビールを作る工場などもつくられました。しかし、開拓によって、北海道に住んでいたアイヌは、土地や、魚をとる場所をうばわれ、くらしにこまりました。このため、アイヌの反乱もおこりました。政府は、その後、アイヌを保護する政治を行いましたが、それは十分ではなく、なかなか、アイヌのくらしはよくなりませんでした。

3　「新社会科教科書」の〈アイヌ民族〉記述の分析

それでは〈アイヌ民族〉記述の分析に移ろう。それに際しては、教科書別の〈アイヌ民族〉記述の有無など三つの視点を設定し、それぞれ一九八九年度版の教科書との比較もまじえながら分析を進めていくこととする。

〈アイヌ民族〉記述の有無

第一に、教科書別の〈アイヌ民族〉記述の有無である。「新社会科教科書」は前述の通り八社から発行されている。そのうち、〈アイヌ民族〉記述が存在するのは東京書籍、大阪書籍、中教出版、教育出版、帝国書院の五社のそれで、残りの日本書籍、学校図書、光村図書の三社のそれからは当該記述が欠落している（表2参照）。日本書籍は一九八九年度版の『小学社会』（六上）に近世アイヌ史の充実した記述[7]があっただけに非常に惜しまれる。この三年間に〈アイヌ民族〉記述を削除するほどの歴史的な発見があったのだろうか。

〈アイヌ民族〉記述の有無は出版社の教科書編集の姿勢と深く関わっている。文部省集録『平成四年度以降使用教科書編集趣意書』（社会・地図編）にはそれが実によく表れている。例えば、東京書籍は『新しい社会』の「編集上の留意点」（六年）のひとつとして、こう述べている。「特に、人間尊重の立場から、人権、差別問題に留意し、社会事象を正しく認識できるように努めました」。教育出版の『新版社会』も同じく、「『人間尊重（人権尊重・人権優先）』を柱とした社会科の本質を一層追究し」たと述べている。

もっとも、日本書籍の『わたしたちの小学社会』のそれも「人間の尊厳を正面にすえ、人権感覚と主権者としての意識が育つ教科書をめざし」たと述べている。教科書の編集方針とその記述内容が不一致であるといってよい。アイヌ民族の問題をとりあげることは小学生の人権感覚を磨くことにつながらないのであろうか。なお、学校図書の『小学校社会』は新潟県で、また、光村図書の『社会』は神奈川県でそれぞれ第二位の採択数である[8]。日本書籍の『わたしたちの小学社

（表2） 小学校用社会科教科書の〈アイヌ民族〉記述の有無

単元（項目）／版次		日本書籍	東京書籍	大阪書籍	中教出版	学校図書	教育出版	光村図書	帝国書院
歴史（シャクシャイン戦争）	89年度版	○	×	×	×	×	○	—	—
	92年度版	×	×	×	×	×	○	×	×
歴史（近代のアイヌ民族棄民化）	89年度版	○	○	○	○	×	○	—	—
	92年度版	×	○	○	○	×	○	×	○
歴史（日本の課題）	89年度版	×	○	×	×	×	×	—	—
	92年度版	×	×	×	×	×	×	×	×
政治（基本的人権の尊重）	89年度版	×	×	×	×	×	×	—	—
	92年度版	×	×	×	○	×	×	×	×

（注） 表中の「○」印は〈アイヌ民族〉記述があり、「×」印は〈アイヌ民族〉記述が無いことをそれぞれ示している。また、「—」印は当該出版社の教科書が未発行であることを示している。

会』の採択県などは不明である。

アイヌ民族は日本の先住民族である。教科書の中でそれに関する記述が欠落していることは、子どもたちにアイヌ民族のことは学習する価値がないという印象を与えるとともに、その存在自体の否定につながっていく危険性を内包している。

〈アイヌ民族〉記述の系統性

第二に、〈アイヌ民族〉記述の系統性である。分析の対象はそれを取り上げた東京書籍、大阪書籍、中教出版など五社の教科書である。これらの教科書の中で〈アイヌ民族〉記述は次の二単元中に三項目が登場する。

ひとつは歴史単元で、近世初期のシャクシャイン戦争と近代のアイヌ民族の棄民《きみん》化問題である。もうひとつは政治単元で、基本的人権が侵害されている事例として部落差別、障害者差別などと並んでアイヌ民族差別を掲げている。シャクシャイン戦争は『新版社会』(教育出版・G)、基本的人権の侵害の例示は『小学校の社会科』(中教出版・F)がそれぞれとりあげている。アイヌ民族の棄民化問題はそれぞれ濃淡はあるが、『新しい社会』(東京書籍・C)、『小学社会』(大阪書籍・D)などの各教科書がとりあげている(表2参照)。

だが、これらの〈アイヌ民族〉記述は歴史単元が中心で、それも大半が明治中期までのアイヌ史の記述にとどまっている。『新版社会』(教育出版)の記述にしても、他の教科書ではとりあげていないシャクシャイン戦争から始まるが、やはり明治中期で終わっている。その後、今日にいたる百年間の歴史は空白のままになっている。一九二〇～三〇年代には近代国家のアイヌ民族支配に抗して、その自立をめざす運動の高まりがあったはずである。そして、今日、「アイヌ新法」の制定要求運動を推進しているように、アイヌ民族の歴史は決して空白ではないのである。シャクシャイン戦争や近現代の自覚的な運動をとりあげない教科書は、子どもたちに主体性が欠如し、抑圧された存在という負のアイヌ民族イメージを植え付けることになりかねない。

このように「新社会科教科書」も現代の生活者としてアイヌ民族の姿は全く描かれていない。極めて限定された時代と内容の記述であって、系統的とはいいがたい。これは戦前期の教科書の〈アイヌ民族〉記述を引きずり、それを克服していない証左であろう。

東京書籍の一九八九年度版の『新訂新しい社会』（六上）は歴史単元の「日本の課題」の項で、「いま、日本は、世界の中でも豊かな国の一つに数えられています。しかし、いっぽうでは、解決していかなければならない課題がたくさんあります。（中略）憲法の中心である、すべての人々の基本的人権を守ることは最も大きな課題です。江戸時代の身分制度のもとで強められた差別や、アイヌの人々に対する差別を完全になくすことが求められています」という、現代日本の解決すべき課題のひとつとしてアイヌ差別の問題を明確に位置づけた記述を掲げたが、一九九二年度版の『新しい社会』では削除となった。アイヌ民族差別は解消したのであろうか。それとも記述に足る問題ではないのだろうか。このことはそれが今日の問題ではなく、単に近代史の一齣として片付けられる危険性を内包している。

小学校用社会科教科書では最低限、次のことを記述するべきである。歴史単元では近世のシャクシャイン戦争、近代では「北海道旧土人保護法」制定時までの明治国家のアイヌ政策と一九二〇～三〇年代のアイヌ民族の自覚的な運動、現代では現代日本の課題としてのアイヌ差別問題をとりあげ、また、政治単元では歴史単元と重複する点はあるが、やはり憲法で保障されている基本的人権の侵害の事例としてアイヌ差別の存在に目を向けることができる記述が必要である。

〈アイヌ民族〉記述の正確性

第三に、〈アイヌ民族〉記述の正確性である。ここでは記述内容そのものを具体的に分析していくが、「新社会科教科書」の記述の大半は一九八九年度版のそれと比較して大きな変化がない。だが、一部の教科書には最新のアイヌ史研究の成果をとりいれた新しい記述傾向も見られる。

最初にシャクシャイン戦争をとりあげよう。これは一六六九年六月にシブチャリ（現在の静内《しずない》町〔現・新ひだか町〕）を拠点に、松前藩《まつまえはん》の収奪に抵抗しておきた近世最大のアイヌ民族の戦争である。(9) シャクシャインはシブチャリの首長で、この戦争の指導者である。シャクシャイン戦争は一九八九年度版の『改訂小学社会』（六上・教育出版）では「アイヌモシリ」という独立した項でとりあげていたが、一九九二年度版の『新版社会』（教育出版・G）では近世沖縄の記述と一体となった。このことは日本列島の北と南を関連づけて考える視点を提供するもので、今後の望ましい記述のあり方を示唆しているといえよう。また、記述内容もこれまで曖昧であったシャクシャインの指導者としての役割や戦争の原因が明確になったこともそれなりに評価できよう。だが、少なからず問題もある。それは「アイヌモシリ」という小学校用教科書の中の唯一のアイヌ語を削除した点である。これによって子どもたちはアイヌ語を通して、その生活・文化に触れる機会を失ってしまったのである。

次に近代のアイヌ民族の棄民化問題をとりあげよう。この項はこれまでアイヌ民族の側から多くの批判をうけた箇所であるが、『新しい社会』（東京書籍・C）はこうした批判に応える形で、アイヌ史研究の成果を反映した新しい記述のモデルを提示した。一九八九年度版の『新訂新しい社会』（六下）では「開たくが進むにつれて、以前から北海道に住んでいたアイヌの人々は、仕事や土地を失う結果になりました」という曖昧な記述から一変し、アイヌ民族の棄民化の原因を明確にするとともに、近代のアイヌ政策の具体例を挙げながら、それが差別を強化する役割を果たしたことを記述している。これまでの小学校用社会科教科書はもとより、中学校用のそれにも例がない画期的な記述である。ただ、「土地も手ばなすようになっていきました」という説明は史実を正しく伝えていない。これではあたかもアイヌ民族の自発性に基づくような印象を与える。これは北海道における近代的土地所有制度の確立過程で、アイヌ民族が生活手段を確保していた土地を「無主之地《むしゅのち》」として認定し、強制的に「官有地《かんゆう》」に編入した結果なのである。

こうした一定の評価が可能な教科書が出現した一方で、これまでより質・量とも大幅に後退した教科書もある。『小学社会』（大阪書籍・D）がそれである。一九八九年度版の『小学社会』六上（大阪書籍）には、「北海道旧土人保護法」（一八九九年）を念頭に置いた「明治の末には、税金のすえおきや農具の支給等による保護がはかられましたが、貧しい生活からぬけ出すことができませんでした」という記述があったが、今回の教科書では削除になった。これに加えて、一九八九年度版でも記述している「アイヌの人々も平民とされました」という説明も不十分である。明治国家成立後アイヌ民族を「平民」に編入したことは事実であるが、この説明だけでは「旧土人《きゅうどじん》」という蔑称《べっしょう》を付与し、他の「平民」と区別して差別的な処遇をしたことの意味が理解できない。

また、文部省の検定を経たにもかかわらず、本文中に誤りを含んだ教科書もある。『楽しく学ぶ社会』（帝国書院・I）の「アイヌの反乱」がそれである。「アイヌを保護する政治」とは「北海道旧土人保護法」の制定（一八九九年）を指すと思われるが、「反乱」という表現方法もさることながら、その歴史的前提として「アイヌの反乱」が存在していたというのである。これまでのアイヌ史研究ではそのような近代の「アイヌの反乱」の事実は明らかになっていない。おそらく近世のシャクシャイン戦争などと混同したのであろう。早急に訂正すべきである。

『小学生の社会科』（中教出版・E）は一九八九年度版と比較して語順の入れ替え程度の改訂で、記述の基本構成には変化がない。『新版社会』（教育出版・H）の記述は一九八九年度版と同一である。

このように『新しい社会』（東京書籍・C）を除いて、二、三行でアイヌ民族の棄民化問題を記述し、その因果関係も実に曖昧な教科書からはアイヌ民族の悲痛の叫びは聞き取れない。当然のことながら、子どもたちへのインパクトは弱く、アイヌ問題の解決を自分自身の課題として考えていくことにはつながらない。アイヌ民族の棄民化問題を単に北海道「開拓」政策と関連づけて捉えるだけでは不十分である。むしろ、それと一体となったアイヌ民族の統合と支配の原理としての「同化主義」の思想に注目していかなければ、その本質を見誤ることになる。明治国家のアイヌ政策の本質を「同化主義」政策と規定し、その内実を正確に記述していくことは今後の大きな課題である。

最後に基本的人権の侵害の一事例としてのアイヌ差別問題をとりあげよう。この項は今日においても根強く残るアイヌ差別の存在を子どもたちに気づかせるうえで重要な意味をもっている。それだけに小学校用社会科教科書にはじめて登場したこの記述は評価できよう。だが、『小学生の社会科』(中教出版・F)の記述は、被差別部落出身者、アイヌ民族、在日韓国・朝鮮人など差別の要因がそれぞれ異なる事例を羅列した平板なものである。こうした記述法は中学校用社会科教科書とほぼ同じであるが、今後は差別の事実だけを単に指摘するのではなく、その具体例やアイヌ民族自身の差別撤廃のための運動などにも踏み込む記述が必要である。

おわりに

これまで述べてきたように、「新社会科教科書」の〈アイヌ民族〉記述はその一部に新しい傾向も見られたが、大半は一九八九年度版と比較してほとんど変化がない、極めて限定された時代と内容の、それも歴史の真実が子どもたちに伝わらない記述であった。歴史の真実から子どもたちの眼を遠ざけようとする記述といった方が正確かもしれない。アイヌ民族を軽視する日本社会の風潮を浮き彫りにしているといえよう。アイヌ民族と「日本人」との共生関係を築くうえで、歴史の真実を正しく伝えることがその第一歩である。

問題は二十世紀のアイヌ民族の姿を全く描いていないことである。アイヌ民族の歴史は明治中期で止まっていて、それ以降の百年間の歴史は空白のままである。アイヌ民族の現代史の欠落である。子どもたちは昔のアイヌ民族の姿しか知ることができない。これが差別と偏見を生むのである。現代の生活者としてのアイヌ民族の姿を描くことは、それまでの子どもたちの負のイメージを払拭するとともに、今日のアイヌ民族をとりまく社会的問題への関心も高めることができよう。

これにも増して大きな問題は、「新社会科教科書」の約四割からは〈アイヌ民族〉記述が欠落している点である。このことは単に記述の欠落という形式的な問題にとどまらず、これらの教科書を採択した市町村の子どもたちがアイヌ民族の歴史と現状を学習する機会を失うことが問題なのである。〈アイヌ民族〉記述は北海道で採択した特定の教科書だけが、とりあげればすむわけではない。アイヌ問題の解決は北海道という一地域の課題ではなく、国民的課題なのである。このことはすべての教科書がとりあげなければならないことを物語っている。こうした〈アイヌ民族〉記述の現状を考え合わせれば、教師の「文化的なたたかい」[11]こそが子どもたちの正しいアイヌ観の形成に重要な役割を果たすといってもよい。

それでは教科書の〈アイヌ民族〉記述を質・量ともに充実するためにはどのようにしたらよいのであろうか。それは教科書の執筆者や編集者が内なる「単一民族国家」観の呪縛から脱し、アイヌ民族の子どもたちも学習者の一員であるという意識を常に持ち続けることである。〈アイヌ民族〉記述の欠落はその子どもたちにとってみれば、自己の存在の否定に他ならない。そうした意味でも〈アイヌ民族〉記述は必要である。それもアイヌ民族の子どもたちへの励ましと自信につながるような記述でなければならない。一九二〇年代～三〇年代の違星北斗《いぼしほくと》や解平社《かいへいしゃ》などに代表される、戦前期のアイヌ民族の主体的な運動を記述することの意味もここに求められるのである。

今回、「新社会科教科書」を読み直してみて、〈アイヌ民族〉記述と比較して、被差別部落関係の記述は充実していることに気がついた。これは研究の蓄積の違いに起因するものであるが、筆者も含めてアイヌ研究者の責任の重さを痛感した。

注

（1）『アイヌ民族の自立への道』（北海道ウタリ協会、一九九一年）五二頁。

（2）マイノリティ研究会編『世界のマイノリティと法制度』（部落解放研究所、一九九二年）七四頁。

（3）一九六一年度版の教科書は、一方では「アイヌ人だけが住んでいた」と記述しながら、他方では「アイヌ人のほかにはわずかの人しか住んでいませんでした」と記述されているように、文部省の検定も杜撰そのものであった。

（4）榎森進『北海道近世史研究』（北海道出版企画センター、一九八二年）四七四頁。

（5）本表中の教科書の配列順と代表著作者名は、文部省集録『平成四年度以降使用教科書編集趣意書』（社会・地図編）に従った。

（6）提示に当たっては原文中の洋数字を漢数字に改めた。

（7）日本書籍発行の一九八九年度版の『小学社会』（六上）は「江戸時代の北海道」の項で、次のように記述している。「北海道は、数千年のむかしから、アイヌが住んでいた土地でした。アイヌは、川のほとりや海辺に村をつくり、さけ・くま・しかなどをとり、畑であわ・ひえ・だいずなどの作物を育てました。また、アイヌのことばをもち、うた・おどり・工芸などに民族の独自な文化を伝えました。一五世紀の中ごろから、和人（本州人）がしだいに移ってくるようになりました。そして江戸時代の初めには、北海道の南の一部が、松前藩の領地となりました。松前藩では、アイヌのほしざけ・しか皮などと、米や酒との交易で大きな利益をえました。そのため、アイヌの人々の生活がおびやかされ、争いがおきることもありました。こうしたなかで、一六六九年、アイヌのかしらの一人シャクシャインは、他のかしらと争い、そのかしらをあとおしする松前藩とも戦いました。他の地域のアイヌも加勢して約二か月も戦ったが、松前藩の講和の申し入れを受けました。その講和の夜、シャクシャインらは殺されました。その後、アイヌの漁場などは、和人商人が経営し、アイヌの人々はそこで働かされるようになりました。幕府は、ロシアの艦船が来航しはじめた一八世紀前後から、北海道の守りを固めるようになりました」。

(8) 出版労連教科書対策委員会編『教科書レポート』第三六号（出版労連、一九九二年）五七頁。

(9) 『北海道大百科事典』上巻（北海道新聞社、一九八一年）八四四頁。

(10) 前掲『教科書レポート』によると、北海道では『新しい社会』（東京書籍）と『新版社会』（教育出版）の二種類の教科書を採択している。

(11) 小沢有作『共育ちの道へ』（アドバンテージサーバー、一九九二年）八四頁。

［付記］

一　小論は筆者の、さっぽろ自由学校「遊」（一九九二年九月十七日）での「近代日本の教育とアイヌ民族—教科書の中の〈アイヌ民族〉—」と題する講義の後半部を成稿化した「『世界の先住民のための国際年』とアイヌ教育の課題」

(『解放教育』第二九六号、一九九三年一月、明治図書刊)を補訂したものである。

二　小論で指摘した帝国書院発行の『楽しく学ぶ社会』(六上)中の「開拓によって、北海道に住んでいたアイヌは、土地や、魚をとる場所をうばわれ、くらしにこまりました。このため、アイヌの反乱もおこりました」という、史実に反する明治期の「アイヌの反乱」の記述に関しては、一九九三年四月、文部省も誤りを認め、出版社に対して訂正を指示した(「アイヌ民族に触れた小6教科書/『明治後も反乱』と記述/文部省が訂正を指示」『朝日新聞』一九九三年四月十三日付朝刊、「アイヌ民族の記述に誤り/6年生社会科教科書」『朝日小学生新聞』一九九三年四月十六日付)。

また、この問題に関しては一九九三年六月十四日の参議院決算委員会で中尾則幸氏(日本社会党)が取り上げ、文部省のアイヌ認識の「甘さ」を質すとともに、〈アイヌ民族〉記述の充実を要望した(『国際先住民年』ニュース』第九号、一九九三年九月、「国際先住民年」市民連絡会)。

三　教科書の〈アイヌ民族〉記述の問題に関して、関東ウタリ会は一九九三年三月二八日、「アイヌ民族と教科書」と題するシンポジウムを開催した。当日は牛ノ浜裕氏(「教科書にみるアイヌ民族」)、谷口滋氏(「中学校社会科教科書におけるアイヌ民族の記述」)、宮原武夫氏(「実教出版『高校日本史』のアイヌ記述の変化」)らがそれぞれ報告をした。

四　一九九三年七月に検定結果が公表された一九九四年度版の高等学校用教科書の〈アイヌ民族〉記述には、明らかな誤りが含まれている。それは三省堂発行の『現代社会』の「異文化の理解と文化交流」の項で、そこには次のように記述されている。「つい最近までアイヌの人たちにとってはサケが主食の一つであったから、ダム建設のために川の流れがせき止められたりすると、食料確保が困難になることもあった」。

これは「見本本」の記述であるが、あまりにもアイヌ民族の歴史や文化に理解を欠いているといわざるをえない。このような誤りを含んだ記述が文部省の検定を堂々とパスしているのである。教科書の執筆者や文部省の調査官は、「つい最近まで」アイヌ民族は狩猟で生計を維持していると考えているのであろうか。

五

最後に、小論のブックレット化を熱心に勧めて下さった花崎皋平、小泉雅弘の両氏には厚くお礼申し上げる次第である。

いまどきの子どもたちへ④

「アイヌ民族に触れた小6教科書　『明治後も反乱』と記述　文部省が訂正を指示」。『朝日新聞』の四月十三日付（一部地域は十四日付）朝刊に、こんな見出しから始まる記事が載りました。君たちの中にも読んだ人がいると思います。それは昨年四月から使っている小学校六年生用の社会科教科書（帝国書院発行）のなかに、明治期にアイヌ民族が「反乱」を起こしたと誤って記述していることに対して、文部省も誤りを認め、教科書会社に訂正を指示したという内容でした。

この記事のなかに実はボクの名前が出ていました。ボクが三月末の「国際先住民年」を記念する、アイヌ民族の教育を考えるシンポジウムで指摘したと書いてありました。確かに教科書の記述の誤りを指摘したことは事実ですが、文部省を動かす大問題にまで発展するとは考えてもみませんでした。

今回はボクがそこで話したことを『朝日新聞』の記事を補足する意味で、少し紹介しようと思います。ボクは小学校用の社会科教科書のなかでアイヌ民族をどのように描き、また、そこにどのような問題点を含んでいるのかということを具体的に話しました。そのなかで特に重要な問題として取り上げたことがふたつありました。ひとつはアイヌ民族の存在をまったく記述していない教科書が全体で四割近くを占めている事実です。アイヌ民族の子どもたちの立場から考えてみると、自分たちの存在の否定と同じことです。とても堪《た》えられないことです。日本人の子どもたちにとってもマイナスです。アイヌ民族を知る機会が奪われるわけです。

もうひとつは二十世紀のアイヌ民族の姿を描いていないことです。教科書におけるアイヌ民族の歴史は明治中期で止まっていて、それ以降の百年間は空白のままです。日本人の子どもたちは昔のアイヌ民族の姿しか知ることができません。これが差別と偏見を生むのです。

こうした社会科教科書の問題点は先住民族であるアイヌ民族の存在を軽視する日本の社会のありようをそのまま映し出しているといえます。アイヌ民族と和人とが互いに違いを認め合い、尊敬し合える社会を作るうえで、歴史の真実を子どもたちに正しく伝えることがその第一歩です。

（一九九三年五月七日）

虚構としての〈あいぬの風俗〉[1]

はじめに

筆者は以前、アイヌ民族と「日本人」との真の共生関係を築き上げるための教育上の課題のひとつとして、子どもたちの正しいアイヌ観の形成に重要な役割を果たす、教員のアイヌ認識の実情を報告したことがある[2]。そのなかで特に問題視したのは、札幌市立学校教員（幼・小・中・高）の十人中一人が今日のアイヌ民族の生活実態に関して、「昔ながらの生活が多い」「昔ながらの生活をしている地域もある」と捉えていた事実である[3]。「昔ながらの生活」とは狩猟や採集などによって生計を維持する、アイヌ民族の伝統的社会での生活様式のことである。

しかし、今日ではそうした生活を営むアイヌ民族はどこにも存在しないのである。こうした教員のアイヌ認識にはそれまでに歴史的、社会的に形成されたアイヌ民族イメージがそのまま投影されているといえよう。

それではこのようなアイヌ認識の形成ルートとして、どのようなことが考えられるのであろうか。筆者はそのひとつとして一八七〇年代から今日に至るまで、負のアイヌ民族イメージを再生産しつづけてきた教科書の存在に注目している。それらに収録されている日本の先住少数民族であるアイヌ民族を直接の主題とした教材（＝アイヌ教材）の内容に研究のメスを入れることは、「日本人」のアイヌ認識のありようを歴史的に問い直し、これからのアイヌ民族と「日本人」の共生関係の樹立、換言すれば真の意味での「内なる国際化」を実現していくうえで不可欠な作業であるといえよう。

アイヌ民族と「日本人」との関係史を多民族の共生という視点からたどってみると、一八七〇年はその不幸な歴史の出発点であった。この一八七〇年は日本の子どもたちの認識の世界に、はじめてアイヌ民族の存在を印象づける、内田正雄『輿地誌略《よちしりゃく》』が大学南校から刊行された年である。周知のように同書は福沢諭吉『世界国尽《くにづくし》』（慶応義塾、一八六九年）と並ぶ、当時の代表的な世界地理の教科書である。内田は〈日本国〉（第一篇巻二）のなかで、「土人未《どじんいま》タ開化ニ向《むか》ハス」という認識に立脚し、アイヌ民族の姿を「未開」と「野蛮」の象徴として描きだした。日本の近代教科書には、この『輿地誌略』中の〈日本国〉の記述を初出として、その後は地理科（日本地理）に加えて、国語科（読方科）のなかでもアイヌ民族の存在が描かれていく。

国語科（読方科）のアイヌ教材の初出は、日本のアカデミズムのなかで本格的なアイヌ研究の(5)端緒を開いた人類学会（東京人類学会の前身）の発足や開拓使のアイヌ統治方法の調査への着手に象徴される、一八八〇年代のアイヌ民族への多様な関心が成立した時期まで遡ることができる。その教材は検定制初期の池永厚・西村正三郎『高等小学読本』（普及舎、一八八七年）に収録されている〈北海道の土人〉（巻一第四章）と岡村増太郎『小学高等読本』（阪上半七、一八八七年）に収録されている〈蝦夷人《えぞじん》〉（巻一下第四）、〈蝦夷人弓矢の鍛錬《たんれん》〉（巻一下第五）である。

これらのアイヌ教材はアイヌ民族の伝統的社会の習俗を軸にその歴史と現状を描いた点では共通しているが、特に前者の〈北海道の土人〉には「その（引用者注・アイヌ民族）素撲を利として、之を欺く如きは、徳義の罪人なり」という、当時の北海道で現実に進行していた「日本人」のアイヌ民族に対する収奪行為を念頭に置いた批判も含まれていたことは注目に値する。こうした内容は『高等小学読本』の著者のひとりである西村が「持主兼編集人」を務める『教育時論』誌に掲載され、当時のアカデミズムに浸透していた社会ダーウィニズムへの批判的な視点から、初等教育の普及を通してアイヌ民族の自立と救済を説いた無署名論文「如何にもしてアイノ人を教育すべし」（上・下）[6]と重なり合っている。

これらのアイヌ教材に続くのが学海指針社編『帝国読本』（集英堂、一八九三年）と同編『帝国新読本』（集英堂、一八九五年）に収録されている〈北海道の土人〉（『帝国読本』巻一第二三課、『帝国新読本』巻一第八課）と題する同タイトルの教材である。両読本の記述は精粗の違いはあるが、いずれもアイヌ民族の歴史を踏まえ、その伝統的社会の衣食住の習俗を詳述している。また、両読本の二枚の挿画にはチセ（家屋）の外観とそのなかで民族衣装を着用して座っている男女のアイヌ民族の姿などが描かれている。挿画は全く同一である。こうしたチセと正装するアイヌ民族とを組み合わせた挿画は、場面は異なっても当時の子どもたちを対象とするメディアでも取り上げられ、「言語風俗自ら異りて、人智極めて進まず」[7]と認識されていたアイヌ民族の「一般風俗」として広く流布《るふ》し、「未開」を視覚化していた。[8]

検定《けんてい》制末期には、それまでとは全く内容を異にするアイヌ教材として、坪内雄蔵『国語読本』〔高等小学校用〕(冨山房、一九〇〇年)に収録された〈蝦夷錦《えぞにしき》〉(巻二第二一課)が出現する。[9] これは石狩《いしかり》アイヌと十勝《とかち》アイヌとが水源を共有していることから戦争を思い止まり和解するという、アイヌ民族の伝承をモチーフとした教材である。[10]

一九一〇年四月から使用を開始した第二期国定国語教科書『尋常小学読本』には〈あいぬの風俗〉(巻一〇第二二課)と題するアイヌ教材が収録されている。本稿は前述の問題意識に立脚した国定国語教科書の異民族・異文化認識の研究で、その事例としてこの〈あいぬの風俗〉を取り上げる。研究対象として国語教科書を取り上げるのは、地理科のそれと比較して教材内容が「豊富」であることに加えて、国語科が近代国民教育の中軸となる重要教科であったからである。もとより、国定国語教科書のアイヌ教材はこの〈あいぬの風俗〉だけではない。第一期の『高等小学読本』にも〈あいぬの風俗〉の原型となる〈アイヌ〉(巻一第一八課)と題する教材が収録されている。近代日本の子どもたちの大多数はこれらの教材を通して、アイヌ民族の存在をその認識の世界に組み入れたといっても過言ではない。

本論文での主たる検討の対象として取り上げるのは、第一期の〈アイヌ〉ではなく、その構成を踏襲しながら内容の一部に修正を加えた第二期の〈あいぬの風俗〉であり、それが近代日本の子どもたちのアイヌ観の形成への影響力が極めて大きかったと推測されるからである。その理由は〈アイヌ〉が義務教育年限外の高等科第一学年用教材であるのに対して、〈あいぬの風俗〉は義務教育年限内の尋常科第五学年用教材であり、また、教材の使用期間も〈アイヌ〉が六カ年（一九〇四年四月～一九一〇年三月）であるのに対して、〈あいぬの風俗〉はその二倍の一二カ年（一九一〇年四月～一九二二年三月）にわたっている。さらに、それぞれの教材の使用者数（推計）を各当該《とうがい》時期の『文部省年報』から算出すると、〈アイヌ〉が約三五五万人であるのに対して、〈あいぬの風俗〉は約一四〇八万人に上っている事実である。

さて、この〈あいぬの風俗〉に言及した先行研究は皆無ではない[11]。しかし、それらは本来の研究主題とは異なることもあって、単に事実の紹介や教材の一部の内容分析の段階に止まっている。こうした研究の現状に照らして、本稿での検討課題を次のように設定する。その第一は、第一期国定国語教科書の〈アイヌ〉の成立を踏まえて、〈あいぬの風俗〉の構成と内容の特色を明らかにすることである。ここでは特に〈アイヌ〉と〈あいぬの風俗〉との記述の異同関係に注目し、その変化の意味に言及する。

第二は、〈あいぬの風俗〉に描かれたアイヌ民族の姿と教材成立時のその実体との比較・検討を通してアイヌ民族イメージを抽出するとともに、文部省の教材化の意図を探ることである。アイヌ民族イメージの分析に際しては、それを視覚化する教材中の挿画に注目していくこととする。この課題に対しては主として近代アイヌ史の文脈のなかで検討する。

第三に、〈あいぬの風俗〉に対する教員の言説の分析を通して、その問題点を浮き彫りにすることである。特にアイヌ小学校教員の言説に注目し、文部省が編集した『国定教科書意見報告彙纂』中のそれとの視角や内容の相違点を明らかにする。

なお、本稿で取り上げた教材の標題は〈 〉内に、また、それを収録する巻及び課は（ ）内にそれぞれ表示した。

1 〈あいぬの風俗〉の成立

国定教科書制度は当初、全教科・全学年の使用が二一府県に限られていたなど極めて変則的な形態ではあったが[12]、一九〇四年四月からスタートした。その第一期の高等科用国語教科書『高等小学読本』にはアイヌ教材として〈アイヌ〉（巻二第一八課）が収録されている。〈アイヌ〉は地理的教材のひとつであるが、それを教材として収録した直接的な理由は文部省編《へん》『国定教科書編纂《さん》趣意書追加』（一九〇四年）中の「高等小学読本編纂趣意書」に明記されている。それによると、地理的教材の選択の基準として「本邦地理、外国地理ニ亘《わた》リテ美感《びかん》ヲ養フニ足ルヘキモノ、愛国心又ハ公益心ヲ養フニ足ルヘキモノ」などに加えて、「我国ノ人民ニシテ特異ナル風俗習慣ヲ有スルモノ」が挙げられている[13]。アイヌ民族はこの「我国ノ人民」で、「特異ナル風俗習慣ヲ」保持している存在として、植民地台湾の先住民族とともに教材化の対象となったのである。ちなみに台湾先住民族の場合は、そのなかでも「大イニ野蛮ナルモノ」として捉えていた「生蕃《せいばん》」を教材化した。教材の標題は〈生蕃〉（巻四第一六課）である。

また、『高等小学読本』の編纂に当たって、文部省は「高等小学読本編纂趣意書」中に「専門ノ学者軍人ニ質シ其意見ニ依リテ修正ヲシタル所少カラス」[14]と記されているように、各分野の専門家から意見を聴取した。そのメンバーは山崎覚次郎（東京帝国大学法科大学助教授・経済学）、芳賀矢一《はがやいち》（東京帝国大学文科大学教授・国文学）、坪井正五郎《つぼいしょうごろう》（東京帝国大学理科大学教授・人類学）らであるが、〈アイヌ〉の場合には、当時の日本のアイヌ研究の第一人者であった坪井から意見を聴取したものと推測される。

それでは、この〈アイヌ〉はどのような内容から構成されているのであろうか。また、〈アイヌ〉は検定期のアイヌ教材と比較してどのような点が異なっているのであろうか。これらの点を併せて検討しておこう。

〈アイヌ〉の前半部の記述は教材中の挿画（図1）を説明する形式をとりながら、「アイヌハ、男モ、女モ、寒イ時ナドニハ、犬ノ皮ナドデ、コシラヘタ、羽織ノヨーナモノヲ着ルコトモアルガ、ツネニハ、アツシ織《おり》デ、コシラヘタ、タケノ短イ、筒袖《つつそで》ノ着物ヲ着、足ニハ、アツシ織デ、コシラヘタ脚絆《きゃはん》ヲハイテヰル」などのように、アイヌ民族の伝統的社会の衣食住などの習俗を描きだしている。

後半部は学海指針社編『帝国新読本』（集英堂、一八九五年）所収の〈北海道の土人〉をはじめとする検定期のアイヌ教材には全く見られなかった新しい記述である。そこでは、「文字トイフヨーナモノガナカッタノデ、読、書ナドハ、スコシモ、デキズ、数ノカンガヘガ、進ンデヲラナ

〈あいぬ〉中の挿絵
（出典）文部省『高等小学読本』第2（熊谷久栄堂，1904年）

カッタノデ、コミイッタ計算ナドモデキナカッタガ、明治十年ゴロカラ、小学校ガデキタノデ、今デハ、ワレワレノヨーニナッタ。中ニハ小学校ノ教員ニナッテヲルモノサヘアル」というように、アイヌ民族の「文明」化の過程とそれを示す具体的事実を書き加えている。このなかの「小学校ノ教員ニナッテヲルモノ」とは、金成《かんなり》太郎《たろう》（私立愛隣学校校長）や高月切松（私立古川学校教員）、山根《やまね》清太郎《せいたろう》（元室蘭尋常小学校代用教員）の存在を念頭に置いた記述である[15]。

〈アイヌ〉の末尾も新しい記述である。「明治三十二年ニ北海道旧土人保護法トイフ法律ガ出テ、ソレカラハ、農業ヲシタイモノニハ土地ヲヤリ、ビンボーデ困ルモノニハ、農具ヤ種子ナドヲヤリ、病人ニハ、薬代ヲヤリ、政府ノ費用デ、小学校ヲタテテヤルコトナドガデキルヨーニシテ、イロイロト、アツク、保護セラレルコトニナッタ」として、「北海道旧《きゅう》土人《どじん》保護法」に基づく諸施策を列挙し、「保護」の事実を強調している。

このように第一期国定国語教科書所収の〈アイヌ〉の内容は「未開」と「文明」を基軸に、国家の恩恵としての「保護」を加えた三要素から構成されている。そこではアイヌ民族の文化の発展の代わりに日本への「同化」が「文明」化として称賛されている。[16] その一方では、「保護」という事態を創出した明治国家の責任が「北海道旧土人保護法」という恩恵にすり替えられている。[17] こうしたアイヌ教材を構成する三要素とそれを貫くアイヌ認識は第二期国定国語教科書のそれにも踏襲されていく。

明治政府は日清戦争後の一八九九年、ネイティブ・アメリカンの合衆国市民への「同化」を企図したドーズ法（一八八七年）をモデルに、異民族統治法[18]として「北海道旧土人保護法」を制定した。同法は社会ダーウィニズムの影響を受け、その重要施策としてアイヌ民族への土地給与、初等教育の普及などを位置づけた。この〈アイヌ〉の構成は「北海道旧土人保護法」の存在を抜きにしては成立しえない。そうした意味で、同法の制定は国定国語教科書のアイヌ教材の成立の背景として重要である。

次に、色川大吉《いろかわだいきち》が「全天皇制精神構造のみごとな展示場[19]」と評した第二期国定国語教科書のアイヌ教材の構成と内容を検討しよう。第二期国定国語教科書（『尋常小学読本』）の編纂は義務教育年限延長後の一九〇八年一〇月から実質的にスタートし、「明治三十七年四月以後使用シタル国定読本及ビ三十七年以後文部省内ニテ起稿セシ修正原本ヲ基礎トシ[20]」て進められた。編纂の実務は教科用図書調査委員会第三部（国語読本・習字帳の編纂）が担当し、その「起草委員」には芳賀矢一（東京帝国大学文科大学教授）・乙竹岩造《おとたけいわぞう》（東京高等師範学校教授）・三土忠造《みつちちゅうぞう》（衆議院議員／前東京高等師範学校教授）の三名が任命された。『尋常小学読本』の最終巻（巻一二）が教科用図書調査委員会総会での審査を通過したのは一九〇九年一一月初旬である。[21]

このような過程を経て成立した『尋常小学読本』にはアイヌ教材として〈あいぬの風俗〉（巻一〇第二課）が収録されている。この〈あいぬの風俗〉の構成は第一期の〈アイヌ〉をそのまま踏襲し、「未開」と「文明」に「保護」を加えた三要素から成立している。その内容も〈アイヌ〉の記述をほぼ踏襲しているが、記述の一部には大きな変化が見られる。

第一は明治国家のアイヌ政策との整合性を図ったことである。それはアイヌ民族の女性の入墨に関することで、〈アイヌ〉では次のように記述されている。「女ハ口ノマハリヤ、手ノ甲ヤ、腕ナドニ、入墨《いれずみ》ヲシテヲッテ（後略）」。開拓使はアイヌ民族の「従来ノ風習ヲ洗除シ教化ヲ興《おこ》シ漸次人タルノ道ニ入シメ」る政策の一環として、一八七一年一〇月には「自今出生ノ女子入墨等堅可禁事《かたくきんずべきこと》」(22)、また、一八七六年九月にも「出生ノ女子入墨致等堅不相成」(23)と布達し、入墨の習俗に対する禁止措置をとった。これに併せて「自今出生ノ者ハ尚更厳密検査ヲ」(24)実施し、「万一違犯ノ者有之候ハ不得已《やむをえず》厳重ノ処分」(25)を行なうこととした。

このような開拓使の強権的なアイヌ民族の伝統的な習俗の禁止措置にもかかわらず、〈アイヌ〉の記述で入墨の習俗が現在も存続しているように描くことは、明治政府のアイヌ政策と矛盾をきたすのである。そこで明治政府のアイヌ政策との整合性を図るために、その禁止措置を〈あいぬの風俗〉の本文中に書き加え、記述を次のように改訂した。「女子は（中略）、又口の周囲、手首・手の甲等には入墨をほどこせり。然れども入墨をほどこすことは今は全く禁ぜられたり」(26)。しかし、耳環《みみわ》の着用も一八七一年一〇月に入墨と同時に禁止措置が講じられたにもかかわらず、本文中では全く言及されていない。

第二は〈アイヌ〉では欠落していたアイヌ民族の最大の儀礼であるイオマンテ（熊の霊送り）に関する、次のような記述を新たに追加し、その「未開」性や「野蛮」性を強調した。「あいぬは時々子熊を捕へ来り、一年の間養ひたる後、之を殺して盛大なる儀式を行ふことあり。あいぬの熊祭《くままつり》とて有名なり。殺したる熊の頭は垣にかけて、永く之を保存するを以て、垣の上には多くの頭骨、風雨にさらされて残れり」。

第三は〈アイヌ〉中の単一民族国家観と同質のアイヌ認識に立脚した記述を改訂したことである。〈アイヌ〉の本文中には次のような「ワレワレ」という表現が頻出する。「アイヌノ風俗ハ、コレダケデモ、ワレワレト、ヨホド、違ツテヲル」「ワレワレノヨーニ、米ヲ食ベルモノハ、ゴク、少イ」「アイヌノ言語ハ、ワレワレトハ、マルデ、違ツテヲル」「明治十年ゴロカラ、小学校ガデキタノデ、今デハ、ワレワレノヨーニナッタ」（傍線引用者）。傍線部の「ワレワレ」はその文脈から判断して、「日本人」の子どものみを念頭に置いた記述である。アイヌ民族の子どもも含んでいるとしたら文意は通じない。当時、高等科で学習していたアイヌ民族の子どもに対して、教員はこの意味をどのように説明したのであろうか。

このような記述の根底にはアイヌ民族を描きながら、無意識にその存在を切り捨てる単一民族国家観と同質のアイヌ認識が働いていたといえよう。こうしたアイヌ認識に立脚した記述は〈アイヌ〉が最初ではなかった。例えば、那珂通世《なかみちよ》・秋山四郎『日本地理小誌』（中央堂、一八八七年）の本文中にも、「北海道に蝦夷又はあいのとてむかしよりすまへる土人いま一万七千人ばかりあり。その風俗われらと大いにことなり」（傍線引用者）と記述されているように、一八八〇年代後半から出現していた。〈あいぬの風俗〉の記述では〈アイヌ〉中の「ワレワレ」という表現をすべて「内地人《ないちじん》」と改めた。

この「内地人」表現も〈あいぬの風俗〉が初出ではなく、一八八〇年代後半から出現する。その事例として〈あいぬの風俗〉と発行時期が近接する二冊の高等女学校用国語教科書所収のアイヌ教材から紹介しておこう。

そのひとつは一九〇六年発行の明治書院編輯部編『改訂高等女子読本』所収の無署名教材〈アイヌ婦人の風俗〉（巻三第二七課）である。そこには、アイヌ民族は「遠慮深くて、途中で、内地人などに行逢《いきあ》ひますと、一間も、二間も先から、道を譲ります」「アイヌの婦人は、歌を謡ひます事は、内地人よりも上手で、声が、甚、ようございます」（傍線引用者）など四カ所にわたり、「内地人」が使用されている。

もうひとつは一九〇八年発行の教育学術研究会編『明治女学読本』所収の坪井正五郎（前出）が執筆した〈アイヌの女〉（巻二第七課）である。そのなかで坪井は「女の名について云へば、内地人の様に梅だとか、竹だとか、定った名はない」「成長した女子は（中略）何か儀式でもある時分には、内地人から貰った縮緬などの鉢巻を用ゐる事が有る」「耳環は、通例、内地人から貰ふ金属製の物を遣ふ」（傍線引用者）と記述している。

ちなみにこの「内地人」表現は特定の人間集団を指すのではなく、多義的に使用される。例えば、秋田雨雀《うじゃく》は一九二〇年に発表した戯曲「国境の夜」のなかで、主人公に「アイヌ人は内地人よりもずっと温和しい[27]」（傍線引用者）と語らせたが、それは〈あいぬの風俗〉や〈アイヌ婦人の風俗〉、〈アイヌの女〉の場合と同じ意味で使用されている。すなわち、アイヌ民族に対置する概念として、北海道や沖縄県も含めて広く日本列島に居住する「日本人」を指し、アイヌ語の「シャモ」（＝和人）と同義語であると考えてよいであろう。

このように第二期国定国語教科書『尋常小学読本』のアイヌ教材として収録された〈あいぬの風俗〉は、第一期の〈アイヌ〉の構成を踏襲し、その記述を改変して成立した。そこには「文明」化したアイヌ民族の事例として、〈アイヌ〉から引き続き「小学校教員」の存在は描かれている。しかし、「小学校教員」と並んで恰好《かっこう》の事例となるはずのアイヌ民族出身兵士・北風磯吉《きたかぜいそきち》（一八八〇？～一九六九）の日露戦争での「勲功」は取り上げられていなかった[28]。

2　虚構のアイヌ像の創出と〈あいぬの風俗〉教材化の意図

第二期国定国語教科書所収の〈あいぬの風俗〉の著作者は文部省である。文部省はこの〈あいぬの風俗〉と題する教材を通して、日本の子どもたちにどのようなアイヌイメージを注入しようとしたのであろうか。また、文部省はどのような意図に基づいて、〈あいぬの風俗〉を教材化したのであろうか。これらの点を本文中の記述や挿画の分析を通して検討していこう。

最初は〈あいぬの風俗〉に描かれたアイヌイメージの検討である。

〈あいぬの風俗〉の記述は〈アイヌ〉と同様、「是は北海道に住するあいぬ人を画がけるものに

〈あいぬの風俗〉中の挿絵
（出典）文部省『尋常小学読本』巻10（東京書籍，1910年）

て」というように、（図2）の挿画を解説する形式を採用している。

そこで子どもたちのアイヌイメージの形成に大きな影響を与える教材中の挿画と記述内容の関連を検討しておこう。この挿画はチセ（家屋）のなかで座っている一組のアイヌ民族の男女を描いたものである。それも日常着ではなく、伝統的社会での正装に近い姿で描かれている[29]。挿画と対応する記述の一部は次の通りである。「あいぬの男子は髪とひげとを長くのばし、耳に金属製の輪をはめ、こしに小刀をさぐ。女子は耳に耳輪をはむること男子に同じく、又口の周囲、手首・手の甲等には入墨をほどこせり。然れども入墨をほどこすことは今は全く禁ぜられたり」。このなかで男性の「小刀」と女性の「耳輪《みみわ》」（男性の場合は長髪であるので確認できない）は、挿画では全く描かれていない。このように挿画と記述の一部を比較しただけでも、両者の内容が一致していないことは明らかである。また、挿画中の女性が着用している頭巾に関しては本文中では一切言及していない。

続いて、〈あいぬの風俗〉に描かれたアイヌ民族の生活・文化の形態と国定第二期『尋常小学読本』の使用を開始した一九一〇年当時のそれとを比較してみよう。その事例として可視的な習俗で、異質性が顕著な衣服と家屋を取り上げ、その変化を明らかにしていく。両者の変化を明らかにするうえで、北海道庁殖民《しょくみん》部拓殖課が編集・発行し、拓殖事業を基軸として北海道の動向を全般的に紹介した『殖民公報』（一九〇一年三月創刊、隔月刊）は最も重要な史料である。

衣服に関しては、〈あいぬの風俗〉では「男子も女子も寒き時は犬の皮などにて造れる羽織の如きものを用ひ、又あつし織の短きつ、袖を着、足にもあつし織のきやはんをはく」として、伝統的社会のそれを記述している。しかし、一九〇〇年時点でも「衣服の如き昔時は専《もっぱ》ら木皮を以て製したるアツシを用ひたるか近年之れを用ふるもの著しく減少し概ね綿衣を著するに至れり」[30]、そして、一九〇七年の平取《びらとり》コタンの調査では「衣服は和人と大差なく男女共に常に無尻を着用し角袖《かくそで》を着するもの稀なり」[31]と報告されているように日本式衣服への変化は著しかった。

また、家屋の構造に関しても、〈あいぬの風俗〉では「ほつたて小屋の如く、床もなく、天井もなし。唯かづらなどにて、かやを結びて壁に代へ、又かやを並べて屋根となせり」として、やはり伝統的社会のそれを描いている。一九〇〇年の調査では「概ね旧時の如く丸太を以て柱梁となし茅《かや》又は笹を以て屋根及壁を覆ふ所謂《いわゆる》掘立小屋の類なり」[32]というように伝統的社会の家屋が主流であったが、一九〇七年の平取コタンの調査では「総て平屋造の概ね二十坪内外にして二三の柾葺の外は皆萱葺」[33]であるとして、そうした傾向に変化の兆しが現われていた。それが一九一二年の平取コタンも含む沙流《さる》郡八カ村の調査では「従来の掘立造りに漸次改良を加へて床には板を敷き又和風の建築をなすもの年を逐て増加し殊に平取の如きは和風の建築多し」[34]と報告されるまでにいたった。とりわけ、近文《ちかぶみ》コタンでは衛生上の理由から旭川町が一九〇六年に制定した「旧土人保護規程」第四条（「旭川町ハ旧土人ノ為メ家屋ヲ新設シ無料貸附ス其一戸ノ坪数ハ十坪以内トス[35]」）に基づいて、木造平屋建て柾葺きの日本式家屋の建設が進められ、一九〇八年にはそれが実に全五一戸中四六戸（九〇・二％）に達していた[36]。

〈あいぬの風俗〉に描かれた伝統的社会での衣服や家屋は、国定第二期『尋常小学読本』の使用を開始した一九一〇年当時では日本式のそれへと変化し、実体としてほとんど存在していなかった。また、挿画では長髪の男性や入墨を施した女性が描かれているが、これらも当時としては「男女共に頭髪を中央より左右に分け頚部の肩の辺に於て之を平均に截断《せつだん》す女は小児の当時より大抵口の周囲及び手甲に黥《いれずみ》を為せりと雖も近来此の風習漸く廃る、傾きあり[37]」と報告されているようにやはり実体と乖離《かいり》していた。

このように、〈あいぬの風俗〉に描かれたアイヌ民族の姿は当時のそれと比較して大きな隔たりがあり、その虚構の「未開」性を強調するものであった。〈あいぬの風俗〉は文部省が創出した虚構のアイヌ像であったといえよう。それはまさに「同化」主義を基調とした明治国家のアイヌ政策の否定でもあった。

〈あいぬの風俗〉に描かれたアイヌ民族の姿は、一九〇三年に大阪市天王寺公園一帯で開催された第五回内国《ないこく》勧業博覧会（会期：三月一日〜七月三一日）の「場外余興《よきょう》」として、東京帝国大学理科大学教授・坪井正五郎が「大阪地方有志者」の企画を具体化した[38]「人類館《じんるいかん》」（三月一〇日開館）の発想と酷似している。

坪井は「人類館」と名付けられたパビリオンの重要部分の展示の内容とその企図を次のように説明している。それは「此中に幾つもの家、寧《むし》ろ幾つもの部屋を拵《こしら》へ各々異った諸種族を住まはせ、或は産物を売り或は楽を奏する様にさせて有る。現に集まって居るのは琉球人、台湾土人、熟蕃《じゅくばん》、生蕃《せいばん》、アイヌ、マレイ人、ジヤヴア人、マドラス人、トルコ人、ザンジバル人で、啻《ただ》に容貌体格の異同を比較するに於てのみならず、起居動作を観察するに於ても人類学に志し有る者を益する事甚だ多い(39)」。また、坪井はアイヌ民族の住居は「一番好く整って居る。それも其筈《そのはず》北海道から実際の家を取り崩して持って来て此所に建築したので有る(40)」と自画自賛している。

「人類館」では開館前日の一九〇三年三月九日に、パビリオン展示とは別に「土人の住家」「土人礼服着用の図」「土人の家屋の内部」「土人の男女酒を神居に手向ける図」「土人神殿の図」など、アイヌ民族の伝統的社会の生活・文化を撮影したB五判の写真を『北海道土人風俗画』(袋入・一〇枚組)と題して発行し(41)、入場者に販売(定価一五銭)している。〈あいぬの風俗〉の記述はこの「人類館」での展示内容と『北海道土人風俗画』(図3〜5)に象徴される人類学的なアイヌイメージをそのまま映し出しているといえよう。

これまで述べてきたように〈あいぬの風俗〉に描かれたアイヌ民族の姿は、当時のそれと比較して大きな隔たりがあり、その虚構の「未開」性を強調するものであった。また、〈あいぬの風俗〉の記述は〈日本人〉の好奇な眼で捉えた生活・文化で、その背景に存在するアイヌ民族の信仰との関連には全く言及していないことから明らかなように、それは内在的な理解に基づくものではなかった。

土人の住家

土人礼服着用の図

土人の家屋の内部

（出典：北海道土人風俗画）

挿画でのアイヌ女性の入墨や本文での耳環、イオマンテなどは一八七〇年代に北海道の統治主体であった開拓使が禁止措置を講じていたにもかかわらず描かれていた。これらは「未開」イメージの強調を裏づける証左であろう。そして、イオマンテに関する記述中の「殺したる熊の頭は垣にかけて、永く之を保存するを以て、垣の上には多くの頭骨、風雨にさらされて残れり」という箇所は「未開」イメージだけではなく、「野蛮」イメージをも強調するものといえよう。

挿画はまさにアイヌ民族を伝統的社会のなかに閉じ込め、その「未開」イメージを視覚化させるものであった。さらに〈あいぬの風俗〉の記述には、アイヌ政策を所掌《しょしょう》する内務省と国定教科書を編集・発行する文部省とのアイヌ認識の違いも浮き彫りになっている。

こうしたアイヌ民族の「未開」イメージの強調は、日本人の子どもに対して自らの文化の文明性や優越性を助長するとともに、その反作用としてアイヌ民族の「文化への差別的関心[42]」を呼びさましていく。その一方で、アイヌ民族の子どもたちに対しては自らの出自を卑しめ、その存在自体の否定へとつながっていく。まさに「脱アイヌ」への道筋をつけていくものであった。

また、文部省は「未開」イメージの強調と関連して「滅びゆく民族」という虚構のアイヌイメージを作り上げ、それを子どもたちに注入した。〈あいぬの風俗〉中では、アイヌ民族の人口を「古は甚だ多かりしが、近年次第に減少して、今は僅かに二万人に足らず」と記述している。人口の増減に関連しては、一九〇六年一月二五日に「文部省検定済」の明治書院編輯部編『高等女子読本』所収の〈アイヌ婦人の風俗〉(前出)にも「アイヌの種族は、近来、年々に、減少する傾がございます」と記述されている。

こうした文部省のアイヌ人口の減少説は根拠に乏しく、〈あいぬの風俗〉中の「近年」の範囲を明治国家成立後の意味に解釈して、アイヌ人口の推移を追ってみると、一八七二年では一五、二七五人であったが、それが一九一〇年には一七、五五四人に増加している[43]。

この点に関しての内務省の見解は文部省のアイヌ人口の減少説を否定するもので、事実、一九〇八年二月の貴族院予算委員会第三分科会での菊池大麓《きくちだいろく》（男爵）の「段々土人ハ減ッテ行キマスカ」という質問に対して、殖民行政の実務上の責任者であった政府委員・黒金泰義（北海道庁第五部長）は「イエ、減リハイタシマセヌ[44]」と明快に答弁している。アイヌ人口に関する現状認識も、アイヌ政策を所管する内務省（北海道庁）と教科書の編纂・検定業務を所管する文部省とでは著しく異なっていたのである。

ここで第二期国定国語教科書『尋常小学読本』の「起草委員」のひとりであった芳賀矢一のアイヌ認識のありようを示す興味深い言説を紹介しておこう。芳賀は一九一〇年一二月、群馬県内務部第三課の招聘に応じ、「起草委員」の立場から『尋常小学読本』所収教材の解説を主要な内容とする講演を行なった。そのなかで芳賀は講演当時のアイヌ民族の一般的状況を〈あいぬの風俗〉と関連づけて、次のように語った。「アイヌ人も次第に日本化して今では差したる違《ママ》もなくなった[45]」。

こうした芳賀の言説から明らかなように、そのアイヌ認識は〈あいぬの風俗〉に描かれた虚構のアイヌ像とは全く異なり、前述の『殖民公報』中のデータと重なり合っていた。芳賀は当時のアイヌ民族の実像を把握していたにもかかわらず、〈あいぬの風俗〉では虚構のアイヌ像を描きだしたのである。当然のことであるが、この『尋常小学読本』の教材内容は芳賀の意向だけではなく、乙竹岩造《おとたけいわぞう》や三土忠造《みつちちゅうぞう》も含めた「起草委員」の総意で決定されたはずである。〈あいぬの風俗〉に描かれた虚構のアイヌ像も一定の意図に基づいて、芳賀ら三名の「起草委員」によって創出されたといえよう。

それでは文部省（＝「起草委員」）はどのような意図に基づいて、アイヌ民族の伝統的な生活・文化などを〈あいぬの風俗〉と題し、教材化したのであろうか。これは〈あいぬの風俗〉が当時のアイヌ民族の実像を歪曲《わいきょく》し、虚構の「未開」や「滅びゆく民族」というイメージを強調していることと不可分の関係にあることはいうまでもない。この点に関して、玉井幸助（東京高等師範学校教諭）は「あいぬ人の風俗を知らせて人文地理の興味を喚起するのが主眼(46)」であると述べているが、あまりにも表面的な分析である。

文部省が第二期国定教科書の編纂に着手したのは、日露戦争勝利後の一九〇八年一〇月である。当時の日本の国際的地位をめぐる教育界の言説を紹介してみよう。ひとつは『教育時論』第八三五号の社説「帝国の地位と教育」である。その冒頭で、次のように述べている。「我大日本帝国の地位が、世界の第一等国に進みたること、今更らに之を語らむは滑稽の感無き能はず、然《しか》れ共《ども》其果して第一等国たるの実ありや(47)」。もうひとつは教育史研究者であった中島半次郎（早稲田大学教授）の言説である。中島はその著作『戦後の教育』（目黒書店、一九〇五年）のなかで、「今回の戦捷は、実に我国の位置を世界の一等国に進め、優に世界の大勢に與る国柄たらしめたるが、翻りて考ふれば、十分列強と駆逐する上に、猶《なお》我国力薄弱の感なきを得ず(48)」と分析している。

これらの言説に共通しているのは、日露戦争の勝利によって「世界の第一等国」としての国際的地位の獲得＝「世界の帝国主義諸列強の一員」[49]に加わったことは紛れもない事実であるが、その内実を備えていないという指摘である。

こうした教育界の批判を背景として、文部省が日本は軍事面だけではなく、社会面においても「世界の第一等国」に相応しい力量＝内実を備えていることを子どもたちに顕示するうえで、「未開」で「滅びゆく民族」であるアイヌ民族を「保護」しているという事実は恰好の材料となりえた[50]。文部省の虚構のアイヌ像の教材化の意図もこの点にあったといえよう。〈あいぬの風俗〉の末尾で、「農業を営まんとするものには土地を与へ、農具・種子等を給し、又政府の費用を以て学校を建つる等、厚く保護の方法を講ぜり」というように、「北海道旧土人保護法」に基づくアイヌ民族「保護」の諸政策を列挙しているのはそのためで、それには「未開」で「滅びゆく民族」の存在が不可欠であった。

〈あいぬの風俗〉の指導上の留意点として、廣瀬佐平（兵庫県御影師範学校訓導）は「最後のあいぬ保護の所は力を入れ[51]」ること、また、村上義夫（東京府豊島師範学校訓導）は「之等（引用者注・アイヌ民族）に対する同情心を養[52]」うことの重要性をそれぞれ指摘したが、これらは文部省の教材化の意図を踏まえた見解であった。

3 〈あいぬの風俗〉への視線

それでは、この〈あいぬの風俗〉という教材に対して、教員はどのような意見を有していたのであろうか。また、子どもたちはそれに対して、どのような反応を示したのであろうか。とりわけ前者の意見は、教材に内在する問題点や当時の教員のアイヌ認識のありようを浮き彫りにするうえで重要な意味を有している。

文部省が編集した『国定教科書意見報告彙纂《いさん》』第一～五輯《しゅう》（一九一二～一九一九年）はそうした点を全般的に明らかにすることができる数少ない史料のひとつであるといえよう。なお、『国定教科書意見報告彙纂』の編集・発行は各輯によって異なる。第一輯は文部省図書局であるが、第二・三輯は同省普通学務局、第四・五輯は同省大臣官房図書課がそれぞれ編集・発行した。

周知のように文部省は一九一二年六月、「教科書改良上有益」であるという理由から高等師範学校と道府県師範学校に対し、附属小学校での第二期国定教科書の使用結果の報告を指示した。(53) 報告の内容は当該教科書中の各教材の「分量、程度、材料等ノ適否」に関する事項で、それを「一切筆削ヲ加ヘ」ずに収録し、(54) 刊行した著作が『国定教科書意見報告彙纂』である。これらのなかで、〈あいぬの風俗〉に直接言及した意見は東京高等師範学校、北海道師範学校、京都府女子師範学校をはじめとする一六校が提出し、その件数も延べ一八件に上っている（一覧参照）。

最初に取り上げるのは、全体の六割強を占めた広島高等師範学校、福岡県小倉師範学校など一〇校（延べ一一件）が提出した教材編成上の意見である。それは「第二十二課『あいぬの風俗』地理科トノ連絡上第六学年ニ廻サレタシ」（新潟県高田師範学校）に代表されるように、第五学年に配当されている〈あいぬの風俗〉を第六学年に移行し、地理科と相互に関連づけて指導すべきであるという内容であった。

事実、第二期国定地理教科書『尋常小学地理書』中の「北海道地方二」（巻二第七課）には、「北海道地方は古来アイヌ人の住する所にして、戸口も稀少なりしが、維新後大いに意を開拓に用ひたるを以て、内地より移住するもの次第に多く、今や人口百四十余万に及べり。其の中、アイヌ人は僅に二万に満たず」という本文中の記述に加えて、「石狩川流域の森林」と題する挿画にも、その点景人物として「未開」性を強調する形で丸木船に乗ったり、岸辺で民族衣装を着用してたたずむアイヌ民族の姿が描かれている。これらの意見はアイヌ民族に関する指導の「相乗効果」に着目したもので、『国定教科書意見報告彙纂』の各輯を通して現れている。

次に取り上げるのは島根県女子師範学校、東京府豊島師範学校など六校（延べ七件）の教材内容に関する意見である。このうち、奈良県師範学校の意見は本文中の「食物は粟《あわ》・稗《ひえ》・うばゆりの根等を主とし」という記述の誤りを具体的に指摘したものである。アイヌ民族が「うばゆり」（正式名・おおうばゆり）から食用として澱粉《でんぷん》を採取していたことはよく知られている。しかし、それは本文に記されている「うばゆり」の「根」からではなく、鱗茎《りんけい》と呼ばれる「茎」から採取した。(55) また、北海道師範学校の意見も奈良県師範学校と同様に教材中の誤りを指摘したものであ

〈あいぬの風俗〉に対する各師範学校の意見報告一覧

師範学校名	意見内容
東京高等師範学校	(1)「第二十二課あいぬの風俗」ハ第六学年ニ廻ハス方地理ト連絡セシメ易シ
北海道師範学校	(1)第二十二課あいぬの風俗　事実相違ノ点アリ訂正アリタシ
奈良県師範学校	(1)第二十二課、「うばゆりの根」ノ根ハ理科ト一致セズ
島根県女子師範学校	(1)「第二十二課、アイヌノ風俗」中ニ北海道土人保護法《ママ》ノ法文ノ易キ部分ヲ挿入レテハ如何、現行読本ニテハ法文ヲ読マシムルノ機会甚ダ少ナシカヽル課ニ其容易ナル部分ヲ加ヘテ之ヲ読マシムルハ法文ニ親マシムル良好ノ策ナルベシ (2)「第二十二課、あいぬの風俗」中ニ北海道土人保護法《ママ》ノ法文ノ易キ部分ヲ挿入シテハ如何、現行読本ニテハ法文ヲ読マシムルノ機会甚ダ少ナシカヽル課ニ其ノ容易ナル部分ヲ加ヘテ之ヲ読マシムルハ法文ニ親マシムル良好ノ策ナルベシ
広島高等師範学校	(2)第二十二課あいぬの風俗　地理科トノ連絡上六学年ニ出ス方可ナラズヤ
和歌山県師範学校	(2)五年以上ニ於テハ別ニ事実教材ノ準備知識ヲ読本ニ於テ授クル必要ナカルベキヲ以テ例ヘバ巻十第二十一課人ノ身体同二十二課アイヌノ風俗是等ハ六年ノ理科地理ノ終リタル後ニ廻サルレバ便利ナルベシト思ハル
福岡県小倉師範学校	(2)「第二十二課あいぬの風俗」地理科トノ連絡上第六学年ニ繰下ゲタシ
東京府豊島師範学校	(3)第二十二課「あいぬの風俗」ノ挿絵中女子ニ耳輪ヲ附ケシメタシ
神奈川県師範学校	(3)「第二十二課あいぬの風俗」ハ第六学年ニ廻ハシタキコト（地理科トノ連絡上）
	(3)八十一頁末行「熊祭」トアレバ其ノ状況ヲ挿画トシテ用ヒタシ

<table>
<tr><td>埼玉県女子師範学校</td><td>八十二頁六行「中には小学校教員となれるものもあり」ハ「中には小学校教員のさへあり」ト改メタシあいぬ人ノ野蛮ナル幼稚ナルコトヲ述ベテ「中には小学校教員云々」トイフハ如何ニモ小学校教員ヲ蔑視シタルガ如クニモ考ヘラル、点ナキニシモアラズ</td></tr>
<tr><td>千葉県師範学校</td><td>(3)第二十二「あいぬの風俗」ハ第六学年ニ廻ハシ地理科トノ連絡ヲトル方ヨロシカルベシ</td></tr>
<tr><td>三重県師範学校</td><td>(3)第二十二課、あいぬの風俗ヲ地理科トノ連絡上尋常第六学年ニ排列スルコト</td></tr>
<tr><td>新潟県高田師範学校</td><td>(4)第二十二課「あいぬの風俗」地理科トノ連絡上第六学年ニ廻サレタシ
(5)第二十二課〔あいぬの風俗〕地理科トノ連絡上第六学年ニ廻サレタシ</td></tr>
<tr><td>京都府女子師範学校</td><td>(5)尋常小学読本中修身・地理・理科等ノ他教科ト関係ヲ有スル教材ニアリテハ可成相互ノ連絡ニ便ナル様配列サレンコトヲ望ム。例ヘバ巻六第十四、十五豊臣秀吉、巻七第一、二楠木正行、巻九第十九課空気、巻十第二十一課人ノ身体、第二十二課あいぬの風俗、巻十二第四課日本海々戦ノ如キ配列上変更ヲ加ヘラレタキモノナリ</td></tr>
<tr><td>大分県師範学校</td><td>(5)巻十　あいぬの風俗ハ第六学年ノ方ニ廻サレタシ</td></tr>
<tr><td>熊本県第一師範学校</td><td>(5)児童ノ国定読本ニ対スル感想　1、難ト感ゼシ課　2、易ト感ゼシ課　3、面白シト感ゼシ課ヲ記述セシメタルモノ尋常科第五学年　巻十（男女）男二五人　女一四人<table><tr><td>課名</td><td>難</td><td>易</td><td>好</td></tr><tr><td>二二、あいぬの風俗</td><td>男四　女一</td><td>男三　女二</td><td>男一　女〇</td></tr></table></td></tr>
</table>

（注1）　本表は文部省図書局（普通学務局、大臣官房図書課）編『国定教科書意見報告彙纂』第一～五輯（一九一三～一九年）をもとに作成した。なお、表中の教材名や括弧類は原文通りとした。

（注2）　意見報告内容欄の丸括弧内の数字は当該意見を収録した『国定教科書意見報告彙纂』の各輯数を示している。

るが、その箇所などは明記されていない。

埼玉県女子師範学校の意見は本文中の記述に対する修正の要望とその理由を付したものである。修正箇所を含むパラグラフの全文を掲げておこう。「彼等（引用者注・アイヌ民族）は元は読み書きも知らず、算数の考もとぼしかりしが、今は内地人と同じく、読み書き・計算をもなし得るものあるに至り、中には小学校教員となれるものもあり」。埼玉県女子師範学校の意見は、形式的には本文中の助詞を「も」から「さへ」に差し替えるという内容であるが、その理由をこう述べている。「あいぬ人ノ野蛮ナル幼稚ナルコトヲ述ベテ『中には小学校教員云々』トイフハ如何ニモ小学校教員ヲ蔑視シタルガ如クニモ考ヘラル、点ナキニシモアラズ」。このことと助詞の差し替え後の文章とを重ね合わせて考えると、そこには小学校教員がアイヌ民族と同列視されることに対する「嫌悪感」が表出されている。小学校教員の蔑視につながると指摘しながら、その実、アイヌ民族を劣った存在として見下しているのである。まさにアイヌ民族の存在とその文化を相対化する視点を欠いた近代日本のアイヌ認識の典型が映し出されているといってもよい。

ちなみに、この記述中の「小学校教員」には『尋常小学読本』の編集・刊行時期から見て、さきに指摘した金成太郎《かんなりたろう》や高月切松、山根清太郎[56]以外に胆振《いぶり》国室蘭《むろらん》郡元室蘭村出身で、一九〇八年に北海道師範学校簡易科を卒業し、アイヌ小学校である岡田尋常小学校や元室蘭尋常小学校の訓導兼校長を歴任した山根留太郎《やまねとめたろう》（山根清太郎の弟[57]）を加えることができる。

島根県女子師範学校、東京府豊島師範学校など三校（三件）の意見は、いずれも本文中の記述に対応する新たな史料や挿画の追加を文部省に要望する内容である。島根県女子師範学校は法律に親しませるための方策として「北海道旧土人保護法」（一八九九年制定）の「易キ部分」を、埼玉県女子師範学校は「熊祭」（イオマンテ＝熊の霊送り）の挿画をそれぞれ具体的に示した。また、東京府豊島師範学校も教材中の挿画の女性像に対して、「耳輪」を描き加えることを要望した。

熊本県第一師範学校の報告は教材の難易度や子どもの教材観（関心度）を示すものとして非常に興味深い。これらの点に関して、〈あいぬの風俗〉と同じ巻の他の教材と比較しながら検討してみよう。難易度を見ると、〈あいぬの風俗〉を「難ト感ゼシ」子どもは三九人中五人で、「温泉」（三九人中一九人、第二〇課）や「甘藷《かんしょ》」（三九人中一五人、第一〇課）などと比較して下位に位置し、やさしい内容の教材の部類に属するはずである。

しかし、「易ト感ゼシ」子どももやはり三九人中五人で、「家」（三九人中一九人、第四課）や「冬景色」（三九人中一四人、第九課）などと比較すると、必ずしもやさしい教材とはいえない。この調査結果と対象となっている子どもが熊本県に居住し、当時、アイヌ民族の存在とはほとんど無縁な地域であったことを考え合わせると、教材の難易度を容易に判断できなかったのではないだろうか。

また、〈あいぬの風俗〉を「面白シト感ゼシ」子どもはわずかに三九人中一人であった。「捕鯨《ほげい》船」（三九人中二五人、第一八課）や「水師営の会見」（三九人中二二人、第一二課）などと比較して、教材自体にストーリー性が乏しい〈あいぬの風俗〉を「面白シト」判断しなかったのは当然のことであろう。

この『国定教科書意見報告彙纂』中の熊本県第一師範学校の調査報告と関連して、〈あいぬの風俗〉に対する子どもの教材観を浮き彫りにする重要な史料として、長野県を対象とした「管内小学校児童学業成績調査書（読方）」も存在する。長野県学務課は一九一六年二月、県内の師範学校附属小学校も含めて、全小学生（尋常科・高等科）を対象に「児童ノ心力発達ニ対スル教材ノ適否教法ノ利弊等ヲ考察シ教授ノ反省ニ供スルト共ニ教育上有益ナル資料ヲ得テ教授改善ノ一助ト[58]」することを目的として、上記調査を実施した。

〈あいぬの風俗〉に関係するのは、そのなかの「国語読本に関する児童興味の調査」で、子ども自身が「最モ面白シト感シタル課」「最モイヤニ感シタル課」「最モワカリノワルクアッタ課」に該当する課をそれぞれひとつずつ選択したものである。その調査結果は尋常科と高等科の各学年を単位として男女別に報告されている。〈あいぬの風俗〉は尋常科第五学年（調査児童数は二四、四七二人）の男子が選択した「最モイヤニ感シタル課」中で取り上げられ、巻九（全二七課）・巻一〇（全二七課）の全課を通して、第一二位（選択児童数二三四人、巻一〇に限定すると第五位）に挙げられていた。ちなみに、その第一位と第二位の教材は、男子が〈動物ノ体色〉（同一、〇一九人・巻九第一六課）、〈模様と色〉（同七三五人・巻一〇第一四課）、女子が〈利根川〉（同九一二人・巻九第六課）、〈動物ノ体色〉（同九一二人・巻九第一六課）であった。

長野県学務課はこうした調査結果を踏まえ、子どもが「最モイヤニ感シタル」理由を次のように分析した。「児童の生活に遠く児童の経験に縁遠き事柄に対しては中々に感興も共鳴も感ぜざる如し[59]」。〈あいぬの風俗〉の内容は前述の熊本県の事例と同様に、アイヌ民族の存在とは歴史的にも無縁な長野県に在住する子どもにとっては、まさに「生活に遠く（中略）経験に縁遠き事柄」であったといえよう。

この〈あいぬの風俗〉の原形となった前掲の〈アイヌ〉も学習者である子どもの興味や関心を惹きつける教材ではなかった。一九〇五年の奈良県師範学校附属小学校の高等科第一学年を対象とした『高等小学読本』巻二所収教材中の「児童ノ倦怠《けんたい》シタルモノ」調査によれば、〈アイヌ〉はそのなかで、〈イチョー〉(第三課)の四三人中一七人に次いで、一六人が「倦怠シタル」教材として挙げていた[60]。

こうした熊本県第一師範学校、長野県学務課、奈良県師範学校附属小学校の各調査報告は明治期の子どものアイヌ教材観を浮き彫りにした貴重な史料であるが、今日のアイヌ問題学習用の教材のあり方や内容を考察するうえでも非常に示唆に富んでおり、すぐれて今日的であるといえよう。

文部省は一九一五年三月、第二期国定国語教科書『尋常小学読本』の本文や挿画の一部を修正した。〈あいぬの風俗〉を収録した巻一〇に限定しても、修正箇所は筆者の調査では全二七課中一二課に及んでいる[61]。しかし、〈あいぬの風俗〉に関しては、奈良県師範学校が指摘したように明確な誤りを含んでいたにもかかわらず、本文や挿画も含めて一切の修正が施されなかった。また、〈あいぬの風俗〉の第六学年への移行措置もとられなかった。〈あいぬの風俗〉に限定していえば、文部省にとって各師範学校からの意見報告は「教科書改良上有益」ではないと判断したのである。それは当然のことで、文部省の教材化の意図とは全く無関係な意見報告であったからである。

4　アイヌ小学校教員の〈あいぬの風俗〉批判

明治政府は一八九九年に「北海道旧土人保護法」を制定し、その重要施策のひとつとして、アイヌ民族への初等教育の「普及」を位置づけていた。北海道庁はその第九条「北海道旧土人ノ部落ヲ為シタル場所ニハ国庫ノ費用ヲ以テ小学校ヲ設クルコトヲ得」に法的根拠を得てアイヌ小学校を特設し、それまでのアイヌ民族と日本人の子どもの共学制から別学制という新たな教育形態を制度化した。

このアイヌ小学校で日常的にアイヌ民族の子どもと接していた教員は、〈あいぬの風俗〉に対してどのような意見を有していたのであろうか。前述の『国定教科書意見報告彙纂』中の「意見」とは、その内容や視角が異なるであろうことは多分に予測できる。

最初に取り上げるのはアイヌ民族出身の教員・武隈徳三郎《たけくまとくさぶろう》（一八九六～一九五一）の言説である。武隈は十勝国河東《かとう》郡音更《おとふけ》村の生まれで、帯広准《じゅん》教員講習所を修了し、一九一三年に高島《たかしま》尋常小学校（中川郡川合村）の准訓導となったが、その後、北海道教育会主催の尋常小学校本科正教員養成常設講習会を経て、[62]一九一四年にはアイヌ小学校のひとつである音更尋常小学校（河東郡音更村）の訓導兼校長として赴任した。[63]さらにその二年後にはやはりアイヌ小学校である井目戸《いもっぺ》尋常小学校（勇払《ゆうふつ》郡鵡川《むかわ》村）へ異動した。

武隈がこの井目戸尋常小学校勤務時に刊行し、アイヌ民族が自らの習俗・信仰・教育などに関して、初めて日本語で記した著作が『アイヌ物語』（富貴堂書房、一九一八年）である。このなかで、武隈は今後のアイヌ教育のあり方に言及し、「心性の発達和人の如くならざる」という差別的理由に基づく、アイヌ民族の子どもの就学年令の一歳繰り下げや教育年限の二年間の短縮措置などを規定した「旧土人児童教育規程」（一九一六年）への批判と合わせて、〈あいぬの風俗〉の教材内容に関して次のように指摘した。「和人土人の児童をして、相互に了解会得して同情の念を起さしむべし。小学読本巻十『第二十二課あいぬの風俗』は、之を省きて、更に適当なるものを加へられんことを望む[64]」。教材自体への根源的な問題提起である。武隈の指摘は本文や挿画を通して、アイヌ民族の習俗の異質性を虚構の「未開」性にすり替え、それを強調した〈あいぬの風俗〉をアイヌ民族と日本人の子どもの相互理解の障害となるので削除し、代わりに適当な教材を追加すべきであるという趣旨である。教材内容と子どもの関係性に着目した意見である。これは「同種族たるのみならず、数年間子弟の教育を実地に行[65]」った経験を踏まえたもので、アイヌ民族出身の教員である武隈だけに可能な指摘であったといえよう。その根底には「土人をして和人に同化し、立派なる日本国民たらしむるこそ、アイヌの本懐なれ[66]」という武隈の自己認識が存在していた。

次に取り上げるのは日本人教員・吉田《よしだ》巌《いわお》（一八八二〜一九六二）の言説である。吉田は一九〇六年、「アイヌの教育と調査[67]」を目的に福島県から渡道《とどう》し、翌年、アイヌ民族の青少年を対象とする実業補習学校（乙種）である北海道旧土人救育会虻田《あぶた》学園（虻田郡虻田村）の教員となった。

その後もアイヌ小学校である虻田第二尋常小学校（虻田郡虻田村）の代用教員、荷負《におい》尋常小学校（沙流郡荷負村）の准訓導を経て、一九一五年には吉田のアイヌ教育実践の主要な舞台となる第二伏古《ふしこ》尋常小学校（河西郡伏古村）の訓導兼校長として赴任した。同校には一九三一年の廃校時まで在職し、その間にアイヌ小学校教員の立場から「部落学校」調査（一九二二年）や台湾先住民の教育制度を中心とした台湾学事調査（一九二七年）などを実施した。

吉田は一九二〇年三月、帯広尋常高等小学校で開催された第一回十勝教育研究聯合会で、〈あいぬの風俗〉の内容上の問題点を具体的に指摘するとともに、教材自体の削除の必要性を提起した(69)。吉田はこの報告に際して、日記中に「尋常小学読本巻十第二十二課あいぬの風俗につきて調査す」（一九二〇年二月一〇日(70)）、「〔午後〕八時より「あいぬの風俗」の課を調査」（同年二月二三日(71)）、「『アイヌ《ママ》の風俗』につきて意見執筆す」（同年二月二八日(72)）など、〈あいぬの風俗〉の調査・研究に関する記述が頻出しているように周到な準備を重ねていた。

吉田はアイヌ教育の実践者であるばかりではなく、アイヌ語やアイヌ文化の研究者でもあり、当該分野の研究論文を『人類学雑誌』（東京人類学会発行）などに多数発表していた。吉田の十勝教育研究聯合会での報告はこうした教育実践と研究の両面に裏付けられたもので、〈あいぬの風俗〉の記述内容と当時のアイヌ民族の生活・文化の実態とを比較・検討し、その相違点を浮き彫りにしている。特に後者は吉田自身の調査と北海道庁内務部教育兵事課が実施したアイヌ民族の生活・文化の実態調査の報告書で、その政策遂行の「進捗」度を明らかにした『旧土人に関する調査』（一九一九年六月発行）に依拠している。

吉田の検討の対象は本文中の記述に限定されているが、それは「アイヌ」の語意をはじめとして一四項目に及んでいる。二、三の具体例を紹介しておこう。第一は「アイヌ」の語意に関することである。吉田は本文中の「是は北海道に住するあいぬ人」の記述に対して、「あいぬとは単複を通じて人、人々の義、単にあいぬにてもきこゆ」るので、「あいぬ人」ではなく、「あいぬ」だけで十分に通用することを指摘した。(73)

第二はアイヌ民族の生活・文化に関することである。〈あいぬの風俗〉の本文中には次のように記述されている。「あいぬの男子は髪とひげとを長くのばし、耳に金属製の輪をはめ、こしに小刀をさく。女子は耳に耳輪をはむること男子に同じく(後略)」。これに対して吉田は現在では断髪が進んでいるので、「髪とひげとを長くのばし」たアイヌ民族は減り、特に「若き者は概して髭鬚《しぜん》を貯《たくわ》ふる者」自体が少ないことを、また、耳環も男女ともイオマンテなどの儀式以外での着用は稀《まれ》であることをそれぞれ指摘した。(74) 生活・文化に関してはこれらのほかに〈あいぬの風俗〉の本文中の「熊祭」という表現は誤りで、「本来の意義より熊送りと」すべきであり、それも「熊の減少其他に伴ひ僅かに型を存するに過ぎぬ」と指摘した。(75)

第三はアイヌ民族の人口に関することである。本文中には「あいぬの数、古は甚だ多かりしが、近年次第に減少して、今は僅かに二万人に足らず」と記述されている。吉田はアイヌ民族の人口が一八七二年には一五、二七五人であったが、一九一六年では一八、六七四人となっているように「近年次第に減少」しているのではなく、むしろ「漸次増加しつゝ」傾向にあることを実証した。(76) この点に関しては北海道庁も吉田と同じ認識で、前出の『旧土人に関する調査』のなかで、

「旧土人人口は概して増加しつゝある」[77]と分析している。

また、『巌手《いわて》学事彙報《いほう》』第一〇七一号所収（一九二〇年一一月一五日発行）の暁山生「アイヌニ関スル研究」でもアイヌ民族の人口に関して、「国定教科書には人口は漸次減少しつゝ、ありとあれど年々の統計は増加を示せり」[78]という認識に立脚していた。

第四は〈あいぬの風俗〉の記述の歴史認識に関することである。吉田は本文中の「今」（例えば、「入墨をほどこすことは今は全く禁ぜられたり」など）や「近年」の使用法に言及して、「何れも現実に伴はずして之を襲用するは如何あらむ」と述べ、その非歴史的な使用法に疑義を提示した[79]。

このように吉田が〈あいぬの風俗〉を取り上げ、それを検討の対象としたのは「本課の目的はあいぬの風俗を知らしむるのだから慎重を要すべきである」にもかかわらず、「内容は今日の実際とは多くの懸隔があり」、「教授の如何によっては、被教育者をして誤解させる点がないとは保証は出来ぬ」というように、「国民教育上」の課題として位置づけていたからであった[80]。報告の最後で、吉田はその時点での〈あいぬの風俗〉の教材としての存在意義に言及し、次のように述べた。「内容既に実際に伴はさる本課の如きは之を知りつ、何等の考慮なく原文に盲従教授せば寧ろ授けざる若かずと云はうか。あいぬの風俗かくも聖代に同化せしを見ては本課の如き一日も早く削除せられむ事国民教育上望ましき所である[81]」。

この吉田の教材削除の提言は先に紹介した武隈の視角とは異なり、日本式習俗への変化に着目し、それが「聖代に同化」したという事実認識に基づいていた。しかし、それはあくまでも〈あいぬの風俗〉という教材に描かれた可視的な習俗に限定されており、アイヌ民族のアイデンティティの表出を支える、自然と共存した世界観（信仰）などは北海道庁が「彼等（引用者注・アイヌ民族）をして其の固有の信仰を離れて他の宗教に同化せしむることは容易ならざる」[82]と捉えていたように、決して「聖代に同化」することはなかった。そうした提言は「教育の上より絶対アイヌ語を撲滅させる方針故、教師として私は使用せぬ。但し裏面の研究の方便としてはこの限りにあらず」という吉田自身の言説に象徴されるように、アイヌ教育実践とアイヌ研究とが完全に分離していたからこそできえたといえよう。当然のことであるが、吉田は教育実践と研究とが分離していることへの矛盾を自覚してはいなかった。

　吉田は一九二〇年三月の十勝教育研究聯《れん》合会での報告以前にも〈あいぬの風俗〉に言及し、そこに内在する問題点を指摘していた。それは一九一六年六月に執筆した「アイヌ学童より観たる彼等同族の現代風習」と題する小文の中で、次のように述べられている。「現国定教科書、尋常小学読本巻十第二十二《（ママ）》課『あいぬの風俗』は一昔は《（ママ）》一昔前の教材その儘《まま》とあって現状に伴はぬ節が多い、（中略）之を授けられ之を読みつつあるアイヌ学童にとっては尠からぬ迷惑否教授者苦心の存する処である。よろしく現代的の調査改善があって欲しいと思ひます」[84]。これは〈あいぬの風俗〉の「削除」を求める十勝教育研究聯合会での報告とは異なり、教材の存続を前提とした「現代的の調査改善」の必要性を提起するものであった。

　一九四一年六月二五日付の『東京日日新聞』（北海道樺太版）の記事によれば、吉田は「国定教科書の読本尋常五年生用にさし絵つきの『アイヌの風俗』が全く非文明な往古の姿であるとして文部省図書監修監に所へて大正八年抹殺させた」と報じられている。[85]記事中の「大正八年」は、吉田が十勝教育研究聯合会で報告をした「大正九年」の誤りであると思われる。事実、一九二〇年二月以前の『吉田巌日記』には〈あいぬの風俗〉を検討していたことを窺わせる記述は存在しない。また、「抹殺させた」という点に関してはその可能性自体は否定できないが、吉田の提言の時期と〈あいぬの風俗〉を削除した第三期国定国語教科書の当該巻の編纂時期が近接していたことを考え合わせると、むしろ偶然の一致と捉える方が自然である。それは後述する河野常吉《こうのつねきち》が自己の体験を踏まえて、「一個人の忠告や請願は其効果極めて少なし(86)」と述べたように、文部省が一小学校教員の「訴へ」に耳を傾けたとは考えにくいからである。

5　〈あいぬの風俗〉の終焉——結びにかえて

小論の最初に設定した検討課題は不十分な論証ではあったが、概《おおむ》ね言及することができたと考えている。そこで本稿を閉じるに当たって、この〈あいぬの風俗〉の記述内容をめぐる日本の教育界の言説を、前述の武隈徳三郎や吉田巌が指摘する以前から問題を提起していた北海道の教育界を軸に紹介しておこう。

文部省が第二期国定国語教科書の本文や挿画の一部を修正した一九一五年に当時の北海道の代表的な歴史研究者で、アイヌ研究にも造詣《ぞうけい》が深かった河野常吉（一八六二〜一九三〇）は、「北海道教育上の欠点」と題する一連の論稿を発表した。そのなかで、河野は『尋常小学読本』中の北海道関係教材の「誤謬《ごびゅう》」の「改正」を当時の北海道の教育課題のひとつとして位置づけ、〈熊〉（巻六第一九課）と〈あいぬの風俗〉の両教材中の「明かに誤謬なり若しくは不穏当」な箇所を具体的に指摘した(87)。〈あいぬの風俗〉に関しては、アイヌ民族の衣服、食料、住居などの記述に言及している。一例を挙げると、「衣服に就きては男子女子も寒き時は犬の皮などにて造れる羽織の如きものを用ひ又あつし織の短き筒袖を着」という記述に対しては、「単に寒き時の衣服のみを書きたるは編纂其当を得たるものにあらず。況して犬の皮の衣服を主要のもの、如くに書きたるは間違なり。犬の皮をも着たるは事実なるも是は重要の衣服にあらず(88)」と批判した。

この河野ほど具体的ではないが、ほぼ同趣旨の指摘は他府県の教員の言説の中にも多数見出すことができる。例えば、一九一五年八月に北海道を訪れた栃木県女子師範学校教諭・森本樵作はその旅行記「北海道雑記」のなかで、当時の近文アイヌの生活・文化の形態に言及し、「国定教科書を見ても、（中略）すべてアイヌの生活状態を以て、矢張《やはり》旧俗をそのまゝを保存してをるかの如くに記載してをる。是れ間違ってをる証拠である。今のアイヌは十中の八九まで、アイヌの旧俗を持続してはをらぬ」と述べている(89)。

また、一九一八年に近文と白老の両コタンを訪れた福島第四尋常高等小学校（福島市）の一教員は、その調査記録として「アイヌ部落を見て来て」を発表し、そのなかで次のように述べている。「実際に現今のアイヌ部落に行つて見ると事実は皆想像外である。国定教科書に書いてあるのとは余程異って居る。読本にあるのは今のアイヌの一部の風俗である(90)」。これらの事例から明らかなように、日常的なアイヌ民族との出会いの機会が乏しい他府県の教員であっても、北海道のコタンを訪れたならば、〈あいぬの風俗〉に描かれた生活・文化の形態と当時のそれとの相違に気づくことは極めて容易であったといえよう。

さて、一九一六年八月に札幌で開催された北海道聯合教育会第五回総会では、根室千島《ねむろちしま》聯合教育会からの議案として「尋常小学校教科用書中本道《ほんどう》ニ関スル事項ノ修正ヲ其筋ニ建議スルノ件」（第一三号議案）が提出された。その提案理由は次の通りである。「尋常小学読本及地理教科書中本道ニ係ル事項ノ挿画及《および》文章ニ於テ事実ト適合セズ修正ヲ要スル廉《かど》アリ之レガ為現在ニ於テ教授上不利ナリト認ムルノミナラズ延ベテ本道拓殖上ニ於ケル移民ノ招来ニ影響ナシトセズ」[91]。このなかで「教授上」の理由に加えて、移民政策との関連から「拓殖上」のそれを挙げていることは注目に値する。

根室千島聯合教育会が提出した議案は同総会で採択され、北海道教育会が「修正ノ意見並ニ資料ヲ具シテ建議スルコト」[92]を決定した。北海道教育会ではこの決定を受けて、一九一六年一二月二五日付で文部大臣・岡田良平に対して、〈熊〉（巻六第一九課）などと並んで、〈あいぬの風俗〉の修正を建議した[93]。建議の全般的な理由としては、「府県民中今尚本道を以て熊狸の巣窟となし瘴癘《しょうれい》の気に満てるの地と誤解し為めに本道移住を遅疑するもの少しとせず。其の本道の開発を阻害するもの尠少《せんしょう》にあらざるべし。現行国定教科書中本道に関する記事は概して旧時《きゅうじ》の状態を脱せず。一般世人に対して本道現下の真相は前途の有望なる所以を紹介するに足[94]」りないことを挙げていた。

このように〈あいぬの風俗〉の修正建議は、北海道拓殖事業の「推進」と密接な関連を有していたのである。北海道教育会が〈あいぬの風俗〉の修正を建議した一九一六年時点では、第二期国定教科書と同時にスタートした「第一期拓殖計画」(当初の計画期間：一九一〇年～一九二四年)が「推進」されていた。この計画は北海道の鉄道・道路・橋梁《きょうりょう》・港湾・河川の整備などの土木事業を主体とし、国有未開地の処分を通して移住者の増加を図り、総人口を三〇〇万人とすることが目標として設定されていた。現行の〈あいぬの風俗〉は「未開」で「野蛮」なアイヌ民族の存在を強調しているだけに、「本道の開発を阻害」する要因として認識されていた。したがって、修正に当たっては「あいぬ人の言語風俗は漸次内地人と同化し現今殆ど其の区別を見ること能はざるに至れり。あつし織の如きは次第に廃して和人と同様の衣服を着用し言語も亦自由に日本語を操るもの多きに至れり。仍《よっ》てあいぬ人につきては此の方面を今一層力説せられんことを望む」[95]と記されていたように、「文明」化したアイヌ民族の姿を描きだすことを要望していた。

この文部大臣への修正建議は、アイヌ民族が居住する北海道だけではなく、他府県の教育関係者の間でも注目を集めた。山形県教育会では一九一七年三月、同教育会機関誌『山形県教育雑誌』の誌上に北海道教育会の文部大臣への修正建議の全文とそれを提出するまでの一連の経過を紹介した「北海道に関する教材取扱上の注意」と題する記事を掲載し、山形県内の教育関係者に向けて「注意」を喚起した[96]。

北海道教育会の文部大臣への修正建議や前述のアイヌ小学校教員の削除要求意見が文部省内でどのような取り扱いを受けたかは、現時点では不明であるが、〈あいぬの風俗〉は教材として一九二二年三月まで使用された。それは第三期国定国語教科書『尋常小学国語読本』への切り替えが学年進行で行われたからであった。

この時期には〈あいぬの風俗〉に描かれたようなアイヌ民族の姿は実質的に存在しなかったし、また、「文明」化したそれは教材としての存在意味を有していなかった。文部省は虚構のアイヌ民族の姿を必要としなかったのである。それは第一次世界大戦後、イギリス・フランス・イタリアと並ぶ、国際連盟の常任理事国化が象徴するように、国際的に確固とした地位を占めたことによって当初の意図が達成されたからである。

文部省はこの〈あいぬの風俗〉の削除後、「国民精神作興に関する詔書」（一九二三年）の内容を具現化する国定修身教科書用の教材として、アイヌ民族の「美事善行」の調査に着手し、一九二八年一〇月には図書監修官・青木存義を北海道に派遣した。青木は吉田巌（前出）の協力を得ながら「釧路桂恋のアイヌ吉良逓送夫の善行調査」[97]を行ない、それは一九三〇年に改訂した『高等小学修身書』中の〈責任〉（児童用：巻一第一〇課、女生用：巻一第一二課）に「結実」した。〈責任〉はアイヌ民族出身の「郵便逓送人《ていそうにん》」である吉良平次郎（一八八六〜一九二二）の「殉職美談」を教材化したもので、一九四一年三月まで使用された。東京女子高等師範学校助教授・倉澤剛によれば、この教材は「吉良平次郎の、死を増して責任を全うした気高い精神に強く触れさせること」を通して、「責任を重んじて生きるところに、立派な日本臣民の道があること」を理解させることが単元目標として設定されていた。[98] このように一九三〇年代には、アイヌ民族は〈あいぬの風俗〉に描かれた「未開」の「滅びゆく民族」ではなく、「立派な日本臣民の道」の「実践者」として国定教科書の中に再び登場したのであった。

注

（1）本稿は、『教育学研究』第六一巻第三号（日本教育学会、一九九四年九月）に掲載された、「虚構としての〈あいぬの風俗〉―国定国語教科書のアイヌ認識―」に、大幅な加筆・補足を行ったものである。加筆・補足にあたっては、科学研究費補助金（萌芽的研究／萌芽研究）による研究課題「近代日本の教育界におけるアイヌ教育認識の態様に関する基礎的調査研究」（平成一〇～一二年度）及び「近代日本の教育ジャーナリズムにおけるアイヌ教育認識の態様に関する基礎的調査研究」（平成一三～一五年度）の成果を援用した。

（2）竹ヶ原幸朗「共生と教育―アイヌ教育の視点から―」『教育学研究』第六一巻第一号、一九九四年三月、八～一〇頁。

（3）札幌市教育委員会編『札幌市立学校教員（幼・小・中・高）のアイヌに関するアンケート～集計結果とその分析～』（札幌市教育委員会、一九八六年）一七頁。

（4）人類学会は一八八四年一一月、後年、東京帝国大学理科大学教授となった坪井正五郎らを中心として発足した。そこでの活動は高木博志が指摘したように、「統治の〝学〟としての人類学」という性格が色濃く現れ（「アイヌ民族への同化政策の成立」、歴史学研究会編『国民国家を問う』（青木書店、一九九四年）一七〇頁）、「日本人」によるアイヌ支配の正当性を学問的に裏付ける役割を果たした。

（5）北海道を統治する開拓使は新井白石『蝦夷志』や松浦武四郎『近世蝦夷人物誌』など、江戸中期から明治初期までのアイヌ民族に言及した文献資料を調査し、そこから「沿革」「奇説」などその歴史や生活に関する記述を摘記して『蝦夷風俗彙纂』前・後編（一八八二年）と題して刊行した。これはまさに「異民族を支配し同化吸収していく、そのためにはその生活を十分に捉えてお」くためであった（高倉新一郎「蝦夷風俗彙纂・解説」『蝦夷風俗彙纂』前編

（北海道出版企画センター、一九七四年）二頁）。

（6）『教育時論』第四三号（一八八六年六月二五日）及び同前第四四号（一八八六年七月五日）所収。「如何にもしてアイノ人を教育すべし」に言及した論文に森田俊男「明治・民権思想に立つアイヌ教育論」（国民教育研究所編『国民教育』第二六号、労働旬報社、一九七五年一一月）がある。

（7）『小国民』第三年第一八号、一八九一年九月、七頁。

（8）一例として、一八九三年九月発行（第五年第一七号）の『小国民』所収の「標本画」を紹介しよう。その「標本画」には「アイヌの図」を掲げ、「アイヌ人とは、わが北海道の土人にして、猶今のアメリカ合衆国中に於る『インデヤ』人の如し。アイヌの体格はすこぶる発達し、男子は鬚髯蓬々と生へ、女子は手の甲に及び顔に多くの入墨をなせり。丸太をあつめて僅に身を容る、だけの小屋を作り、其中にすみ（後略）」という解説を付している。

（9）色川大吉は同書の著者・坪内雄蔵（逍遙）の思想との関連で、〈蝦夷錦〉の意義に言及している。ひとつは「明治末年の教科書の問題」（『歴史地理教育』第二〇号所収、一九五六年八月）のなかで、「すぐれたヒューマニズムの作品であり、排外主義にたいする具体的な批判」である。もうひとつは『明治の文化』（岩波書店、一九七〇年）のなかで、「戦争の無意味と、平和の尊いことをアイヌの伝承をとおして」説いた作品であるとして、高い評価を与えている。色川の評価には疑問が残るが、それは他日を期したい。

（10）この〈蝦夷錦〉と同内容の教材は標題こそ異なるが、当時の中等学校用国語教科書では珍しくはなかった。管見の限りでも、坂本四方太・久保得二編『新体中学読本』（六盟館、一九〇二年）、武島又次郎編『中学帝国読本』（金港堂、一九〇二年）、落合直文編『再訂中等国語読本』（明治書院、一九〇五年）に収録されている。標題は『新体中学読本』では〈石狩の言葉戦〉

（巻二第一五・一六）、『中学帝国読本』では〈アイヌの昔話〉（巻二第二・三）、『再訂中等国語読本』では〈石狩の昔話〉（巻四第六）である。その再録者はいずれも女子師範学校校長、華族女学校校長などを歴任した細川潤次郎である。

(11) 〈あいぬの風俗〉の内容に言及した先行研究として、小沢有作「日本植民地教育政策論」『人文学報』第八二号（東京都立大学人文学部、一九七二年三月）、竹ヶ原幸朗「近代教科書の中の〈アイヌ〉」『琉球新報』一九九一年七月七日付朝刊、佐藤秀夫「近代日本の教育内容政策とそのアジア認識」『日本の近・現代史と歴史教育』（築地書館、一九九六年）、小川正人『近代アイヌ教育制度史研究』（北海道大学図書刊行会、一九九七年）、中村和之「教科書のなかのアイヌ史像」『場所請負制とアイヌ』（北海道出版企画センター、一九九八年）、中村淳「〈土人〉論――『土人』イメージの形成と展開」『近代日本の他者像と自画像』（柏書房、二〇〇一年）などを挙げることができる。

(12) 研究代表者・中村紀久二『教科書の編纂・発行等教科書制度の変遷に関する調査研究』（平成七年度〜平成八年度科学研究費補助金研究成果報告書）一九九七年、一四四頁。

(13) 文部省編『国定教科書編纂趣意書追加』（文部省、一九〇四年）一一頁。

(14) 仲新・稲垣忠彦・佐藤秀夫編『近代日本教科書教授法資料集成』第一一巻（東京書籍、一九八二年）二四七頁。

(15) 小川正人「『北海道旧土人保護法』『旧土人児童教育規程』下のアイヌ教員」『北海道立アイヌ民族文化研究センター研究紀要』第二号（一九九六年三月）一二二頁、北海道立教育研究所編『北海道教育史』地方編1（北海道教育委員会、一九五五年）八四六頁、同編『北海道教育史』全道編4（北海道教育委員会、一九六四年）六二頁。

(16) 小沢有作「日本植民地教育政策論」『人文学報』第八二号、一九七二年三月、三二頁。

(17) 同前。
(18) 高木博志「アイヌ民族への同化政策の成立」、歴史学研究会編『国民国家を問う』(青木書店、一九九四年) 一七五頁。
(19) 色川大吉『明治の文化』(岩波書店、一九七〇年) 三三五頁。
(20) 文部省『修正国定教科書編纂趣意書』第一篇 (文部省、一九一〇年) 二頁。
(21) 同前。第二二課
(22) 大蔵省編『開拓使事業報告附録　布令類聚』上編 (大蔵省、一八八五年) 四四八頁。
(23) 同前、四四九頁。
(24) 同前、四四九頁。
(25) 同前、四四九頁。
(26) 同前、四四八頁。
(27) 秋田雨雀『国境の夜』(未来社、一九五三年) 一四頁。
(28) 左剣生「功七級のアイヌ人北風磯吉」『中学世界』第一〇巻第一号、一九〇七年一月、一〇四～一〇七頁。
(29) 古原敏弘氏 (北海道立アイヌ民族文化研究センター) の教示による。
(30) 「旧土人衛生の状況」『殖民公報』第一号、一九〇一年四月、一〇六頁。
(31) 「平取村旧土人の現況」『殖民公報』第三五号、一九〇七年三月、六七頁。
(32) 前掲「旧土人衛生の状況」、一〇六頁。
(33) 前掲「平取村旧土人の現況」、六六頁。
(34) 「沙流旧土人の概況」『殖民公報』第六八号、一九一二年九月、七七～七八頁。
(35) 旭川市史編集会議編『新旭川市史』第三巻 (旭川市、二〇〇六年) 八三二頁。
(36) 其田良雄「北海道旧土人保護法に基づく近文アイヌの木造住宅調査報告」『旭川郷土博物館研究報告』第六号、一九七〇年三月、六～七頁。一三七) 前掲「平取村旧土人の現況」、六七～六八頁。
(38) 「人類館」『東京人類学会雑誌』第二〇三号、一九〇三年二月、二〇九頁。
(39) 坪井正五郎「人類館と人種地図」『東洋学芸

雑誌』第二五九号、一九〇三年四月、一六四頁。
(40) 同上。
(41) 『北海道土人風俗画』の「発行所」は人類館で、また、「発行兼編輯人」は蟹田嘉平（大阪市南区木津大国町二丁目）である。筆者蔵。
(42) 吉見俊哉「ジャポニスム・帝国主義・万国博覧会」『文芸』第三一巻四号、一九九二年一一月、四四〇頁。
(43) 『旧土人に関する調査』（北海道庁、一九二二年）一一八頁。
(44) 『帝国議会貴族院委員会速記録（明治篇）』第二〇巻（東京大学出版会、一九八七年）一二〇頁。
(45) 群馬県内務部第三課「芳賀博士の国定読本講話筆記（承前）」『上野教育』第二八二号、一九一一年四月、五〇頁。
(46) 玉井幸助「国定読本要処解説（一月期）」『国語教育』第二巻第二号、一九一七年二月、三八頁。
(47) 「帝国の地位と教育」『教育時論』第八三五号、一九〇八年六月二五日、一頁。
(48) 中島半次郎『戦後の教育』（目黒書店、一九〇五年）自序一〜二頁。
(49) 宮地正人『日露戦後政治史の研究』（東京大学出版会、一九七三年）四頁。
(50) 関口明『古代東北の蝦夷と北海道』（吉川弘文館、二〇〇三年）に示唆を得た。
(51) 廣瀬佐平「新読本後期用書の研究（続き）」『小学校』第一〇巻第一一号、一九一一年二月、二七頁。
(52) 村上義夫「尋五読本教材解説（二月分）」『日本之小学教師』第一三〇号、一九一八年一月、四二頁。
(53) 「本省著作小学校教科用図書ニ関スル意見報告方」（一九一二年六月二八日、発図第一一二号）、『自明治三十年至大正十二年文部省例規類纂』（文部大臣官房文書課、一九二四年）八五〇頁。
(54) 『国定教科書意見報告彙纂』第一輯（文部省図書局、一九一三年）凡例一〜二頁。

(55) 萩中美枝ほか『聞き書アイヌの食事』(農文協、一九九二年) 一八七頁。

(56) 山根清太郎は元室蘭尋常小学校代用教員を経て、一九〇二年に北海道師範学校予備科に入学し、一九〇七年に同校卒業と同時に小学校本科正教員免許を得て、元室蘭尋常小学校訓導となった(「旧土人出身教員山根清太郎氏葬儀」『北海之教育』第一八五号、一九〇八年六月、三九頁)。

(57) 前掲「『北海道旧土人保護法』『旧土人児童教育規程』下のアイヌ教員」、一二一頁。

(58) 『長野県報』号外(一九一六年七月二〇日発行)一頁。

(59) 同上、一四六頁。

(60) 奈良県師範学校附属小学校「国定小学教科書ニ関スル実験上ノ意見(承前)」『奈良県教育会雑誌』第九〇号、一九〇五年七月二四日、一五頁。

(61) 『尋常小学読本』巻一〇の「明治四十三年六月二十八日翻刻発行」と「大正四年三月二十四日修正発行」の各版を比較対照した。

(62) 「第六回尋常小学校本科正教員養成常設講習会発会式」『北海之教育』第二五一号、一九一三年一一月、九頁。

(63) 「叙任及辞令」『北海之教育』第二五八号、一九一四年七月、七一頁。

(64) 武隈徳三郎『アイヌ物語』(富貴堂書房、一九一八年) 六〇頁。

(65) 同前。

(66) 同前。

(67) 吉田巌『日新随筆』(帯広市教育委員会、一九五六年) 六頁。

(68) 竹ヶ原幸朗「近代日本のアイヌ教育」、桑原真人編『北海道の研究』第六巻(清文堂、一九八三年) 四八三〜四八七頁。

(69) 『小樽新聞』一九二〇年三月九〜一〇日付。吉田巌『心の碑』(北海出版社、一九三五年) 一〇〇〜一〇四頁。

(70) 井上寿編『吉田巌日記』第一一(帯広市教育委員会、一九八八年) 五九頁。

(71) 同前、六一頁。
(72) 同前、六二頁。
(73) 前掲『心の碑』、一〇二頁。
(74) 同前。
(75) 同前、一〇三頁。
(76) 同前。
(77) 『旧土人に関する調査』(北海道庁教育兵事課、一九一九年)二六頁。
(78) 焼山生「アイヌニ関スル研究」『巌手学事彙報』第一〇七一号、一九二〇年一一月、一五頁。
(79) 前掲『心の碑』、一〇三頁。
(80) 同前、一〇一頁。
(81) 同前、一〇四頁。吉田の同趣旨の意見は、アイヌ小学校であった岡田尋常小学校の「日本人」教員・熊崎直平も「同課に説く所と旧土人現状とは甚だしき相違」があるので「相当修正するを要す」ことを指摘している(小川正人『近代アイヌ教育制度史研究』(北海道大学図書刊行会、一九九七年)一七〇頁)。
(82) 『北海道旧土人概況』(北海道庁学務部社会課、一九二六年)八一頁。
(83) 前掲『日新随筆』、六〇頁。
(84) 吉田巌「アイヌ学童より観たる彼等同族の現代風習」『人類学雑誌』第三二巻第二号所収、一九一七年二月、五七頁。
(85) 「アイヌ族へ/温き思遣り/教授法を改めよ/吉田氏(帯広)が提唱」『東京日日新聞』(北海道樺太版(2))一九四一年六月二五日付朝刊。
(86) 河野常吉「北海道教育上の欠点(四)」『北海之教育』第二六八号、一九一五年五月、九頁。
(87) 同前、六~八頁。
(88) 同前、八頁。
(89) 森本樵作「北海道雑記」『教育之実際』第一〇巻第四号、一九一六年二月、一一四頁。
(90) 大竹生「アイヌ部落を見て来て」『福島県教育』第三四巻第九号、一九一八年九月、三六頁。
(91) 「北海道聯合教育大会」『北海之教育』第二八四号、一九一六年九月、七七頁。
(92) 同前。

(93) 「本会記事」『北海之教育』第二八九号、一九一七年一月、六九頁。
(94) 同前、六九~七〇頁。
(95) 同前、七〇頁。
(96) 「北海道に関する教材取扱上の注意」『山形県教育雑誌』第三三三号、一九一七年三月、四六~四七頁。
(97) 前掲『日新随筆』、六八頁。
(98) 倉沢剛『高一修身教材研究』(成美堂、一九三八年)二六一頁。

地理教科書のなかのアイヌ像

日本人のアイヌ認識の形成

はじめに

アイヌの歌人・違星北斗《いぼしほくと》（一九〇二～一九二九年）は、日本の近代国家の形成とともに進められた同化政策に抗し、それまでに強制されてきた日本語・日本文字を逆用して、アイヌの苦悩と差別への憤怒に満ちた叫びを短歌によって直截的・鋭角的に表現した。遺稿集『コタン』（一九三〇年）に収められている「アイヌと云ふ／新しくよい／概念を／内地の人に／与へたく思ふ」は、アイヌ語で〈人間〉を意味し、自然と共存しながら豊かな精神文化を育んだ〈アイヌ〉の存在を日本人に正しく伝えたいという願望を込めて詠んだものである。

昨年（一九八九）一一月、東京都企画審議室がまとめた『東京在住ウタリ実態調査報告書』は依然として根強い日本人のアイヌ差別の実態を浮き彫りにしている。こうした差別の根底には、

「単一民族国家」観に象徴される日本人の誤ったアイヌ認識が存在していることは、つとに指摘されている。

このようなアイヌ認識はどのようにして形成されたのであろうか。そのひとつの要因として日本の近代学校教育の中心的位置を占め、上からの国民意識の形成を企図した教科書の〈アイヌ〉記述の問題をあげることができよう。そこで小論では、アイヌの存在を最初に教材化した初等地理教科書に着目し、今日の日本人のアイヌ認識の原型として、そこに描かれたアイヌ像について検討していきたい。その際に違星の「アイヌと云ふ／新しくよい／概念を……」はアイヌ像を点検する上で重要な指標となるであろう。

1 地理教科書における〈アイヌ〉教材の初出

日本の教科書のなかで、はじめてアイヌの存在を描きだしたのは大学南校の教官・内田正雄が著し、一八七〇年に出版された『輿地誌略《よちしりやく》』である。同書は福沢諭吉『世界国尽《くにずくし》』と並ぶ、明治初期の代表的な世界地理教科書である。「蝦夷島昔時ハ之ヲ渡海蝦夷ト名ツク今ハ北海道ト称ス（中略）土人ヲ蝦夷ト名ケ漁猟ヲ業トシ耕作ヲ知ラス……」（第一篇巻一「日本国」）で始まる「蝦夷島」の記述は「琉球」と並んで精細を極めている。アイヌについてはその習俗を軸に「本邦ノ人民」に対置して描かれ、量的にも大幅なスペースを割いている（全二六行中一七行）。

内田が記述に当たり、この時期にアイヌの存在に注目することができた背景として、どのようなことが考えられるのであろうか。ちなみに福沢の『世界国尽』にはアイヌが描かれていない。端的に言えば、「蝦夷地《えぞち》」とアイヌをめぐる日露間の緊張関係が背景に存在していると言ってよい。ロシアの南下政策に対する国防上・軍事上の拠点としての「蝦夷地」の重要性は、明治国家成立後も「皇国ノ北門」視し、その支配を目的に一八六九年に「開拓使」を設置したようにますます高まっていった。そうしたなかでアイヌの帰趨《きすう》は明治国家にとって国防上・軍事上の明暗をわける重要な問題として浮かび上がっていた。

内田はこうした国際関係、それも国防・軍事への関心を背景に、日本という一国家の描写に際して、否応なく「蝦夷地」に居住する民族的他者であるアイヌの存在に注目せざるを得なかったのではないだろうか。このように、アイヌは地理教科書を通して、はじめて日本人の教育認識の世界に登場するが、それは主体的存在ではなく、国防上・軍事上の客体として描かれでいるのにすぎなかった。

2　近代史のなかの〈アイヌ〉教材

日本の教科書制度は、当初、自由発行、自由採択制を原則としていたが、文部省の教科書統制の強化とともに開申《かいしん》制（一八八一年）、認可制（一八八三年）を経て、検定制（一八八六年）へと移行した。その後、第三次小学校令改正（一九〇三年）により、小学校用教科書の国定制を導入した。地理科の教科書制度は日本帝国主義の海外侵略の過程と不可分の関係にあり、国定制度導入以降は、他教科と比較して上のように改定並びに修正が短期間で行われているのが特徴である。

このような変遷をたどった日本地理の教科書には、巻頭に当たる「日本（大日本帝国）」及び「北海道」の各章に〈アイヌ〉が登場する。時期的には、前者は一九〇一年発行の検定教科書『小学地理』から第五期の『尋常小学地理書』まで、また、後者は一八七三年発行の中根淑『兵《へい》要《よう》日本地理小誌』から第二期の『尋常小学地理』まで、それぞれ内容に濃淡はあっても記述が存在している。

アイヌの大多数は当時から北海道に居住しているので、「北海道」の章に〈アイヌ〉が描かれるのは当然のことであるとして、「日本（大日本帝国）」の章にも日本国民を構成する一民族として〈アイヌ〉が描かれなければならない。しかし、それが登場するのは一九〇一年に発行された『小学地理』――「国民中にて異種族といぶべきものは、二万余のアイヌ種族（中略）我が国語を話し、我が風俗習慣を学び、年毎に、日本種族に同化して行くもの多きおや」（巻四、「日本」上）――が最初である。その理由として次のことが考えられよう。第一

時期区分	使用開始年度	教科書名
第一期	一九〇四年度	『小学地理』巻一～四
第二期	一九一〇年度	『尋常小学地理』巻一～二
第三期	一九一八年度	『尋常小学地理書』巻一～二
修正	一九二五年度	『尋常小学地理書』巻一～二
第四期	一九三一年度	『尋常小学地理書』巻一～二
修正	一九三五年度	『尋常小学地理書』巻一～二
第五期	一九三八年度	『尋常小学地理書』巻一～二
第六期	一九四三年度	『初等科地理』上・下

に日清戦争後、台湾を植民地化し、同地の少数民族である高山族の存在を通して国内少数民族としてのアイヌを視野におさめることができた。第二にアイヌ同化政策の基本法となった北海道旧《きゅう》土人《どじん》保護法（一八九九年）の制定をめぐる帝国議会の審議など、当時の社会的関心の高まりがアイヌの存在を浮き彫りにした。第三に「小学校教則大綱《たいこう》」（一八九一年）及び「小学校令施行規則」（一九〇〇年）のなかで地理教育の目標として愛国心の養成が掲げられていることも、国家の構成員としての〈民族〉の存在に着目させた。

その後、「日本（大日本帝国）」のなかの〈アイヌ〉は『尋常小学地理』（第二期国定教科書）を除き、日本の植民地における異民族の存在が見えつづける限り記述された。しかし、『初等科地理』（第六期国定教科書）では、〈アイヌ〉をはじめとする少数民族の存在が「大東亜共栄圏」の「皇国臣民」のなかに統合され、教科書から姿を消した。

「北海道」では、『尋常小学地理』（第二期国定教科書）を最後に〈アイヌ〉記述は姿を消す。これは、国定国語教科書（「あいぬの風俗」、『尋常小学読本』巻一〇所収）の場合とまったく同じである（拙稿「教科書のなかのアイヌと小学生のアイヌ観」一九八八年）。この時期はアイヌ同化政策の転回期にあたり、アイヌ小学校の段階的廃校並びに「旧土人児童教育規程」の廃止に象徴されるように政策内容が衣食住など物質的側面の同化とともに変質していった時期である。同化の浸透は、それまでのアイヌへの社会的・学問的関心を薄れさせた。加えて、北海道内のアイヌ人口が一パーセントを割り、その比率が年々低下していったことも相俟って教科書の世界からアイヌの存在が切り棄てられていった。

3　地理教科書のなかのアイヌ像

地理教科書のなかで、アイヌの姿はどのように描かれていたのであろうか。代表的な記述例を掲げておこう。

A　南摩綱紀《なんまつなのり》『小学地誌』巻二「北海道」（文部省、一八八〇年）

「全道、古来蝦夷ノ地ニシテ、土人甚少ク。文字ナク。居家衣服言語風俗、皆中州ト同ジカラズ。専《もっぱら》漁猟ヲ業トシ。穀及諸物ヲ、中州ニ仰ギシカ。爾後《じご》、中州ヨリ移住スル者、年ヲ追ヒテ増シ。開墾ノ業日ヲ逐ヒテ盛ニ。土人往々、中州ノ風ニ化スル者アリ」

B　中根淑《なかねしゅく》『日本地理小学』巻下「北海道」（集英堂、一八八六年）

「蝦夷ハ、州中固有ノ土人ナリ。自ラ称シテアイノト云フ、其風俗固陋《ころう》ニシテ、邦人ト同ジカラズ、鬚髪ヲ剪カラズ、短キ粗衣ヲ着ケ、狭キ小屋ニ住シ、草根魚肉ヲ常食トシ、性怠惰ニシテ、酒ヲ好ミ、煙草ヲ嗜《この》ム、然レドモ勇敢ニシテ、林ニ伏シ羆ヲ猟シ、波ヲ凌ギ魚ヲ漁ス、人口ハ嚮ニ漸ク減少シテ、明治五年一万五千余人ニ至リシガ、方今ハ漸ク増シテ一万七千余人ニ上レリ」

（注　挿画有）

C　那珂通世《なかみちよ》・秋山四郎『日本地理小誌』巻下「北海道」、（中央堂、一八八七年）

「北海道に蝦夷又はあいのとてむかしよりすまへる土人いま一万七千人ばかりあり。その風俗われらと大いにことなり。男は、髪の毛を長くさげ、女は口のまはりにいれずみし、獣の皮、又はあづしなどいへる織物にて衣服をつくり、おもに魚、獣をつねの食物とす。古はあらあらしき人民なりしが、今は性質おだやかになりて、内地の人とよくまじはり、しだいによき風俗にうつるかたふきあり」(注　挿画布)

D　金港堂編輯所『小学校用　日本地理』甲種第一「北海道」(金港堂、一八九四年)

「土人ヲあいの人ト曰く、言語モ風俗モ吾人ト異ナレリ、其ノ数、僅々一万五千人ニ過ギズト云フ」(注　挿画有)

E　文部省『小学地理』二「北海道」(文部省、一九〇五年)

「苫小牧の東方に沙流川《さる》あり。このほとりには、あいぬ人の村落多し。あいぬ人は、むかしは、広く、本州にも住みたりしが、今は、本道全般に通じて、その数、二万人に足らず。多くは、漁業を業とし、開化、すこぶるおくれたり」(注　挿画有)

A~Eも含め地理教科書の〈アイヌ〉記述は、次の要素から構成されている。(1)北海道は、かつて蝦夷地と呼ばれアイヌが先住していたという歴史的事実、(2)アイヌの身体的特徴、(3)北海道の「土人《どじん》」をアイヌと呼称、(4)衣食住及び宗教的儀式を中心とした生活・文化、(5)無文字社会、(6)人口、(7)同化傾向にあること、(8)日本国民を構成する一民族。

各教科書は、これらの要素のうちいくつかを組み合わせて記述を構成している。したがって、教科書が異なっても内容は酷似し、また、その発行時期の違いや教則等の改定も、記述内容にはほとんど変化を与えなかった。換言すると地理教科書は一貫して、極めて固定的なアイヌ像を描きつづけていたと言えよう。

それでは、地理教科書はどのようなアイヌ像を描きだしているのであろうか。それは第一に、アイヌの存在とその生活、文化を「未開」視し、アイヌの人間としての尊厳と価値を踏みにじる「土人」イメージに貫かれている。この「土人」の語意は、『広辞苑』第三版（一九八三年）によると(1)その土地の人、土着の人、(2)未開の土着人、軽侮の意を含んで使われた、(3)土で作った人形、土人形、泥人形の三通りが記されている。アイヌに対して幕末期までは「夷人」ないしは「蝦夷人」の呼称が一般的である。「土人」呼称も使用されたが、それは(1)の意味で、特定の人種、民族を指す用語ではなかった。幕末から近代のアイヌ同化政策を通して(2)の意味に転化し、アイヌという特定の民族集団を指すようになり、「未開」と「野蛮」を象徴する蔑称として国民意識のなかに定着していった（菊池勇夫「外圧と同化主義」）。

第二に、単一民族国家観と同質のアイヌ認識に立脚していることである。「われら」(C)、「吾人」(D)という表現は、文脈から日本人の生徒のみを念頭において記述したものであると言わざるを得ない。逆にアイヌの生徒がこれらの教科書で学んだら、「われら」、「吾人」の意味をどのように解釈するであろうか。このような記述の根底には、〈アイヌ〉を描きながら、その存在を切り捨てる単一民族国家観と同質の認識が働いている。こうした表現は、決して歴史的遺物ではなく、「アイヌ民族の自覚や努力だけでなく、わたしたちは、アイヌ民族の経済的・文化的な発展に寄与することがたいせつであろう」（『新現代社会』新訂版、清水書院、一九八八年版）などに代表されるように今日においても何ら変わっていないのである。

第三に、各教科書(「北海道」)とも生活者としてのアイヌの姿ではなく、非日常の生活・文化を静態的・固定的に描いている。イギリス聖公会の宣教師ジョン・バチェラーは、一八七八年の函館周辺のアイヌの生活実態をこう記している。「皆アイヌの風俗をやめて日本の風に生活しておりました。平素使ふ言葉、着物、家、道具、其外何《な》んでも皆日本製」である(『我が記憶をたどりて』)。このようにバチェラーの記録から明らかなように、教科書では地域によってはすでに存在しないアイヌの習俗を描きだしている。それも日本人の好奇な眼で捉えた習俗で、自然と人間との共存が基底にあるアイヌの精神文化との関連は触れられていない。

おわりに

これまで述べてきたことから明らかなように、地理教科書に描かれたアイヌの姿は、冒頭に記した違星の願望とはほど遠い内容で、日本人の子どもの差別と偏見を助長し、アイヌの子どもに対してもアイヌとして生きる自信と誇りを奪う以外のなにものでもなかった。地理教科書は、こうしたアイヌの人間としての尊厳と価値を否定する教材をいち早く教育認識の世界に組み込み、それを国民意識のなかへ定着させていく反教育的役割を担っていた。

これに対して日本人教師からは文部省編『国定教科書意見報告彙纂』(一九一二～一六年度)を見る限りでは批判はなかったが、アイヌの側からは「陛下の赤子《せきし》」を前提にしたものであるが、事実認識に対する鋭い批判があった。

近文《ちかぶみ》アイヌの川村才登《かわむらさいと》は、『尋常小学地理書』巻一所収の挿絵「アイヌ人とその住家」（第四期）に対して、次のような批判を展開した。

「アイヌ風俗として八十年も昔のみすぼらしい挿絵のみ記されて内地ではアイヌに対して何等知識のない子供にアイヌを見た事がない先生が、あのみすぼらしい絵を子供に見せた時、其所に恐ろしい誤解を生じないでしょうか（中略）子供に日本の歴史としてアイヌの昔風の姿を見せる事は必要であるが、今日の地理としては絶対的にあの姿は必要ありません。（中略）子供の頭に今尚北海道に行くとアイヌ民族と言ふ者が掘立小屋に住み熊を取り刀を下げた古来の風其のまゝで居るといふ古くさい考へを植ゑ付けて居るではないか」（「一アイヌの手記」、『北海タイムス』一九三四年一二月一四日号所収）。

川村は当時の生活者としてのアイヌの姿の欠落を指摘しているが、それは決して日本の近代教科書史のなかの一コマではないのである。学校階梯《かいてい》は異にするが、「北海道は、古くは『えぞ地』とよばれ、アイヌが、コタンとよばれる小さな集落をつくり、狩りや漁をして生活していた」（『中学校用社会　地理的分野』一九九〇年度版　学校図書発行）に代表される、生活者としてのアイヌの姿の欠落は、半世紀を経たいまも変わることがない。川村の指摘は、アイヌと日本人の真の共生関係の確立をめざす、今日のアイヌ問題学習のあり方に貴重な示唆を与えることであろう。このアイヌ問題学習の深化と拡大は、今後の国民教育の大きな課題である。

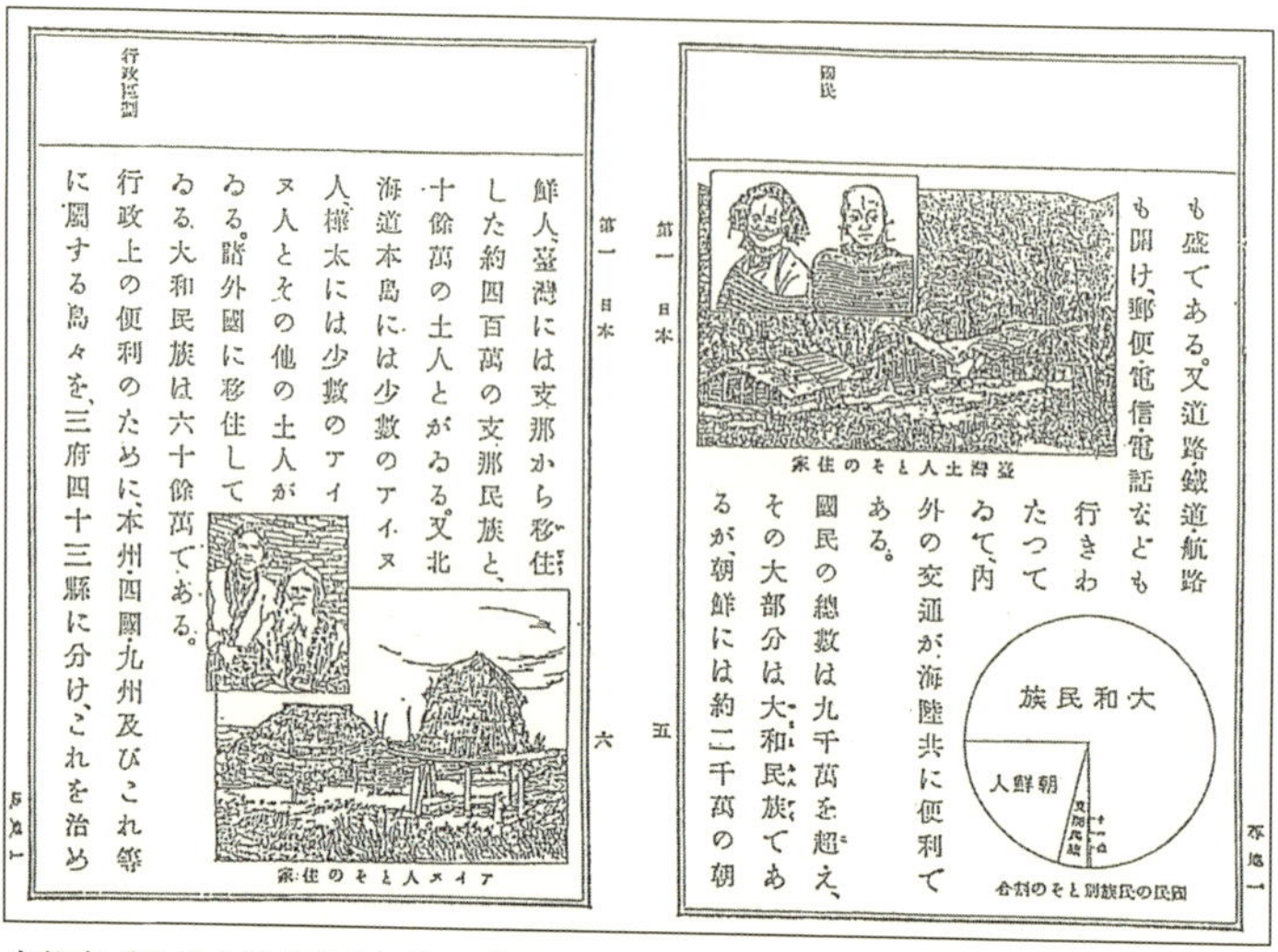

國民

も盛である。又道路・鐵道・航路も開け、郵便・電信・電話なども行きわたつてゐて、内外の交通が海陸共に便利である。

國民の總數は九千萬を超え、その大部分は大和民族であるが、朝鮮には約二千萬の朝

第一　日本　五

行政區劃

鮮人、臺灣には支那から移住した約四百萬の支那民族と、十餘萬の土人とがゐる。又北海道本島には少數のアイヌ人、樺太には少數のアイヌ人とその他の土人がゐる。諸外國に移住してゐる大和民族は六十餘萬である。

行政上の便利のために、本州・四國・九州及びこれ等に屬する島々を、三府四十三縣に分け、これを治め

第一　日本　六

文部省『尋常小学地理書』巻１「日本」（文部省、1931年）

小学生のアイヌ観

本年（一九八七年）六月に札幌市立栄北《さかえきた》小学校の五年生一二九名を対象に「小学生のアイヌ観」調査を実施した。調査の目的は、小学生のアイヌ認識の実態とその認識の形成ルートを明らかにし、今後のアイヌ問題学習の方向と教師の実践の切り口をさぐることをねらいとしていた。調査の柱は、第一にアイヌの人、歴史、文化に関する知識とその媒体、第二に学校教育におけるアイヌ問題学習の実態とその内容を問うものである。設問は、筆者も関わった東京都立大学人文学部教育学研究室が実施した「青少年のアイヌ観」調査（一九七五年一二月）のそれをもとにし、『札幌市小学校教育課程・年間指導計画基底』（札幌市教育委員会、一九八六年）により不適当な箇所は削除した。調査の分析は、筆者らの旧稿である小沢有作・竹ヶ原幸朗「青少年のアイヌ観」（『人文学報』所収、東京都立大学人文学部、一九八〇年）によるところが多い。なお調査にあたり、同小の遠藤政美教諭をはじめとする五学年の担任各位のご協力をいただいた。記して感謝いたします。

(1)　アイヌに関する知識とその媒体

設問(1)あなたは〝アイヌ〟ということばを聞いたことがありますか。

〔A〕イ　はい　　ロ　いいえ
〔B〕〔A〕ではいと答えた人は、何から(誰から)知り(聞き)ましたか。
イ　親・兄弟・知人　　ロ　教師
ハ　教科書　　ニ　週刊誌
ホ　学習参考書　　ヘ　他の本
ト　新聞　　チ　ラジオ
リ　テレビ
ヌ　その他(　　　　)

回答(1)

〔A〕	イ	一二九(一〇〇%)
	ロ	〇(　〇%)
〔B〕	(NA)	
「人」		**二五(一三・一%)**
イ	親・兄弟、知人	二五(一三・一%)
「教育」		一三三(六九・六%)
ロ	教師	五〇(二六・二%)
ハ	教科書	七八(四〇・八%)
ホ	学習参考書	五(二・六%)
「マスコミ」		**三三(一七・三%)**
ニ	週刊誌	一(〇・五%)
ヘ	その他の本	六(三・一%)
ト	新聞	四(二・一%)
チ	ラジオ	三(一・六%)
リ	テレビ	一九(九・九%)
「その他」		**〇(〇%)**
ヌ	その他	〇(〇%)

分析(1)―〔A〕

全員が〈アイヌ〉というコトバを知っている。問題は、その内容と質である。

(1)―〔B〕

「教育」に関する媒体が全体の七〇%を占めているように、小学年のアイヌ観の形成に大きな影響を与える。特に、「教科書」の印象がきわめて強い。札幌市の場合は、『わたしたちの札幌』三年下及び四年下にそれぞれアイヌ関係の記述がある。この設問をとおして、小学生は「教育」を主軸に「人」

「マスコミ」などから伝達される情報をトータルな形で自らのアイヌ像を形成していることが明らかである。

設問(2)あなたは〝アイヌ〟ということばから何を思いうかべますか。

回答(2)

ことばがちがう	一
古い人	二
昔のくらし	二
しゅりょう民族	一二
民族	六
神をまつる人	一
鮭	一
ニポポ	一
やまと民族が北海道に来る前に住んでいた民族	四
原始人	一〇
こく人	一
いぬみたい（犬の名前）	四
きもちわるい人	一

服装（アッシ）	五
むかしの民族（日本人）	一五
ちがうみんぞく	二
たくさんのひとが死んでかわいそう	一
くまかり	一
人間	三
自然の中で生きている人	一
まずしいくらし	二
わらのようなものでつくったいえ	一
アイヌ人	一
げんじゅうみん	一
海のところでおどっている	一
木ぼり	一
シャケの皮のくつ	一
歌やおいのり	一
北海道の民族	一
わからない	一四
回答なし	三一

分析(2)

小学生は、どのような〈アイヌ〉イメージを描いているだろうか。それは、日本人とは異質な生活、文化イメージであるといってよい。「ことばがちがう」、「神をまつる人」、「服装」、「くまかり」、「わらのようなものでつくったいえ」などに具体的に表現されている。ここで看過できないのは、「いぬみたい（犬の名前）」という差別イメージである。おそらく語感だけでイメージを描いたのであろうが、これは、アイヌ差別の用語として、使用されてきた歴史的な経緯がある。小学生のアイヌ問題学習の出発点として、まず、〈アイヌ〉の語意を正確に伝える必要があろう。

設問(3)あなたはアイヌの人・歴史・文化などについて何か知っていますか。

〔A〕イ　はい　　ロ　いいえ
〔B〕〔A〕で「はい」と答えた人は、何によって知りましたか。具体的に書いて下さい。（たとえば、書名、番組名、新聞名など）
〔C〕〔A〕で「はい」と答えた人は、その内容を書いて下さい。

回答(3)—〔A〕イ　四五（三四・九％）
ロ　八三（六四・三％）
NA　一（〇・八）

(3)—〔B〕

旅行	八
教科書	一六
テレビ	五
本	二
先生（学校）	七
ニュース	三
友だち	一
社会科しりょうしゅう	一
しりょうかん	一
回答なし	一

(3)—〔C〕

民族いしょう	七
ゆみ矢	一
アイヌの人たちの仕事	一

クマおくり	五
家	八
狩をする道具	一
アイヌの生活	一
アイヌのことばをしぜんを　つかっておしえていた	一
マリモ	一
北海道のかいたくの人	一
ユーカラおどり	一
全部手づくり	一
くまをころして自分たちの　服をつくった	一
うた	一
ひつぎ	二
使ったものや食べもの	一
くらし	二
文化	一
しかなどをとってくらしている	二
くまどり	一
ふるくからいきていた人間	一
ユーカラ	二
しゅうらく	一
とりかぶとをつかった	一

分析(3)―〔A〕

小学生の知識は、設問(1)、(2)をとおして〈アイヌ〉というコトバを知り、また、一定のイメージを描いているが、それを裏付ける具体的な知識はないようである。

(3)―〔B〕

具体的名称は記されていないが、ここでも「教科書」、「先生」など学校教育に関係する領域のウェイトが高い。一方で、北海道内の観光地におけるアイヌの商品化とつながる「旅行」もアイヌイメージの形成ルートとして見のがせない。

(3)―〔C〕

小学生の知識は、日本人とは異質な生活、文化を軸に構成されているが、それもアイヌ自身の眼でとらえたものではなく、日本人の眼から見たアイヌ理解の方法によっている。歴史的知識にしても「北海道のかいたくの人」程度のそれで、現代史のなかのアイヌの姿―現実の生活実態―から切り離されている。このように限定された範囲のなかでもアイヌに関する知識も体系的ではなく、きわめて断片的であるといえる。

設問(4)あなたはアイヌ人に会ったことがありますか。

〔A〕イ　はい　　ロ　いいえ
　　ハ　わからない
〔B〕〔A〕で「はい」と答えた人はどんなことからアイヌ人だとわかりましたか。

回答(4)―〔A〕イ　一四（一〇・九％）
　　　　　　ロ　七五（五八・一％）
　　　　　　ハ　四〇（三一・〇％）

(4)―〔B〕民族いしょう　七
けぶかい　一
かみの毛やひげがながい　一
言葉　四
うちの近くにいるから　一

分析(4)―〔A〕

一〇人に一人がアイヌに会ったと回答している。日本人との混血や混住がすすんでいる現在では、「わからない」という回答が正直なところであろう。

(4)―〔B〕

会ったことがあると回答した小学生は、その根拠に、民族衣裳や身体的特徴をあげているが、そこには固定化されたアイヌ像が存在しているように思われる。このようなアイヌ像からは、「うちの近くにいる」という回答もあったが、日常生活のなかにおける隣人としてのアイヌの姿は浮かびあがってはこないであろう。

(2)　アイヌ問題学習の実態とその内容

設問(5)あなたは学校でアイヌの人・歴史・文化などについて学んだことがありますか。

〔A〕イ　はい　　ロ　いいえ
〔B〕〔A〕で「はい」と答えた人は、それはいつ学びましたか。
　イ　小学校　　ロ　中学校

ハ　高校　　ニ　大学

〔C〕例えば　中学生の場合は地理、歴史、公民、高校生の場合は日本史、世界史、政経社、倫社等

〔D〕〔A〕で「はい」と答えた人は、その内容を書いて下さい。

回答(5)—〔A〕

イ	一〇九	（八四・五％）
ロ	一七	（一三・二％）
NA	三	（二・三％）

(5)—〔B〕

イ	一〇三	（九四・五％）
NA	六	（五・五％）

(5)—〔C〕

社会	九〇
教科書	一
回答なし	一八

(5)—〔D〕

言葉	一〇
食べもの	一二
本州の人にだまされたこと	一
ユーカラ	二
服そう	九
くらしのしかた	二〇
狩をしてくらす	五
熊の毛でつくった服	一
歌	一〇
すまい	八
おどり	二
文化	一
むかし北海道をかいたくした	一
くまをかみだと思っていた	一
くま	一
お祭り	一
わからない	二六
回答なし	二三

分析(5)—〔A〕

アイヌ問題学習のあり方は、教える側と学ぶ側の両面から考察する必要がある。教える側の問題として、教科書のアイヌ記述は、不十分であり、また、『札幌市立学校教員（幼・小・中・高）のアイヌに

関するアンケート』（札幌市教育委員会、一九八六年）の結果によって教師のアイヌ認識の欠落の実態が明らかになったように、アイヌ問題は学校教育の辺境に位置しているといってよい。したがって、知りたいという内発的な動機づけや学ぶ側の印象に残る授業が創造されにくいのは当然である。本市の場合、四年生までに全員が学習したはずであるが、一三％が「いいえ」と回答しているのは、その証左である。もちろん、このなかには学ぶ側の問題意識の欠落によって学習の痕跡さえとどめないケースもふくまれているであろう。

(5)―〔B〕〔C〕

略

(5)―〔D〕

小学生の回答は、社会科副読本『わたしたちの札幌』の記述内容とほぼ同一である、同書三年下では「アイヌの人たち」、「札幌の地名」、「アイヌの子どもたちの遊び」、四年下では「アイヌの文化」、「くらしのようす」、「くまおくり」、「ユーカラとおどり」というようにアイヌの生活、文化を軸にそれぞれ記述されている。しかしながら、それは、昔が、今にそのまま生きていると錯覚しかねない前近代及び近代のアイヌの生活、文化の紹介に終始しており、現代に生きるアイヌのそれが全く描かれていない。また、教材の配列も札幌の明治前史に位置している。このような記述内容と教材の配列では、日本人児童には、アイヌをおくれた存在ととらえる認識を形成させ、アイヌ差別の意識を助長し、何よりもアイヌ児童にとってはアイヌとして生きる意欲を奪ってしまうであろう。

児童が学校教育のなかでアイヌ差別の意識を形成するとすれば、その責任の所在は、授業内容にあり、授業を創造する教師にある。それを克服する授業を創造していくには、第一に現代のアイヌ問題を導入に扱い、児童に自己と関わりで問題意識を持たせる。第二に、体験学習やアイヌへの聞き取りなどの手法をとりいれ、アイヌ問題学習の視点をこれまでの日本人の見方からアイヌのそれへと変える。こうすることによって日本人とアイヌの児童がともにアイヌの人、歴史、文化が個性的存在であることを学び、双方のこれまでのアイヌ観を変革することにつながっていくであろう。

宇野浩二《うのこうじ》の児童文学とアイヌ

被抑圧民衆・民族への関心

子どもたちにとって自己とは異質な〈他者〉の存在を発見し、〈他者〉に対する正しい認識の確立をとおして相互の共存関係を創出していくうえで児童文学は大きな役割を担っている。筆者はこうした視点から小・中学校におけるアイヌ問題学習の教材研究の一環として、日本の児童文学のなかのアイヌ取材作に着目し、そこに描かれたアイヌ像の分析をすすめているところである。

小論では、研究テーマとは直接関係しないが、その過程で明らかになった宇野浩二のアイヌ取材作の児童文学史上の位置とアイヌを対象化できた理由を探りながら、その特質に触れていきたい。

*

「今は昔、もうずつとの昔のことですが、北海道にコロボックンクルといふ、妙な神様が住んでをられました。その時分はまだ北海道には日本人が一人もゐなくて、山には熊、川には鮭、そして人間といへばアイヌ人ばかりでした。だからコロポックルはアイヌ人の神様でした」――ア

蕗の下の神様

宇野浩二

一

今は昔、もうずつとの昔のことですが、北海道にコロボックンクルといふ、妙な神様が住んでをられました。その時分はまだ北海道には日本人が一人もゐなくて、山には熊、川には鮭、そして人間といへばアイヌ人ばかりでした。だからコロボックンクルはアイヌ人の神様でした。この神様は大變體が小さいものですから、雨の降つた日でも日の照つた日でも、それが丁度屋根のやうなつもりで、蕗さへあると、蕗の葉の蔭に休んで一服することが好きなのださうです。だからアイヌ人がこの神様のことをコロボックンクルと呼ぶのは、それはアイヌの言葉で「蕗の下の神様」といふ意味なんです。

四二

ところが、この小さい神様のコロボックンクルはそんなに體が小さい癖に、大の悪戯好きで、無暗に人間、と言つても今も言つた通りそれはアイヌ人のことですが、と競爭することが好きで、そしていつもアイヌ人を出し抜いては喜んでゐました。と言ふのは、例へばアイヌ人の誰かゞ山へ姥百合を掘りに行くとしますと、そこは神様のことですから、いつの間にかちやんとそれを知つてしまつて、先廻りをするのです、そしてアイヌ人の出かけて行つた時分には姥百合をすつかり取つてしまつておくのです。又外のアイヌ人が川に魚を捕りに行かうと思つて、網をもつて出かけるとしますと、それをどこかの蕗の葉の下から見付けると、早速その小さい體を兎のやうに走らして、やつぱり先廻りをしてその邊の川にゐる魚をすつかり捕つてしまふのです。

すると、アイヌ人は「チヨツ！」と舌鼓を打つて「又コロボックンクルさんが悪戯をしたな。仕様がない、歸らう、歸らう。」と言つて、別に腹を立てた顔もしないで、すた〳〵と歸つて行くのです。と言ふのは、前にも言つた通り、悪戯好きの神様ではありますが、コロボックンクルは仲々なさけ深い神様で、さうして人を出し抜いて取つた姥百合でも、魚でも、その外何でもそれを決して自分の物にはしないで、それ〳〵平等にアイヌ人たちに分けてやるのでした。

けれども、誰だつて實はこの神様の姿を見た人はないのでした。歌つてゐる聲や、話をする聲は誰にも聞えますが、肝心の姿は隠れ簑といふ姿を隠すものを着てゐますので、誰にも見えないのです。だから、色々の物を持つて來てくれるにしても、人の家の入口から品物だけを差し入れるやうにして、そして姿を見せずに歸つて行くのでした。誰かゞその扉を開くと、神様の仲間では人間に姿を見られることは、この上もない恥としてあつたのださうです。

四三

「蕗の下の神様」

イヌのコロポックル伝説のモチーフを児童文学作品化した「蕗《ふき》の下の神様」の冒頭の一節である。作者は笑いの文学の作風を確立し、〈文学の鬼〉を自称したことでも知られる小説家・宇野浩二（一八九一―一九六一）である。筆者もそうであったが、作者はともかくこの作品によってはじめてアイヌの存在に注目し、その世界と出会った人々も多いであろう。

アイヌは日本人とは異なる独自な宗教、言語、文化をもつ日本の少数民族である。この「蕗の下の神様」は日本の児童文学史上、画期的な意味を有している。それは日本の児童文学のなかで、最初にアイヌの存在とその世界を描きだした作品として位置づけることができるからである。

宇野がこれを鈴《すず》木《き》三《み》重《え》吉《きち》主宰の児童文芸誌『赤い鳥』に発表したのは、一九二一年一月のことである。ちょうど、この時期はアイヌ同化政策の転回期にあたり、近代アイヌ史のひとつの節目を形づくる。国定国語教科書のなかの〈アイヌ〉教材の削除（一九一八年）、「北海道旧土人保護法」の第一次改正（一九一九年）、そしてアイヌ小学校の段階的廃校及び「旧土人児童教育規程」の廃止（一九二二年）に象徴されるようにアイヌ政策の内容が衣食住など物質的側面の同化とともに変質していった時期といえる。

こうした同化の浸透は、それまでのアイヌへの社会的、学問的関心を薄れさせると同時に日本人にとってアイヌの存在自体をきわめて見えにくくした。それだけに、この時期における宇野のアイヌへのアプローチは注目に値するのである。

さて、宇野の作家活動のなかで児童文学の領域は大きな位置を占めている。その作品数は創作はもとより、翻訳、翻案、再話も含め、約百九十編にのぼるといわれている（関口安義「宇野浩二の児童文学」、『信州白樺』第三十六、三十七号、一九八〇年）。こうした膨大《ぼうだい》な作品群のなかで、アイヌをモチーフとした著作は前出の「蕗の下の神様」のほか、「或アイヌ爺さんの話」（『赤い鳥』一九二一年四月号所収）、「春を告げる鳥」（『幼年倶楽部』一九二六年八月号所収）の二作を数える。いずれも宇野の代表作として評価が高い。

＊

それでは、どうして宇野は一九二〇年代にアイヌの存在を視野におさめ、その習俗や世界観をモチーフとした作品を著わすことができたのであろうか。このことを考えるうえで、「蕗の下の神様」

の六年前に発表した処女作「揺籃《ようらん》の唄の思い出」（『少女の友』一九一五年五月号所収）の内容は示唆に富む。それはこの作品が日本の植民地下の台湾を舞台にし、圧制に抗する少数民族・高山族《こうざん》の戦いをモチーフとしている点である。宇野を師と仰ぐ小説家・水上勉《みずかみつとむ》はこの作品の意味を次のように語っている。「浩二をしてながく童話史にその名を残さしめ、また、当人も依頼を受けるままにいくたの童話を創作する契機ともなった記念すべき作」である（『宇野浩二伝』上巻、一九七一年）。

筆者はこれにくわえて、これまでの宇野浩二研究ではまったく触れられてこなかった被抑圧民衆・民族を描いた一連の児童文学の出発点となった作品であることを指摘しておきたい。宇野は「揺籃の唄の思い出」と同年に被差別部落民の悲哀を描いた「国境の峠に濺《そそ》ぐ涙の雨」（『少女の友』一九一五年八月号所収）を発表する。その後も「因縁事」（『中央公論』一九二〇年五月号所収）、「屋根裏の恋人」（『改造』一九二二年一月号所収）を著し、小説の世界で被差別部落民を描きだした。

こうしてみると、アイヌは高山族と被差別部落民とをつなぐ延長線上に位置していることに気づく。宇野は高山族→被差別部落民という被抑圧者の回路をくぐらせて、同化政策のもとで差別と偏見に呻吟するアイヌの存在を視野におさめることができたのではないだろうか。

このように宇野は高山族、被差別部落民、アイヌを視野におさめ、それらの存在を児童文学をとおして、子どもに印象づけた稀有な作家であるといってよい。こうした被抑圧者へのアプローチは今後の宇野の児童文学研究を深めるうえで、看過できない視座となりうるであろう。また、その一方で作品に描かれた被抑圧者像の分析も、子どもの〈他者〉認識に深く関わるだけに欠かせない作業といえよう。

竹ヶ原幸朗さんのこと

小川正人

❶ はじめに

二〇〇八年三月二五日、竹ヶ原幸朗さんが亡くなられた。まだ五九歳だった。

改めて説明するまでもなく、アイヌ教育（史）研究を自身の研究の中心に据え、今日に続く通史像を構築し、幾つもの重要な主題を深め、研究の基盤を築き続けた人だった。基礎的な仕事と実践的な課題の両方を意識し、かつ、それぞれに妥協することのない仕事を重ねつつあった人だと思う。竹ヶ原さんのことを過去形で語ることになるなんて、いくら何でも、早すぎる。

竹ヶ原さんは、僕にとっても、アイヌ教育史研究の唯一の先達だった。でももう、竹ヶ原さんと〝今〟や〝次〟の議論をすることができない。これまでの竹ヶ原さんの仕事から汲み取ることを続けることで、自分の中での議論を重ねるようにしておきたい。この文章はそう考えて書き始めたものを下敷きにしているが、僕にだけではなく、ひろく共有されるべきでもあると思う。

本著作集成の第二巻に、竹ヶ原さんの著作及び学会発表の目録をまとめた。それらを一瞥するだけでも、先ず近代アイヌ教育史の通史を著すとともに文献目録などの整備を進め、並行して近代北海道教育史への問題提起を含んだ『北海道用尋常小学読本』などの研究を開始し、やがて個別の主題を深める研究に着手していった――という竹ヶ原さんの足跡が窺える。一九九〇年代から事（辞）典類の執筆が目立つのも、こうした竹ヶ原さん自身の研究の積み重ねが、アイヌ教育史・北海道教育史の位置や意義を学界に認識せしめたことを示すものだろう。竹ヶ原さんは、まさに自ら道を切り拓いたのだ。

以下に、竹ヶ原さんの主な仕事と、そこから考えさせられることを記しておきたい。

なお、文中に挙げた竹ヶ原さんの論文等については、表題と刊行年のみを記した。詳細は目録によられたい。また、文中では竹ヶ原幸朗さんのことは全て「竹ヶ原さん」と記した。若年の僕がこう書くのは失礼だと承知しているけれども、ずっと、ご本人にこう呼びかけてきた。非礼を畏れつつ、ここでは、このまま使わせてもらいたい。

❷ 近代アイヌ教育史研究

2-1 通史像の構築

1 それまで高倉新一郎「旧土人教育」（『北海道教育史　全道編3』北海道教育研究所編、一九六三年）が通史叙述の水準だった中で、竹ヶ原さんが、「アイヌ「教育」政策史研究ノート」（一九七六年）や「アイヌ教育史」（同年）を著し、以後、『現代教育史事典』所収「アイヌ教育」（二〇〇一年、本巻所収）まで、近代アイヌ教育史の通史を自ら何度も書き続けてきたことは、近代アイヌ教育史研究の水準を引き上げ、かつ、そこから更に幾つもの論点を導き出すものだった。竹ヶ原さんの仕事の基軸がここにあったことの意義は大きい。

竹ヶ原さんがこのテーマに取り組んで、特に初期のころは、先行研究はもとより、資料そのものが乏しく[1]、しかも行政・教員側の記録資料が圧倒的だという制約が、大きな困難となっていたろうと推察する。そのような中で書かれたであろう「アイヌ教育史」は、その構成だけを高倉「旧土人教育」と比べてみると、大枠では共通する項目や組み立てが見られるものの、構成の細目や叙述の内容を見れば「和人教師の実践」[2]や教育内容の問題点の析出などに関心を傾注し、単に個々の事象を「反教育の営み」として批判することにとどまらない、通史像の書き換えを目指す姿勢を感じることができる。

その後、教育行政担当者（岩谷英太郎）の「思想」、アイヌ学校教員（吉田巖）の実践と意識などの研究発表を行い、それらは「近代日本のアイヌ教育」（一九八三年、本巻所収）に盛り込まれる。個別のテーマを深めつつ、その成果が通史叙述の増補・改訂に反映されていく、という研究の着実な積み上げが、ここにある。その後竹ヶ原さんが取り組んだ、一八八〇年代のアイヌ教育政策と教育実践の再検討（具体的には札幌県による師範学校教員遠藤正明の平取学校派遣に焦点を当て、遠藤による教授方法研究の内容や県の施策の意味の検討に及んでいる）や「北海道旧土人保護法」の起草者と目される内務官僚・白仁武に関する調査（これは、「北海道旧土人救育会」に関する研究の拡りとともに深まっていったテーマだという点にも意味がある）、一九二〇年代のアイヌの運動の中でも水平運動との連関や近文アイヌ給与予定地問題という背景などから竹ヶ原さんが特に注目していた「解平社」の活動とその意義などの研究の成果は、一九九一年の「近代日本のアイヌ「同化」政策」（本巻所収）にも盛り込まれている。『現代教育史事典』の項目として書かれた「アイヌ教育」（二〇〇一年、本巻所収）は、限られた紙幅の中に、それまでの竹ヶ原さんの成果が盛り込まれているのみならず、従来はまとまって整理されたことがなかった、敗戦後のアイヌ教育史を含めた、近現代アイヌ教育の通史を展望していることも重要だと思う。

2　竹ヶ原さんが先ず通史叙述に取り組んできたのは、研究の基盤を築く重要な仕事だったことは勿論だが、研究を始めた当時の状況を推察することで、その意義はいっそう重みを持ってくる。

例えば、竹ヶ原さんが著作を公刊し始めた一九七〇年代前半の頃は、歴史の学界では、アイヌの歴史そのものを研究分野と認定するかどうか、アイヌを「アイヌ」と呼ぶのかどうか、ということが問題になっていたはずだ。もちろん、研究の対象や課題はいつだって自明ではないし、アイヌ史研究の基盤は現在もなお脆弱だから、この問題は単なる過去の話ではない。けれども、例えば「近代日本のアイヌ教育」（一九八三年）の冒頭で竹ヶ原さんが、「今日、アイヌ研究は、日本の歴史、文化の構造を解明するうえで不可欠な領域として、それ自体が確固としたひとつの学問領域を形成し、いわゆる「アイヌ学」というとらえかたさえされているのである」（四五四ページ）と記していること(3)について、初めて読んだときには、なぜこんなことをわざわざ書くのだろうと思っていたが、アイヌを対象とした歴史研究の必要性そのものをさまざまに主張せねばならなかった学問の環境を思うべきなのだと今は考えている(4)。

また、その頃のアイヌに関する論考の執筆の機会があっても、そこでは、概説ないしは時論が求められがちだったのではないかとも思う。竹ヶ原さんにとって、具体的なテーマを深める機会は、かなり意識的に求めなければ獲得できなかったのではないだろうか。竹ヶ原さん一九八〇年前後の精力的な学会発表は、そういう背景を意識してみるべきものだと思う。そればかりでなく、社会的な要請から単に距離を置くわけもなく、しかし妥協することもなく、個別研究の蓄積と通史像の執筆を続けてきたことが、やがてその成果が社会に流通する──北海道史・日本史の概説書や教材にも、近代アイヌ教育史の記述が、ある程度ではあるが盛り込まれていく──ことにも大きく貢献してきたと考えるべきだろう(5)。

2-2 基礎的調査の条件整備とその徹底

1 先達と言える人がいない中で研究を開始した竹ヶ原さんが、通史叙述の達成と並行して「アイヌ教育関係文献目録」の作成に取り組んだのは、仕事そのものとしては勿論、研究の基盤を整備することを率先した点で極めて重要であり、大きな功績だ。

それ以前にも幾つかの文献目録があったとはいえ、竹ヶ原さんが一九八〇年に小沢有作さんとの共編により公刊した目録は、そうした既存の蓄積を踏まえたことはもちろん、主要な雑誌を悉皆調査したこと、教育実践記録を意識的に収録したこと、近代初頭から現代までを収録の対象としたことなどの特長を有し、その後の近代アイヌ史研究を前進させる、大きな基盤となった。[6]その後も竹ヶ原さん自身が幾度か増補・改訂を加え続けたことも重要で、今なお、本目録に比肩し得るアイヌ教育（史）のデータバンクは他には無い。それだけに、一九九一年の「増補改訂版」以降のデータの追補、とりわけ、二〇〇〇年頃から竹ヶ原さんが精力的に進めていた、地方教育会機関誌や各種の教育雑誌の記事調査の成果などを盛り込んだ目録の編纂を、竹ヶ原さん自身も期していただけに、まとめる時間を持てなかったことを本当に残念に思う。

2 竹ヶ原さんの歴史叙述は綿密な基礎的調査を下敷きにしている――こう書いてしまうと当たり前のことになるが、アイヌ教育史上で重要な意味を持つと考えた人物や団体を取り上げるとき、竹ヶ原さんは先ずその個人・組織についての基礎的調査を特に徹底させている。

例えば岩谷英太郎については、たんに略歴を押さえるだけではなく、いったんその著作年譜

（一九八一年）を作った上で、アイヌ教育への岩谷の関わりとそこでの論説を引いてその「思想」を論じる、という手順を経ている。民間有志者による教育事業という体裁をとった北海道旧土人救育会を論じるに際しても、先ず会の主要メンバーひとりひとりの履歴、所属団体、交友関係などを洗い出そうとしてきた（その一端は一九九三年の日本教育学会発表でうかがえる）のは、ともすれば主唱者の小谷部全一郎をはじめとする主要な関係者の言説を使って論じてしまう方法とは大きく異なる。(7)

2-3　実践的な課題設定

「実践的な」という表現が適切なのかどうか心もとないが、冒頭でも述べたとおり、竹ヶ原さんの仕事の特色として、1-1や1-2と並行して、「解平社」などのアイヌの活動に着目し、その歴史と意義を明らかにしようとした研究、教科書など歴史的にも現在においてもシャモ（和人）のアイヌ認識の醸成・再生産の要にある媒体の記述内容とその成立の背景・社会的影響などに関する研究、日本教育学会大会におけるコロキウムの開催（一九八〇年）などの、「研究の現状と課題」の共同討議の場の意識的な設定　などを挙げることができる。

1　早くは一九七六年の「アイヌ教育史」の中で、とても長い注を付けて、近代北海道における「アイヌ解放運動」の概説を試みているのは、当時の指導教員だった小沢有作さんの影響もあるだろうとは思うが、従来のアイヌ教育史研究が専ら行政や教員の営為をあとづける叙述になっているることに対して、アイヌ自身の動きや取り組みを軸にした教育史を考えていきたい、という問題意識があったからだと僕は考えている。

僕も、竹ヶ原さんから、しばしば、同時代のアイヌが見聞して元気が出るような近現代史を描きたい、というような言葉を聞いていた。昔の和人の議論や認識の中に、現代の和人にとっても示唆に富むものを探して、紹介していきたい、とも。一九四〇年代における柳宗悦の議論に着目し、「アイヌ教育史」や「近代日本のアイヌ教育」などの通史の中で、叙述の一部をこれに割いているのも、その考えの一端を示すものだろう。

そういう意味では、教育史研究を通して「解平社」の存在に行き当たり、その意義を論じた、「「解平社」の創立とアイヌ解放運動」（一九九二年）に始まる一連の論文は重要な仕事の一つになった。解平社そのものについては、竹ヶ原さんより以前にも論及はあるけれども[8]、新聞・雑誌報道について悉皆的な調査を行い、主要なメンバーや関係者の経歴を調べ、それらを踏まえた論述は、漠然と意義を述べることの多い他の文章との質的な違いである。僕の印象に強く残っているのは、北海道ウタリ協会（現北海道アイヌ協会）札幌支部の創立二〇年記念式典（一九九三年）でのこのテーマによる講演だった。この種の集まりでの講演で、このときの竹ヶ原さんのような、歴史の、それも具体的な出来事について当時の新聞記事などの資料を紹介しながらの話は珍しかったと思う。だが会場は熱気を持って竹ヶ原さんの講演を聴いたというのが僕の認識である。聴講者の中には解平社の主要メンバーの遺族もいて、終わってから「あれ、私の祖父なんです」

と竹ヶ原さんに話しかけてもきた。講演が終わって会場を後にする人たちから「知らなかった」「知ってよかった」という、ちょっと興奮した口ぶりの感想をあちこちで聞けたのは、僕にとっても得難い鮮烈な経験だった。

アイヌの近現代史を取り上げる文献、とりわけ差別・人権の問題に触れた文献が、解平社を紹介することが増えたのは、この竹ヶ原さんの論文の後からだ。

2 子どもや学校教員のアイヌ観、それらを醸成し再生産する主要な媒体である辞典や教科書の記述に関する調査と分析も、竹ヶ原さんが意欲的に取り組んだ研究テーマだった。「国語辞典（小学生用）のアイヌ像」（一九七七年）、「青少年のアイヌ観」（一九八〇年）、「教科書の中の〈アイヌ民族〉」（一九九二年）、「「世界の先住民のための国際年」とアイヌ教育の課題」（一九九三年）などがそれである。「地理教科書のなかのアイヌ像」（一九九〇年、本巻所収）、「虚構としての〈あいぬの風俗〉」（一九九四年、同「増補」が二〇〇八年（本巻所収）。これが遺稿になった）などは、近代以降の教科書におけるアイヌに関する記述の変遷とその問題点などを検討した仕事である。

教科書の記述や児童・生徒らのアイヌ観を取り上げた論考は、竹ヶ原さん以外によるものも一九七〇年代から見られるし[9]、近年はやや増えてきてもいる。こうした流れの中での竹ヶ原さんの仕事の意義は、ただ先駆的であることにとどまるものではない。すなわち、

・同時代の教科書記述について継続的な調査に取り組んでいたこと（数多くの教科書を改訂の度に閲覧し点検していく作業を、個人が継続していたことの重要さを思わねばならない）

・近代以降の教科書については、教科書検定採択制度やアイヌに関する教材の成立過程、教材に対する学校の反応なども丹念に調査していること

・アイヌ教材やアイヌ関係記述について、現在の議論を指標として過去の教材を批判するだけにとどまることなく、その著者・教材がアイヌに着目したということそのものに先ず注意を払うべきことを再三述べていた点[10]

――などが重要だと考えている。

一九九三年三月に北海道ウタリ協会釧路支部が開催したシンポジウムで、竹ヶ原さんは、当時の小学社会科教科書の記述の問題点について、ごく基本的な事実関係の誤りすら見られることなどを指摘した報告を行った。釧路市春採の釧路市生活館の二階で、支部の会員ら三、四〇人ほどの方々を前にした報告だったが、その内容が新聞で報道されたことが契機となって、実際の教科書記述の訂正につながった。竹ヶ原さんの仕事が具体的な力を持った一つの例だった[11]。

3 竹ヶ原さんは、一九八〇年の日本教育学会（北海道大学）でコロキウム「アイヌ教育（史）研究の現状と課題」を開催したほか、幾度か、アイヌ教育（史）研究の課題を論じる討議の場や講演会などを企画・運営し、あるいは世話人としてそれに加わった。そこでは必ず、小川早苗さん、北原きよ子さん、故・貝澤正さんといった、生徒として、親として教育を体験し、かつ現在も差別から権利回復への運動に関わり続けてきた人びとと、佐藤秀夫さん、久木幸男さんなどの、日本教育史のすぐれた研究者とを招き[12]、それぞれの報告やコメントを討議の柱に位置付けているこ

とも特色である。

それは、文字通り研究の現状と課題の議論を深めるという目的そのものによるけれども、当時は、竹ヶ原さんが自ら動かない限り、学界の中でアイヌ教育（史）を主題に据えた議論の場は用意されない、という現実に対する、竹ヶ原さんの格闘の一つでもあったと思う。

❸ 近代北海道教育史研究

竹ヶ原さんの仕事のもう一つの大きな柱は、近代北海道教育史の研究である。

近代日本における北海道の歴史的位置を意識した視野のもと、基礎的資料の整備に大きな努力を傾注したことが特色である。近代アイヌ教育史研究と近代北海道教育史研究を、研究の対象としては意識的に区分しつつ、かつ共通する視野のもとに捉えていたこと（これも当たり前のことのようだけれども）も、竹ヶ原さんの特色であり強みだと言ってよい。

3-1 『北海道用尋常小学読本』への着目と分析

竹ヶ原さんは『北海道用尋常小学読本』の覆刻に携わり、解題を執筆している（一九八二年、第二巻所収)。覆刻そのものが基礎的かつ重要な仕事であることは勿論、解題において「近代北海道の教育史的位置」を先ず問うことからこの読本を位置付けたことが、竹ヶ原さんの問題関心のありかをよく示している。

解題の冒頭で竹ヶ原さんは、当時起こりつつあった近代北海道史研究の新たな動き、すなわち「従来の北海道近代史が自己完結的な開拓史研究＝開拓史観に陥りがちな傾向を有してきたことに対して、近代の北海道を「内国植民地」として日本近代史のなかに位置づけ、新たな北海道史像の再構成を試みている」研究動向を意識し、「こうした視点にたって近代北海道の教育をとらえなおす」ことから読本を「まさに、「内国植民地」としての近代北海道の教育の諸相を象徴するもの」と述べた。これを単なる枠組みや視点の提起にとどめることなく、近代北海道の教育制度史の俯瞰や読本の編纂過程の解明などを踏まえた上で読本の内容を検討する、という手順を踏むことによって、それまでは『北海道教育史』(北海道(立)教育研究所、一九五五〜一九七〇年)の記述が通説となってきたことに対する、新たな近代北海道教育史像の構築に向けた、足がかりになり得るものになった。

竹ヶ原さん自身がこの研究を継続し、「北と南を結ぶ尋常小学読本」(一九九二、九三年、第二巻所収)へと発展させたことは重要な前進だった。表題が示唆するとおり、この論文では、冒頭において、『北海道用尋常小学読本』と、これと同時期に発行・使用された『沖縄県用尋常小学読本』とを、「両読本が同一の著作兼発行者、編纂方法、使用期間であるという事実」に着目し「統一的に把握する」ことによって「文部省の編纂意図など本質的な問題にアプローチできる」(13)

という視点と方法を提示した。そして、両読本の編纂過程を明らかにし（北海道用についても、新たな資料調査も踏まえながら再検討を行っている）、それを踏まえて両読本の教材を対比し、「文部省の両読本の編纂意図」を検討する、という手順を踏み、実際に解明していったことが大きな成果である。

近年では、近代北海道史研究において（おそらく琉球・沖縄史研究においても）「北と南」という視点を打ち出す議論はむしろ盛行している観もある。[14]こうした中にあって、この読本に関する竹ヶ原さんの論文は、ここでもやはり、単に枠組みの重要性を唱えたのではなく、また、概説的な叙述で北海道と沖縄を対比するような議論でもなく、読本の編纂過程や構成、記述内容などについて、当該時期の文相井上毅の教育政策の検討なども含めた多面的な検討を重ねている。このことによって、「北と南」という枠組みの重要性を、与件にするのではなく、両読本の編纂意図や性格の検討を踏まえた近代史上の問題として深めようとしていることが特色だと僕は思う。[15]

3-2　北海道教育会機関誌の覆刻事業

北海道教育会の機関誌『北海道教育会雑誌』『北海道教育雑誌』『北海之教育』の覆刻は、近代北海道史・アイヌ史にとって大きな意味をもつ基礎的事業だった。覆刻版の『月報』に掲載された「編輯委員会日誌抄」によれば、覆刻のきっかけは『北海道用尋常小学読本』覆刻版の解題執筆に向けた打合せにおいて、竹ヶ原さんと文化評論社の担当者との間でこの雑誌のことが話題にのぼったことにあるという。

この事業の意義は、庁府県の教育会機関誌の覆刻事業そのものが稀少だということにとどまらない。竹ヶ原さんのほか、北海道教育史の研究を長年続けてきた谷内鴻さん（当時は国学院短期大学教授）、一九七〇年代以降の新たな近代北海道史研究の展開をリードしてきた桑原真人さん（当時は北海道開拓記念館研究職員。本書編集委員）、そして日本教育史研究者の逸見勝亮さん（当時は北海道大学教育学部助教授。本書編集委員）という、この事業に最適の四名による編集委員会を組織し、集団的かつ数年間に及ぶ取り組みを通して、各巻に丁寧な凡例と目次を付けるなど、まさに基礎的と言い得る仕事になった。各巻の凡例を一読すれば、底本の所在調査と状態確認、他での所蔵本との比較検討などに相当な力を注いでいることもよくわかる。『月報』を発行して研究課題・研究情報の発表の場としたことも有益な仕事だった。

3-3　札幌市史

竹ヶ原さんは一九九一年五月から一九九七年三月まで、『新札幌市史』の編集委員をつとめた。この間、『新札幌市史』は、第三巻（通史3）と第四巻（通史4）の二巻が刊行された（一九九四、九七年）。これら二巻が対象としたのは、一九〇〇年前後から敗戦までの札幌の歴史である。竹ヶ原さんは、その中の教育史とアイヌ史を担当した。またこの間、編集委員会の機関誌『札幌の歴史』に上述の「北と南を結ぶ尋常小学読本」を執筆、機関誌の巻末に掲載される、編集委員による短いコラム的な「執筆閑話」欄でも、内務官僚・白仁武が「北海道旧土人保護法」の起草者と目されることを指摘した文章（一九九二年）、一九三五年に札幌の今井呉服店にて開催された「北海道アイヌ手工芸品展覧会」をとりあげた文章（一九九六年）など、興味深い資料の紹介や論点の提示を掲載している。

通史に収録された竹ヶ原さん執筆のアイヌ史の叙述は、二〇世紀の札幌の歴史の中に札幌市域での生活者としてのアイヌの存在を位置づけることの必要性を述べ、実際に一定の具体性と分量で記述したことが先ず重要である（第二巻所収）。そして、北海道旧土人救育会の円山村への学校設置計画を初めて明らかにしたこと（第三巻所収「札幌とアイヌ問題」の中の「幻の「北海道旧土人救育会円山学園」計画」）、「解平社」の研究などの蓄積を踏まえ、一九二〇〜三〇年代の札幌におけるアイヌの活動を追跡したこと（第四巻所収「昭和戦前期のアイヌ民族と札幌」の中の「アイヌ民族自身の主体的活動」）などの、アイヌ史研究上での重要な前進を見ることができる。

また札幌の教育史に関する叙述（第三巻所収の「国民統合と教育」（一九九四年、一部を第二巻に所収）、第四巻所収の「「教育都市札幌」の実像」（一九九七年、第二巻所収））では、後者の表題が示すとおり、いわゆる発展・拡充史観に立った教育史像から距離を置く必要を意識していたこと、記述のあちこちに市内各地の学校文書の精力的な調査・収集の成果がうかがえることなどが特色である。

❹ おわりに

4-1

一九九七年四月に四国学院大学教授に就いてからは、大学のある香川県や善通寺市、そしてご家族が札幌から移り住んだ京都市の教育史の資料も意欲的に集めていた。

札幌を離れてからの竹ヶ原さんとは、一年に一度会うかどうか、という状態だったが、会う度に、善通寺の師団と教育の係わり、「一太郎やあい」の史話をめぐる調査をしていること、大阪や京都の古書店で手に入れた京都の小学校の資料の話――など、竹ヶ原さんの話題は豊富で、いつも何か新たな発見の報告が含まれてもいて、尽きることがなかった。どの話題も、それぞれ、単なる関心の域を超えて、資料の調査と収集が踏まえられていた。二〇〇八年二月、入院していた京都東福寺の赤十字病院を訪ねたときも、余命が僅かであると自ら僕に語ったそのすぐ後に、「それでね、ここは、もとは陸軍の病院でね……」と、京都伏見にあった師団との関わりの話が始まった。

二〇〇八年六月、ご遺族と山田伸一さんとともに、四国学院大学の研究室の蔵書を整理した。膨大な蔵書と資料の中でも、新聞・雑誌の記事のファイル、或いはそれらの切り抜きを貼り付けたカードの質と量に圧倒された。竹ヶ原さんは、アイヌ教育史・北海道の教育史の研究を進める中で、個々の論文をまとめるだけではなく、新聞のマイクロフィルムや各種の雑誌を丹念に見続けて、関係する記事を一つひとつ拾い出し、年ごと、あるいはテーマごとに綴じていく、という作業を続けていた。そういうファイル、カードを作っている、ということは竹ヶ原さんから聞いてはいた。「こうやっていけば、ここから、年表っていうか、そのもとになるものを作ろうと思ってね」とも。また、一九九八年から、科学研究費補助金（萌芽的研究・課題名「近代日本の教育界におけるアイヌ認識の態様に関する基礎的調査研究」）も受けながら、全国各都府県の教育会機関誌を中心とした教育雑誌のアイヌ関係記事を収集してもいた。こうして竹ヶ原さんが蓄積してきた資料の、実物を目にして、改めて竹ヶ原さんがこうした作業に傾注した労力の大きさと、こうした作業の必要性を感じ、かつ実践してきた竹ヶ原さんの認識の重要さを強く感じた。

これからもっと時間があれば、竹ヶ原さんのこうした調査や地道な（しばしば見聞するこの言葉を、ここで挙げた竹ヶ原さんの仕事にこそ使いたい）作業が、さらに幾つもの仕事へと展開していったのではないだろうか。そうなっていけば、アイヌ教育史研究の、近代北海道教育史研究の、一層の進捗を見ることができたはずだ。

近代アイヌ教育史の勉強を志した僕にとって、竹ヶ原さんをどうやって越えるかが、絶えず意識せねばならない課題だった。修士論文のテーマと課題設定は、そのことになしにはありえなかった。竹ヶ原さんのアイヌ教育史研究に対して、単にもっと詳しく書くとか、違う対象を選ぶとか、個別の問題に立ち入る、といった次元ではないところで、どう越えるか。最初の、そして今でも、大きな壁である。有難いことに、竹ヶ原さん自身が、「僕とおんなじようなことじゃあ、しょうがないものねえ、小川くん」と、竹ヶ原さんらしい言い方で、課題設定と方法を鍛えることを僕に求めてくれた。竹ヶ原さんに促され、或いは敢えて竹ヶ原さんに抗しようとすることが、僕にとっては自分の仕事や考えを進めるための重要な契機となった。

本当に、ありきたりな言い方しかできずもどかしいけれども、僕の、敢えて言えば現在の、アイヌ教育（史）研究は、まだまだ、緒に就いたばかりのところにいる。それでも、竹ヶ原さんの蓄積、竹ヶ原さんからの教示と示唆、竹ヶ原さんという壁——それらなしには、ここまで到達することすら、できなかったろう。その意を込めて、本当に、有難いと思う。

4-2

アイヌ教育史研究を、研究として自立させたのは竹ヶ原さんであり、アイヌ教育史研究と北海道教育史研究のそれぞれを、そこに自足することのない視野や課題を設定することで進めてきた人だった。

叙述の平易さも特長だった。竹ヶ原さんの論文は、一般の辞典にもないような難解な熟語には頼っていないし、一つ一つの文も、基本的には短く区切られた読みやすいものになっていると思う。特に「いまどきの子どもたちへ」などは、書き上げたものをご家族に見てもらって、わかりやすい文章へと推敲していたと聞く。基礎的であり、かつ実践的であることは、研究の課題設定ばかりでなく、叙述の姿勢にも一貫していた。

4-3

この度こうして、竹ヶ原さんの著作の主要なものが、まとめられ、改めて世に出ることになったことを、大変嬉しく思う。そして、この「竹ヶ原幸朗研究集成」が編集される契機が、社会評論社の板垣誠一郎さんの一目惚れ――神奈川の図書館で、「増補　虚構としての〈あいぬの風俗〉」を読み、主題の重要性と叙述の平明さに惚れ込んで、この論文の著者による単著を出せないだろうか、と考えたという。その板垣さんから、この論文を掲載した僕の職場に連絡があり、話はここから始まったのだ――であることを、竹ヶ原さんの仕事を読み続けた者として、竹ヶ原さんの、これこそ面目躍如だと感じている。

二〇年近く前のことだと記憶しているが、竹ヶ原さんに連れられて小沢有作さんの家を訪れる機会があった。そのとき小沢さんは、「『アイヌ教育史』のほうは進んでいるのか」と問うていた。その頃から、単著をまとめる具体的な構想があったのだろうと思う。未完のままになった学位論文も、構成を練り、その幾つかの部分は執筆されていた。竹ヶ原さん自身が、自分のやりたかったこと、やり残したことを、強く強く、思っているはずだ。それに、丹念に仕事を重ねてきた竹ヶ原さんだから、こうして著作集が刊行されるとなれば、もし存命だったら、どの論文も、どのテーマも、もっともっと、増補と改稿を重ね、推敲を加えただろうとも思う。それが果たされぬままに刊行されることを、誰よりも竹ヶ原さん自身が、もどかしく思っているはずだ。
それでも、竹ヶ原さんの仕事は、もっともっと、読まれ、知られることが重要だと思っている。そして、竹ヶ原さんが追究した課題、明らかにした成果、提起した問題が、広く世に問われることを願っている。本書が、その糸口となればと思う。

（二〇一〇年一月六日）

※この文章は、『教育史・比較教育論考』第一九号（北海道大学教育学部教育史・比較教育研究グループ編・発行、二〇〇九年三月）に掲載した、「竹ヶ原幸朗さんのこと」に、若干の改稿を加えたものである。

注

（1）若干の指標を挙げれば、『アイヌ文献目録 和文編』（みやま書房）の刊行が一九七八年、アイヌ学校教員・吉田巖の日記を帯広市図書館が公刊を開始するのが一九七九年、多くの聞き書きを収録した『エカシとフチ』（札幌テレビ放送）の出版は一九八三年、北海道立文書館の開設は一九八五年である。

（2）「アイヌ「教育」政策史研究ノート」（一九七六年。本文末尾の記載によれば脱稿は一九七五年十月）が、表題にも見えるとおり、アイヌに対する「教育」はカッコで括って表現していたのも、このような認識を示すものだったと思う。

（3）「アイヌ研究」の意義は先ずアイヌの歴史・文化そのものにとってという点から検証されるべきことであって、「日本の歴史、文化の構造を解明するうえで不可欠」であることに求められるものではないが、現在でもなお、あるいはむしろ、日本社会におけるアイヌ研究、アイヌ文化の「意義」はしばしばこのように説明されることがある。もちろん、竹ヶ原さんは、上記の言葉に続けて、しかし日本のアイヌ研究も西欧の人類学・民族学と同様に植民地主義的性格を帯びていたことを明記している。

（4）現在はむしろ、「アイヌ民族に触れないわけにはいかない」的な前置きでアイヌに言及することが可能になってしまっているだけに、「触れないわけにはいかない」と言い得るまでになった研究の積み上げを意識し、記述することが自明となることの陥穽を考えるべきだと思う。

（5）同時代に、海保嶺夫、海保洋子らの著作が刊行されるなど、一九七〇年代後半から一九八〇年代前半にかけての近代アイヌ史研究の進捗は大きかったと思う。

（6）この目録の意義については、久木幸男さんによる書評（『教育学研究』第五八巻第二号、一九九一年六月、のち『続　教育史の窓から』第一法規、一九九五に再録）が丁寧に紹介してくださった。（本著作集成「別冊」に抄録。）

(7) それだけに、この研究の成果が、『新札幌市史　第3巻通説3』の「札幌とアイヌ問題」(一九九四年)の中で同会の札幌円山への実業補習学校設置計画を中心に紹介されたことにとどまるのは、やはりとても残念なことだ。

(8) このことについては、竹ヶ原さん自身が「「解平社」の創立と近文アイヌ給与予定地問題」(一九九八年)で整理している。

(9) 例えば「子どもたちのなかの「アイヌ」」「教育・教師のなかの「アイヌ」」(井上司編著『教育のなかのアイヌ民族‥その現状と教育実践』あゆみ出版、一九八一年)などがある。

(10) 例えば「宇野浩二の児童文学とアイヌ」(一九八九年、本巻に収録)は、小説家・宇野浩二の児童文学「蕗の下の神様」(一九二一年)、「春を告げる鳥」(一九二六年)などのアイヌを取り上げた作品について、それらの叙述の問題点を認識しつつも、一九二〇年代という時代にあって、「被抑圧民族・民衆への関心」の一環として「アイヌを視野におさめ」、社会に提供したことの意味に着目すべきことを述べている。

(11) もっとも、この教科書記述については、竹ヶ原さんはこのシンポジウムの以前から指摘し続けていたことであり(例えば一九九二年九月のさっぽろ自由学校「遊」での講義など)、新聞社が記事することでようやく事態が動いたという問題も銘記されねばならない。

(12) もちろん、竹ヶ原さんの仕事が、こうした人たちから関心と期待が寄せられるものであったことが、このような人々の参加を促した点にも着目すべきである。

(13) 「北と南を結ぶ尋常小学読本(上)」一二二ページ。両読本の「比較研究」については、これより先に桑原真人さんが提起している(「『北海道用尋常小学読本』について—『沖縄県用尋常小学読本』との対比において—」『北海道開拓記念館調査報告』第九号、一九七五年ほか)ことで、竹ヶ原さんも「この点、桑原氏の先見性は高く評価されてよい」(「北と南を結ぶ尋常小学読本(上)」一二二ページ)と述べている。

(14) 具体的な事例は枚挙に暇がないが、竹ヶ原さんも執筆者の一人であった、『琉球新報』の連載「日本文化を考える　北と南からの視点」（一九九一年）などもそのごく一例である。

(15) それだけに、竹ヶ原さん自身が、この論文について、なお検討が不十分であるとしている（「北と南を結ぶ尋常小学読本（下）」三五ページ）ことも付記しておきたい。「両読本は日清戦争に始まって日露戦争で終わったのである」（同）と述べたその歴史について、竹ヶ原さんはなお、書き残したこと、調べ残したことがあると強く意識していた。

初出一覧

※「いまどきの子どもたちへ」は全て『朝日新聞』北海道版に掲載された。日付は本文の末尾に記載した。

※書誌の詳細については、第二巻掲載「竹ヶ原幸朗著作・講演・学会発表目録」を参照されたい。

Ⅰ　近代アイヌ教育の歴史像

近代日本のアイヌ教育―同化教育の思想と実践―……「近代日本のアイヌ教育―同化教育の思想と実践―」『北海道の研究』第六巻近現代編・、清文堂、一九八三年

近代日本のアイヌ「同化」政策……「近代日本のアイヌ「同化」政策」『北海道とアメリカ』札幌学院大学生活協同組合、一九九三年

近現代アイヌ教育の歴史像のために……「アイヌ教育」『現代教育史事典』東京書籍、二〇〇一年

Ⅱ　近代アイヌ教育史の諸相

アイヌ教育（史）研究の視点……「アイヌ教育（史）研究の視点」『地方史研究』第二九巻第五号、一九七九年

遠藤正明のアイヌ教授実践と開発主義教授法―札幌県のアイヌ教育をめぐって―……「遠藤正明のアイヌ

教授実践と開発主義教授法―札幌県のアイヌ教育をめぐって―」『アイヌ文化』第一五号、財団法人アイヌ無形文化伝承保存会、一九九〇年

上川第五尋常小学校関係史料―旭川アイヌ教育史の実像を浮き彫りにするための史料紹介―……………「〈史料紹介〉上川第五尋常小学校関係史料」『旭川市史編集機関誌　昔と今』第三号、一九九二年

Ⅲ　教育のなかの〈アイヌ民族〉――教育実践への視座

小学校用社会科教科書に描かれた〈アイヌ民族〉……………「小学校用社会科教科書に描かれた〈アイヌ民族〉」『教科書の中のアイヌ民族と朝鮮　自由学校「遊」ブックレット二』さっぽろ自由学校「遊」、一九九四年（底本には教科書の該当ページが図版として掲載されているが、本書では全て割愛した。）

虚構としての〈あいぬの風俗〉……………「増補・虚構としての〈あいぬの風俗〉」『北海道立アイヌ民族文化研究センター研究紀要』第一四号、北海道立アイヌ民族文化研究センター、二〇〇八年

地理教科書のなかのアイヌ像―日本人のアイヌ認識の形成……………『解放教育』第二六一号、明治図書、一九九〇年

小学生のアイヌ観……………「教科書のなかのアイヌと小学生のアイヌ観」『アイヌの歴史・文化等に関する資料三　学校教育とアイヌ理解』札幌市教育委員会、一九八八年（このうち「小学生のアイヌ観」を本書に掲載。）

宇野浩二の児童文学とアイヌ……………「宇野浩二の児童文学とアイヌ　―被抑圧民衆・民族への関心―」『未来』第二七〇号、未来社、一九八九年

著者紹介

竹ヶ原幸朗（たけがはら　ゆきお）

1948年北海道札幌市生まれ。

道立札幌南高等学校をへて國學院大學文学部史学科を卒業、東京都立大学人文学部教育学教室の研究生として小沢有作のもとで学ぶ。

その後札幌市職員となり、同市教育委員会で札幌市教育文化会館の設立に携わったことを皮切りに、伏古児童館、市立中央図書館等の勤務をへて、市民局で札幌市女性センターの開設などに携わった。

この間、1985年から北海道教育大学札幌分校非常勤講師として「日本教育史」の講義を担当。1991年5月に札幌市を退職し新札幌市史編集委員となる。同年、北海道大学大学院教育学研究科博士後期課程に入学。

1997年4月から四国学院大学文学部教授。2008年3月25日死去。

主著

「アイヌ教育史」『教育学研究』第43巻第4号、日本教育学会、1976年
「青少年のアイヌ観」（小沢有作と共著）『人文学報』第144号、東京都立大学人文学会、1980年
「近代日本のアイヌ教育」『北海道の研究6　近・現代編Ⅱ』、清文堂、1983年
「北と南を結ぶ尋常小学読本」『札幌の歴史』第22、24号、札幌市・札幌市教育委員会、1992、93年
「「解平社」の創立と近文アイヌ給与予定地問題」『近代日本と北海道』河出書房新社、1998年
「増補・虚構としての〈あいぬの風俗〉」『北海道立アイヌ民族文化研究センター研究紀要』第14号、2008年

教育のなかのアイヌ民族　近代日本アイヌ教育史
【竹ヶ原幸朗研究集成第1巻】

2010年3月25日　初版第1刷発行

著者　竹ヶ原幸朗
発行者　松田健二
発行所　株式会社 社会評論社
〒113-0033
東京都文京区本郷2-3-10
電話　03（3814）3861
FAX　03（3818）2808
http://www.shahyo.com
装幀　桑谷速人
印刷製本　倉敷印刷株式会社